1　後醍醐天皇像　清浄光寺（遊行寺）所蔵
近年の研究によれば少し割り引く必要があるとはいえ，鎌倉幕府を滅ぼし，自らの政権を打ち立てんとした後醍醐天皇は，やはり強烈な個性をもった天皇であった．

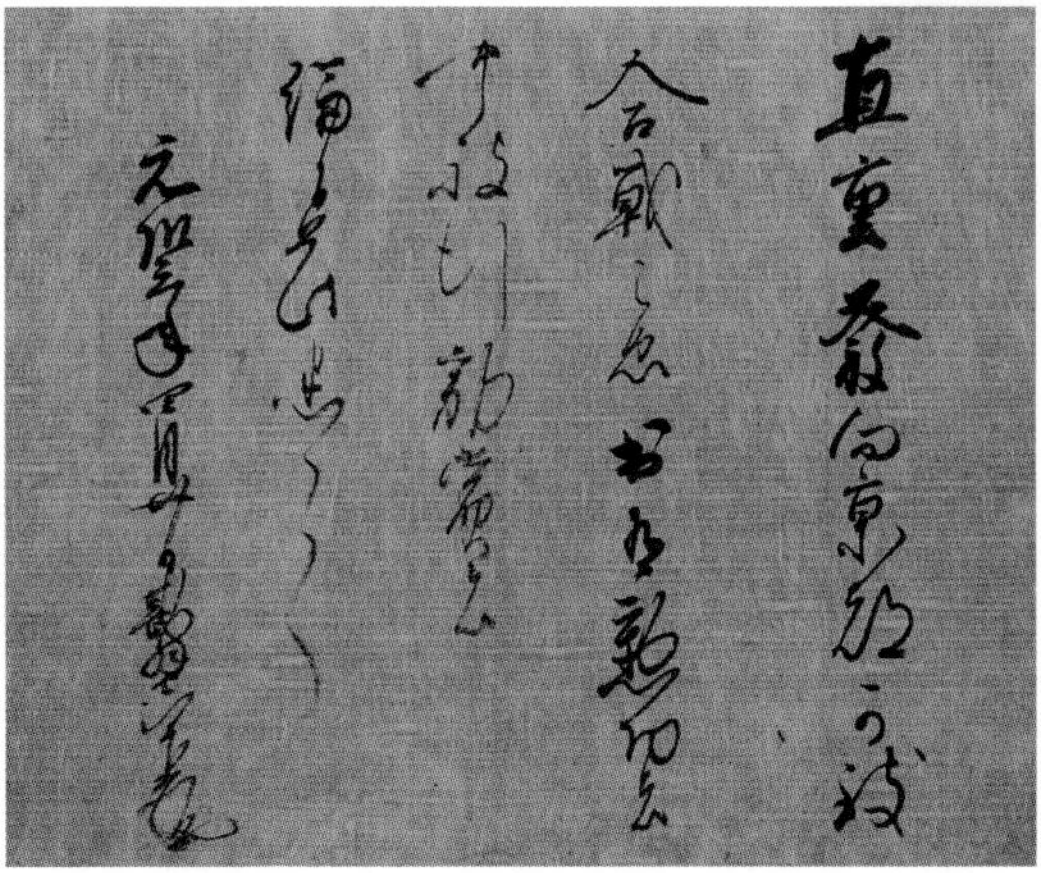

2　後醍醐天皇綸旨《りんじ》（「熊谷家文書」）山口県文書館所蔵
天皇の命を奉じる綸旨の多くは，宿紙という薄墨色の漉《す》き返し紙を利用している．元弘3年(1333)4月20日付の本文書は，武士宛の綸旨としては比較的早い時期のものである．

3 『太平記絵巻』第二巻　先帝遷幸事（部分）
　埼玉県立歴史と民俗の博物館所蔵
元弘元年（1331），後醍醐天皇が隠岐に流されるシーン．さまざまな身分の人びとが見物している．護衛の武士3人のうち，目立っているのが佐々木京極高氏（導誉）である．

4 『太平記絵巻』第八巻　左兵衛督欲誅師直事，御所囲事（部分）　ニューヨーク・パブリックライブラリー所蔵

貞和5年（1349），高師直らが足利直義を討とうとしたため，直義は兄尊氏の邸宅に逃れた．師直らは，そのまま尊氏邸を取り囲んだ．いわゆる観応の擾乱の序曲となった事件である．

5　足利義満像　鹿苑寺所蔵
後醍醐や尊氏とは全く異なる前提のもとから登場してきたこの足利義満によって，長きに及んだ内乱の時代に一応の決着が与えられていくこととなる.

6　「洛中洛外図屛風(歴博甲本)」より北野経堂(上)，相国寺(下)　国立歴史民俗博物館所蔵
相国寺・北野経堂は，ともに義満の権力確立の過程で建造されたものである．経堂では毎年，1000人の僧侶を10日間動員する，北野万部経会《きたのまんぶきようえ》という盛大な法会が行われた.

京都の中世史 4

南北朝内乱と京都

山田　徹

吉川弘文館

刊行のことば

『京都の中世史』という新たな通史を刊行することとなった。

このタイトルには、二つの意味が込められている。一つは、いうまでもなく、中世において京都という都市がたどった歴史である。

対象とする時代は、摂関政治の全盛期から始まり、院政と荘園領主権門の勃興、公武政権の併存、南北朝動乱と室町幕府、そして天下人の時代に至る、およそ六百年間の歴史である。その間、京都は政治・経済・文化の中心として繁栄したが、一方で源平争乱、南北朝の動乱、そして応仁の乱と再三の戦乱を経験し、放火、略奪の惨禍を蒙ってきた。

為政者の変化と連動した都市構造の変容、文化の受容と発展、そして戦禍を乗り越え脱皮してゆく京都の姿を描いてゆく。また、中世考古学の成果を導入することが本シリーズの大きな特徴となる。これによって、斬新な中世都市京都の姿を明らかにするとともに、現代への影響にも言及することにしたい。

もう一つの意味は、中世日本の首都としての京都の歴史である。京都は中世を通して、つねに全国に対し政治・経済・文化の諸分野で大きな影響を与え、同時に地方の動きも京都に波及していた。京都と各地域の歴史とは、密接に連動するのである。

中世における京都の役割、地方との関係を検証することで、ややもすれば東国偏重、あるいは地域完結的な見方に陥りがちであった、従来の中世史研究を乗り越えたい。そして、日本全体を俯瞰する視点を確立することで、新たな日本中世史像の構築を目指している。

以上のように、このシリーズは、最新の成果に基づいて京都の歴史を描くとともに、京都を中心として、日本中世史を捉え直すことを企図するものである。

二〇二一年五月

元木泰雄

目次

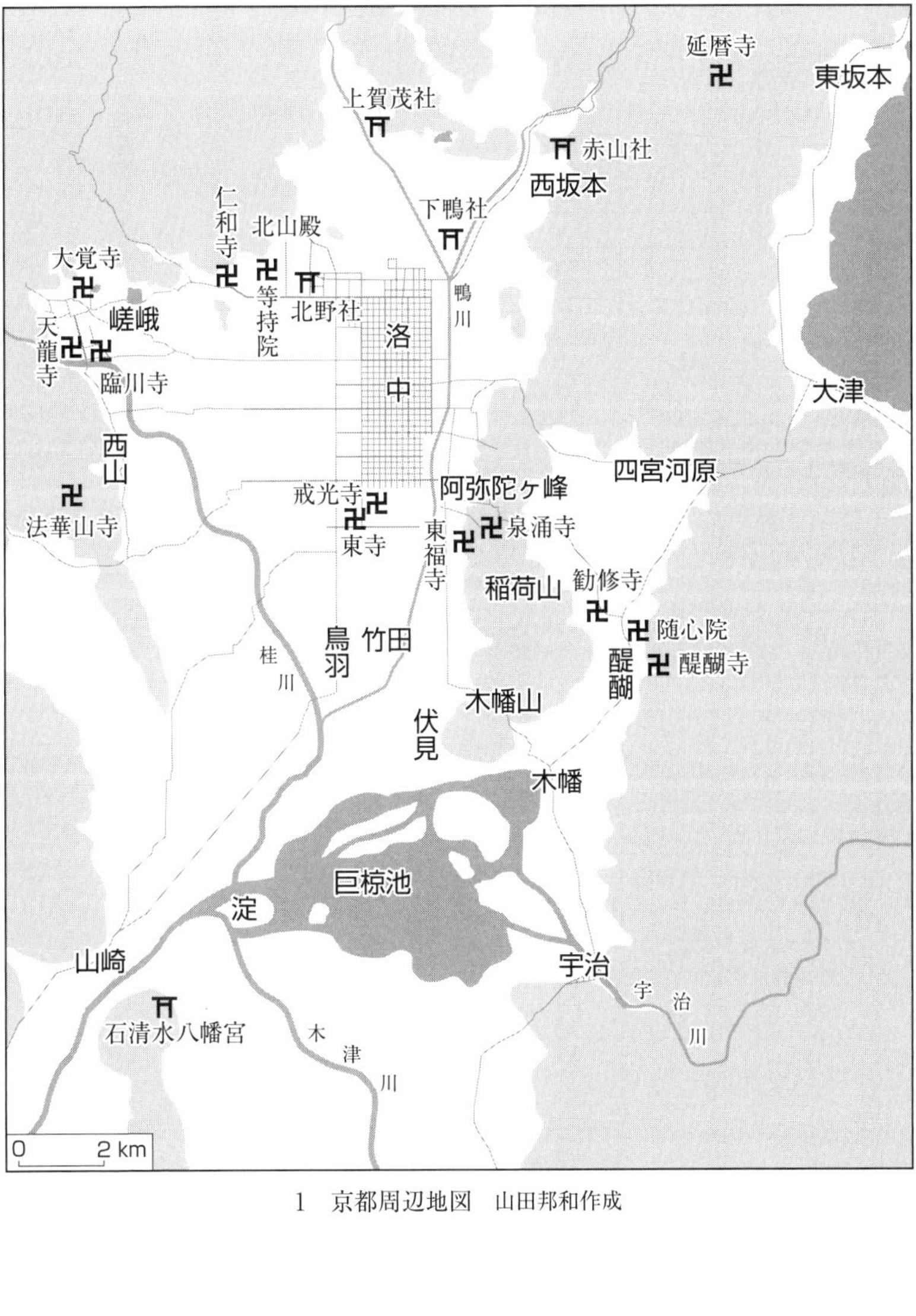

1　京都周辺地図　山田邦和作成

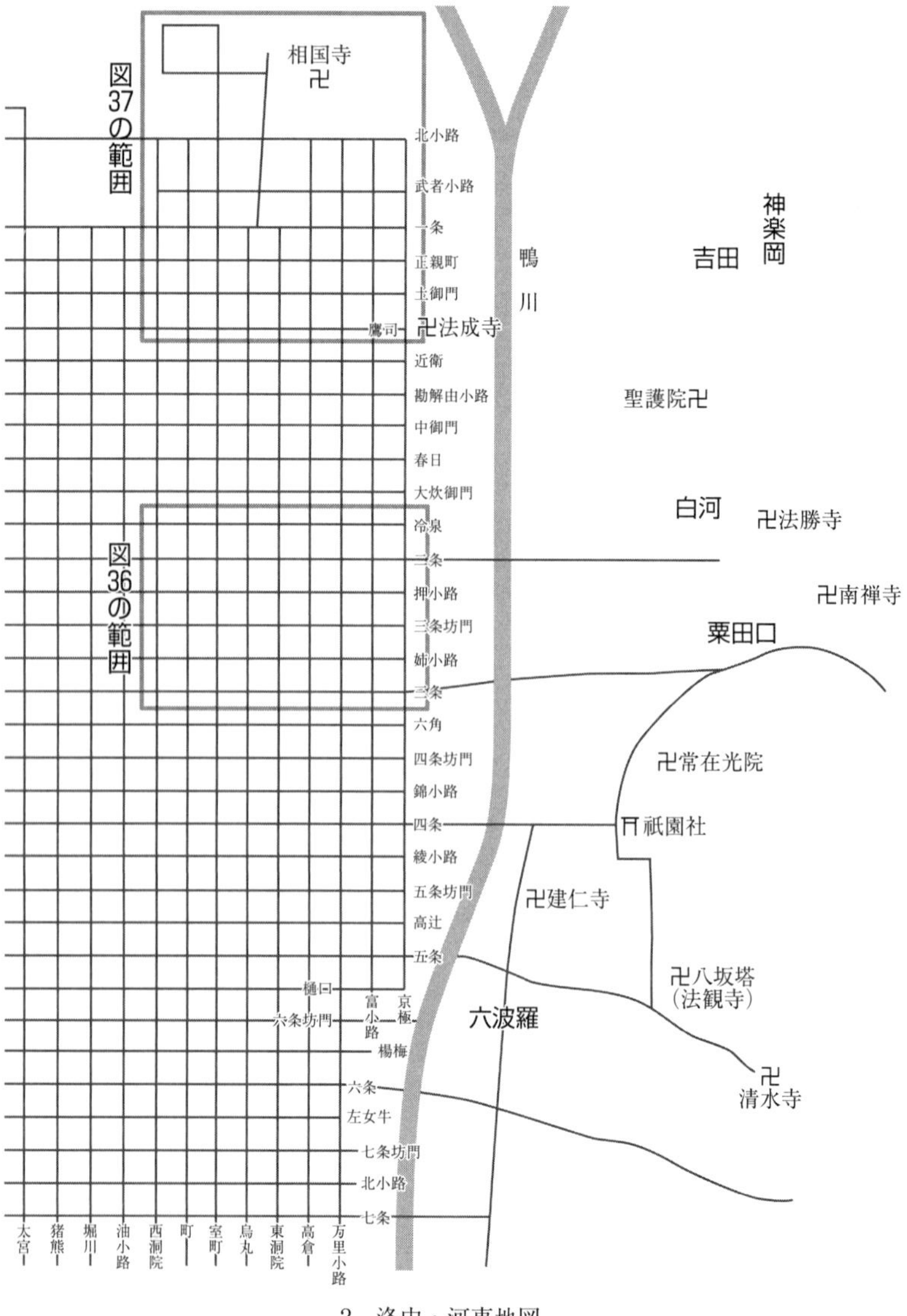

図37の範囲
相国寺
北小路
武者小路
一条
正親町
土御門
鷹司
法成寺
近衛
勘解由小路
中御門
春日
大炊御門
冷泉
図36の範囲
二条
押小路
三条坊門
姉小路
三条
六角
四条坊門
錦小路
四条
綾小路
五条坊門
高辻
五条
樋口
六条坊門
富小路
京極
楊梅
六条
左女牛
七条坊門
北小路
七条
大宮
猪熊
堀川
油小路
西洞院
町
室町
烏丸
東洞院
高倉
万里小路
鴨川
神楽岡
吉田
聖護院
白河
法勝寺
南禅寺
粟田口
常在光院
祇園社
建仁寺
八坂塔
(法観寺)
六波羅
清水寺

2　洛中・河東地図

謎多き激動の十四世紀——プロローグ

京都の十四世紀とは、激動の時代であった。十四世紀の初頭に勢威を誇っていた鎌倉幕府が突如滅亡したのち、後醍醐《ごだいご》天皇の建武《けんむ》政権が京都に成立。これも短命に終わったのち、続く室町幕府も京都に置かれたが、後醍醐が吉野（奈良県吉野町など）に逃れて南北朝分立が始まったことで内乱が本格化し、とくにその間に生じた観応《かんのう》の擾乱《じょうらん》と呼ばれる室町幕府の内訌《ないこう》は、たびたび京都を失陥するような深刻な状況をもたらした。結局、こののち足利義満《あしかがよしみつ》が統合を達成するまでに、六十年ほどの時間を要したのである。

このような激動の十四世紀京都を描く際には、京都で朝廷に仕える公家廷臣や、京都周辺の寺社のことを取り上げるにしても、建武政権や室町幕府が京都に置かれたこと、それによって多くの武士が京都にやってきたこと、内乱の被害と影響を直接的に受けていることなどに言及せざるをえず、政治史の問題をどうしても基軸にせざるをえない。

ところが、この時期の政治史には、たとえば鎌倉幕府滅亡・建武政権成立から建武政権崩壊・室町幕府成立にかけての過程にしても、また

（1）政務を握っていた足利直義《ただよし》が、対立する高師直《こうもろなお》によって失脚した第一段階

（2）直義が蜂起して師直らを誅殺した第二段階
（3）尊氏《たかうじ》・義詮《よしあきら》父子が蜂起して、直義が敗北した第三段階

という複雑な逆転劇をたどった室町幕府の内訌（とくに（2）（3）が「観応の擾乱」と呼ばれている）にしても、簡単に優勢・劣勢が入れ替わるドラスティックな展開が生じており、「なぜ」そのような展開になったのか、説明しづらい点が数多く存在している。

もちろん、これらを含む南北朝期政治史についてはこれまでにかなりの研究蓄積があり、とくにこ十数年の個別研究の蓄積は著しい。しかし、さまざまな説が乱立して意見が一致していないケースや、最近になって従来説よりもかえって疑問のある見解が提示されたケースも多いようにみうけられ、これらを見渡して取捨選択しながら統一的な叙述を行うだけでも、かなりの労力と紙数を要するところなのである。

そこで、『京都の中世史』シリーズの第四巻たる本書では、思い切って文化面などを相対的安定期を扱う前後の巻に委ね、中央政治史を中心に一冊を構成することとしたい。京都を主な舞台とする政治の動きについて、諸研究を可能な限り視野に入れながら、筆者なりの理解のもとで流れを描き出すとともに、そのような政治の中心にいた人々や、その影響を受けつつ京都内外で活動していた人々、そしてそうした折々の政治の舞台となった「場」にも光をあてる――そのような方針で、本書の叙述を進めていきたいと考えている。

政治史というものを研究対象とするとき、最も重要なのが、政治状況を段階に即してなるべく具体的に把握しながら、その過程を描くということである。

段階ごとの「リアル」

この時期の政治史を追っていこうとする場合、幕府内部の対立、そして幕府と朝廷との関係が大きな問題となってくるが、かつての研究ではこのうち前者については将軍権力と守護層との対抗という枠組みを、そして後者については幕府が朝廷と対抗しながら凌駕していくという枠組みを、強く意識してきた。そういったなかで、たとえば南北朝時代研究随一の大家である佐藤進一は、朝廷の有する諸権限を幕府が吸収していくことで将軍権力が守護層とは異なる「絶対性」(「将軍絶対の論理」)を獲得していく、という見通しを示している(佐藤進一 一九九〇)が、この説明などは、当該期の政治史叙述のなかできわめて強い影響力を持ってきた。

しかし、政治史を描く際には、そうした通時代的で一見わかりやすそうな枠組みを、政治過程の説明に直結させてしまうことには慎重さが必要である。たとえば近年の公武関係史(朝廷と幕府の関係史)研究は、幕府側に朝廷に対抗したり、朝廷の権限を奪い取ったりしようとする意志があったのかどうかを根本的に疑問視しながら、段階ごとの情勢と幕府・朝廷双方の意図・動向を実態的に描き出そうとしている(松永和浩 二〇一三・石原比伊呂 二〇一五など)。だとすれば、幕府内部の対立という問題についても——まさに佐藤が尊氏・直義期の政権を描くことにこだわったように(佐藤進一 一九九〇)——将軍と守護の対抗という一面のみならず、どのような政権構造のもとでどのような点が問題となっていたのか、どのような対立関係が存在していたのかなどを、段階ごとに把握することが必要となるのである。

中央と地方

そのようにしてこの時代の政治史をとらえていく際に、基本的には主に政権所在都市である京都内部の動向を中心に取り扱うことになるはずである。しかし、実をいえば冒頭に挙げたような南北朝時代政治史上の「なぜ」に答えるためにはそれだけでは足りず、結局のところ当該期の中央—地方関係を的確にとらえることが重要となってくる。

そう述べたときに、まず最初に想起されるのが、鎌倉幕府や朝廷、建武政権、そして室町幕府や守護がどのように地方を支配（しようと）したか、という問題だろう。たしかにこの世紀を通じて、地方支配において「どういう点を重視し、それどういう点を重視しないのか」が大きく変容しており、それ自体本書にとって非常に重要な論点である。

ただし、それと並んで、本書の視角としてとくに強調しておきたいのが、そのような《中央から地方へ》という方向性とは真逆の、《地方から中央へ》という方向性である。

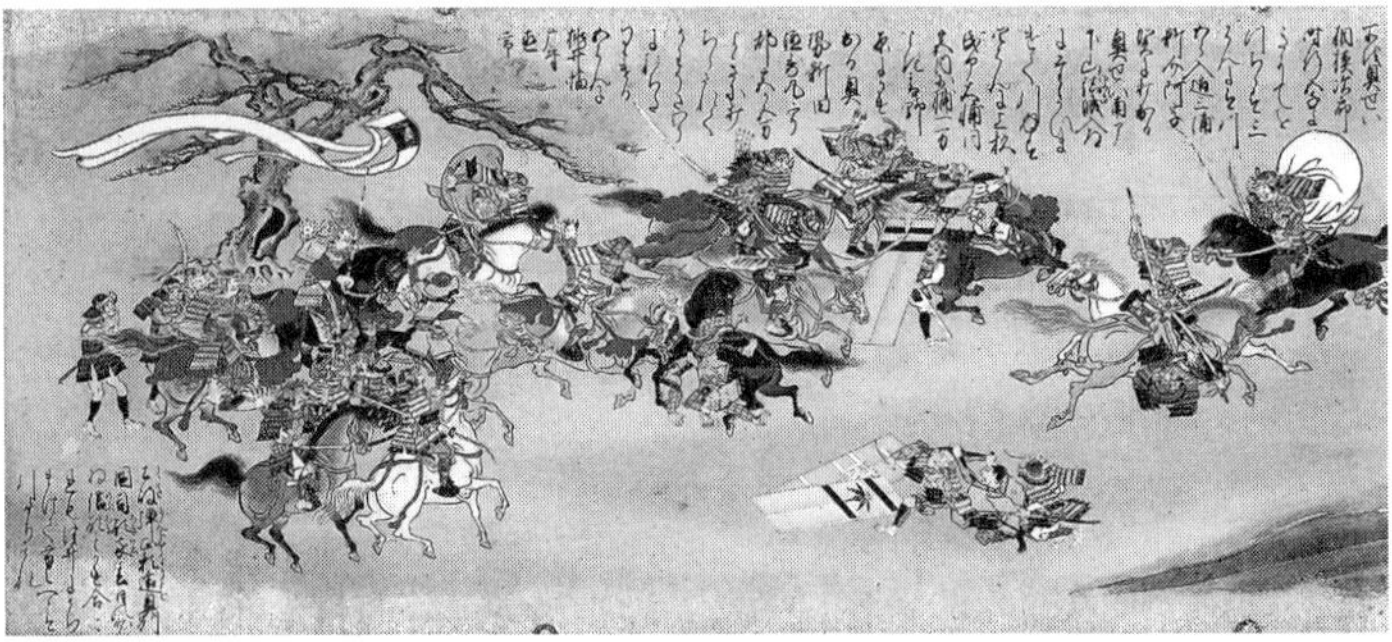

図1 『太平記絵巻』第七巻 青野原軍事付嚢沙背水事（部分）
埼玉県立歴史と民俗の博物館所蔵
建武5年（1338）青野原の戦い（107頁）における北畠顕家軍を描く.

内乱の分析に際して、地方側の状況をみすえることが重要なのはいうまでもないが、ここで述べたいのは、南北朝時代の少なくとも前半期が、同じ内乱期でも、各地に分立する大小の地域権力間の抗争によって性格づけられる戦国時代のような時代とは、まったく異なっているという点である。この時期には、足利尊氏や北畠顕家《きたばたけあきいえ》などの特定の大将のもとに大軍勢が集まり、列島を縦断しながら戦争が行われるケースが確認されるほか（網野善彦 一九九七、森茂暁 二〇〇七など）、政治不安や政変の報を聞いて多くの武士たちが全国から京都へ駆けつける動きも一般的にみられるのであり、このようなある種の求心的動向こそが、中央政治や全国的戦争に不安定な状況と、ドラスティックな展開をもたらしているのである。

求心ゆえの不安定、とでもいうべきこの現象を考える際の最大のポイントは、そのように動員を受けたり、自発的に京都に駆けつけたりする武士たちが、必ずしも十分な情報を持っていなかったと思われることである。

当たり前だが、スマホやSNSはおろか、インターネット・テレビ・電話・新聞さえない時代のことである。中央での政治対立や全国的戦争について、どの陣営にどのような人物が属しているのか、双方がどのような点をめぐって対立し、それぞれにどれほどの正当性があるのか、全体的にみればどちらの陣営が優勢なのか、などといった情報が必ずしも正確に把握されていたわけではなく、武士たちの大半は「あらかじめ持っていた漠然としたイメージ」や「その時々の目の前の状況」をもとに、身の処し方を判断せねばならなかった。だからこそこの時期には、

（1）過去の武家政権の歴史や、その段階での政治的地位などに由来する「イメージ」が大きな意味をもつ

（2）「軍事指揮者が直接下向して参陣を呼びかける」ことが軍勢を集めるのに大きな威力を発揮する（そのため、諸将が分散して兵を集めるという戦略が意外にも有効となる）

（3）「勢いがある」と判断された側に短期間で多くの軍勢が集まる（逆にいえば、何かをきっかけにそうした認識が失われれば、いとも簡単に軍勢が四散する）

などといった――あたかも無党派層の多い状況下での選挙を連想させるような――傾向が、とくに強く現れるのである。

極端な大逆転を含むドラスティックな政治展開が立ち現れるのも、このように情報を十分に持たない全国の武士たちが、直接中央に駆けつけたり、全国的戦争に投じたりするという条件を背景としている。活躍のめざましい足利尊氏・北畠顕家・高師直らの軍事能力や、武士たちの節操のなさが強調されることもあるようだが、こうしたこの時代特有の構造を理解することが何よりも重要であるため、この点はとくに強調しておくことにしたい。

本書では、このような求心構造がこの時代になぜ生じたのか、それが個々の政治過程にどのような影響を与えたのか、次の室町時代にはどのように変化したのかという点も意識しながら、段階を追ってみていきたいと考えている。

この時代の政治史のための重要論点として、最後に挙げておきたいのが、過去に対するイメージという問題である。

歴史の刻印

たとえば、後醍醐が延喜《えんぎ》・天暦《てんりゃく》の治をモデルにしていたことや、尊氏・直義時代の室町幕府が鎌倉幕府を意識していたことなど、「過去に仮託されたモデル」をもとに政権が構成されていたことはよく知られていよう（新田一郎 二〇〇一）。もちろん、後醍醐も延喜・天暦という古い段階の政治をそのまま復興しようとしていたわけではないし、それは尊氏・直義とて同様なのだが、むしろ部分的にしか似ていなくとも、あえて過去（のイメージ）に似ている点を主張していることに特徴があるといってよい。実をいうと、場合によっては、歴史的事実とは明確に異なる過去イメージを前提として、「先例踏襲」が主張されることすらあるのだが、そのこと自体が逆に歴史意識の根強さを示している。

図2　足利尊氏像　等持院所蔵

ただ、後醍醐が摂関政治や院政を否定するという新たな面を打ち出すために、あえて古い天皇親政のイメージを持ち出していた感が強いのに対して、足利氏にとっての鎌倉幕府とは直前に存在した旧秩序そのものであり、それが前提とされるのがむしろ当然であった点には注意が必要であろう。

たとえば、足利尊氏は、後醍醐を廃して北朝を建てたことを後の時代に「逆賊」と非難され、戦後にも「何故、後醍醐天皇に叛《そむ》いたか。叛かなければよいに」（中村《なかむら》直勝　一九五三）などといわれてしまっている。しかし、尊氏が叛したその時代には、関東から攻め上って朝廷軍を破り、三上皇を配流に処した承久《じょうきゅう》の乱という先例があり、しかもその結果として後堀河《ごほりかわ》天皇・四条《しじょう》天皇、そして後嵯峨《ごさが》天皇を立てた北条泰時《ほうじょうやすとき》は、鎌倉後期の公家社会においても肯定的にとらえられていた。この点は軽視できない。

つまり、鎌倉幕府を後継するような要素を持つ足利氏が後醍醐に叛し、「官軍」と戦う立場になったとしても先例があるわけであり、このことはたとえば歴史書のなかで足利氏の関係者の手になるといわれている『梅松論《ばいしょうろん》』や『保暦間記《ほうりゃくかんき》』が、室町幕府を鎌倉幕府と連続するものとして描こうとしている点などともかかわってくるのである。先に、段階ごとの政治状況を把握することの重要性を主張したが、この歴史的イメージの問題とは、意外なことにそのようにして政治史を描いていくためにも重要なのであり、本書ではこの点を意識しながら、この時代をみていくこととしたい。

京都の南北朝時代

以上のような点を意識しつつ、本書では、鎌倉幕府の滅亡から義満による室町幕府確立までの時期について、おおよそ時系列順に七章構成で取り上げたうえで、最後にエピローグで、この時代全体を通じて、結局何が変化したのかという点に触れたいと思う。

このほか、京都という政治都市とその周辺地域、そしてそこで活動する人々について、スポットをあてながらより踏み込んで描くことを意図して、八つのコラムも用意している。

なお、本書の執筆には、膨大な史料と先行研究の参照を必要とした。本来ならばこれをすべて注記したいところだが、すべてを過不足なく注記することは一般書の体裁では困難である。本書では、『大日本史料』の該当年月日条に掲載されている史料や、掲げた先行研究を参照すればわかると判断したケースなどについては史料の注記は省いた（また、本文中に年月を示したケースでは、古記録の「〇年〇月〇日条」という表記を省いている）。先行研究については、なるべく明記しようと試みたが、それにも限界があり、結果的には筆者自身がとくに重要と認識したものについて、簡単に記す程度のことしかできていない。見落としや、言及が不十分な部分もあろうかと思うが、ご寛恕いただければ幸いである。

一　鎌倉幕府、滅亡

1　二度の「当今御謀反」事件

正中の変

元亨四年（一三二四）九月十九日、京都の四条周辺で合戦があり、美濃《みの》源氏《げんじ》の土岐《とき》頼《より》兼《かね》・多治見《たじみ》国長《くになが》の二人が誅殺された（以下、『花園天皇日記』など）。そしてほどなく、六《ろく》波羅《はら》からの使者二人が、現在の京都市北区にあった北山殿《きたやまどの》という名の邸宅に入った。屋敷の主は、西《さい》園寺《おんじ》実衡《さねひら》。西園寺家は、代々関東申次《もうしつぎ》を務めており、鎌倉幕府から朝廷へ申し入れを行う際には彼を通すことになっていた。その要求は、後醍醐《ごだいご》天皇側近の日野資朝《ひのすけとも》・藤原俊基《ふじわらのとしもと》の二人を捕らえるよう奏聞してほしい、という内容であった。

ことは穏やかでない。土岐・多治見の両名が、後醍醐の命を受けた資朝・俊基の二人と呼応し、幕府への「謀叛」を企てていたのだという。彼らが二十三日の北野祭《きたののまつり》にことよせて騒擾を起こし、六波羅を急襲して探題《たんだい》常葉範貞《ときわのりさだ》を殺害したのち、比叡山延暦寺《ひえいざんえんりゃくじ》（滋賀県大津市）・南都《なんと》興福寺《こうふくじ》（奈良市）の衆《しゅ》徒《と》らと呼応して、迎撃態勢を整えようとしている、などという噂もあった。のちに南朝に属することとなる結城《ゆうき》宗広《むねひろ》という人物は、このとき一御家人であったが、一族から「当今御謀叛」との情報を受け取り、驚いてこれを嫡男に書状で伝えている（「藤島神社所蔵文書」）。天皇による「御謀叛」――この情報は、世の人々を驚かせた。

奏聞の結果、資朝・俊基は六波羅へ引き渡され、鎌倉へ連行されることとなった。命を出していたとされる後醍醐の立場も危うく、実際に彼の退位を求める動きがあった。そのため、後醍醐は起請文《きしょうもん》（誓約書）を書き、側近の万里小路《までのこうじ》宣房《のぶふさ》を下向させてこれを幕府に提出。宣房は幕府の実力者安達時《あだちとき》顕《あき》・長崎盛宗《ながさきもりむね》（円喜《えんき》）の二人から尋問を受けたが、最終的に弁明が受け入れられたのか、後醍醐は不問とされた。捕縛された二人の取り調べは翌年に及んだが、そのうち資朝が佐渡に配流されたのみで済み、俊基は許された。

この事件は、この年十二月に改元された年号から、一般的には正中《しょうちゅう》の変と呼ばれている。この事件を受けて、鎌倉幕府は空席になっていた六波羅南方に北条一門の金沢貞将《かねさわさだゆき》を上洛させたが、そのときの軍勢は五千騎にも及んでいたという。後醍醐の動向を警戒していたようである。

両統迭立

この前後の政治状況を語るには、第三巻と重なる部分もあろうが、少し時間を遡り、いわゆる両統迭立《てつりつ》の問題について、おさらいしておく必要がある（表1）。

後醍醐の曽祖父にあたる後嵯峨《ごさが》天皇は、子息の後深草《ごふかくさ》・亀山《かめやま》を相次いで天皇の位につけたが、そのうち弟の亀山の系統に皇位継承させていくつもりであった。しかし、亀山の皇子である後宇多《ごうだ》が即位した後の建治元年（一二七五）、鎌倉幕府から横槍が入り、後深草の皇子であった熙仁《ひろひと》親王（のちの伏《ふし》

表１　両統迭立期の天皇・治天・春宮

	期間	天皇	政務	春宮（皇太子）
○	正元元(1259)～	亀山	後深草院政 →亀山親政	世仁(のちの後宇多)
①	文永11(1274)～	後宇多	亀山院政	熙仁(のち伏見)
②	弘安10(1287)～	伏見	後深草院政 →伏見親政	胤仁(のち後伏見)
③	永仁6(1298)～	後伏見	伏見院政	邦治(のち後二条)
④	正安3(1301)～	後二条	後宇多院政	富仁(のち花園)
⑤	徳治3(1308)～	花園	伏見院政 →後伏見院政	尊治(のち後醍醐)
⑥	文保2(1318)～	後醍醐	後宇多院政 →後醍醐親政	邦良
⑦	嘉暦元(1326)～	後醍醐	後醍醐親政	量仁（のち光厳）

＊色つきが持明院統で，色なしが大覚寺統を示す．
＊「期間」欄は⑦を除き天皇践祚を基準にしているため，春宮擁立とずれている場合がある．

見《み》）が春宮《とうぐう》（皇太子）とされ（①）、そののち後深草の子孫が伏見・後伏見《ごふしみ》と二代続いて皇位についた（②③）。しかし後伏見が即位した永仁六年（一二九八）、後宇多の子である邦治《くにはる》親王（のち後二条《ごにじょう》）を春宮にするようにとの幕府の意向が届き（③）、これ以後、後深草の子孫（持明院統《じみょういんとう》）と亀山の子孫（大《だい》覚寺統《かくじとう》）が天皇・治天の位と春宮をおおよそ相半しながら、両統が交互に皇位につくようになる。

後醍醐は後宇多上皇の第二皇子にあたり、本来は皇位継承者となりうる存在ではなかったが、それにもかかわらず皇位につけたのは、徳治三年（一三〇八）八月に兄の後《ご》二条《にじょう》天皇が二十四歳の若さで亡くなったためである。代わって持明院統の花園天皇が即位した際に次の春宮に選ばれたのが、当時尊治《たかはる》親王と呼ばれていた後醍醐である（⑤）。後二条在位時に父として院政を行っていた後宇多上皇は、後二条の皇子、邦良《くによし》親王を大覚寺統の本流とし、皇位を継承させていこうと考えていたが、邦良が九歳と幼かったため、中継ぎとして後醍醐を選んだのだといわれている。幼年で春宮に立てられたり皇位についたりすることは珍しくないのだが、後宇多が二代続けて自身の子孫から天皇が出せるように策動し、本命の邦良をあえて次の機会に温存した結果と推測されている（河内祥輔・新田一郎二〇一一）。

図3　鎌倉後期天皇家・西園寺家関係系図

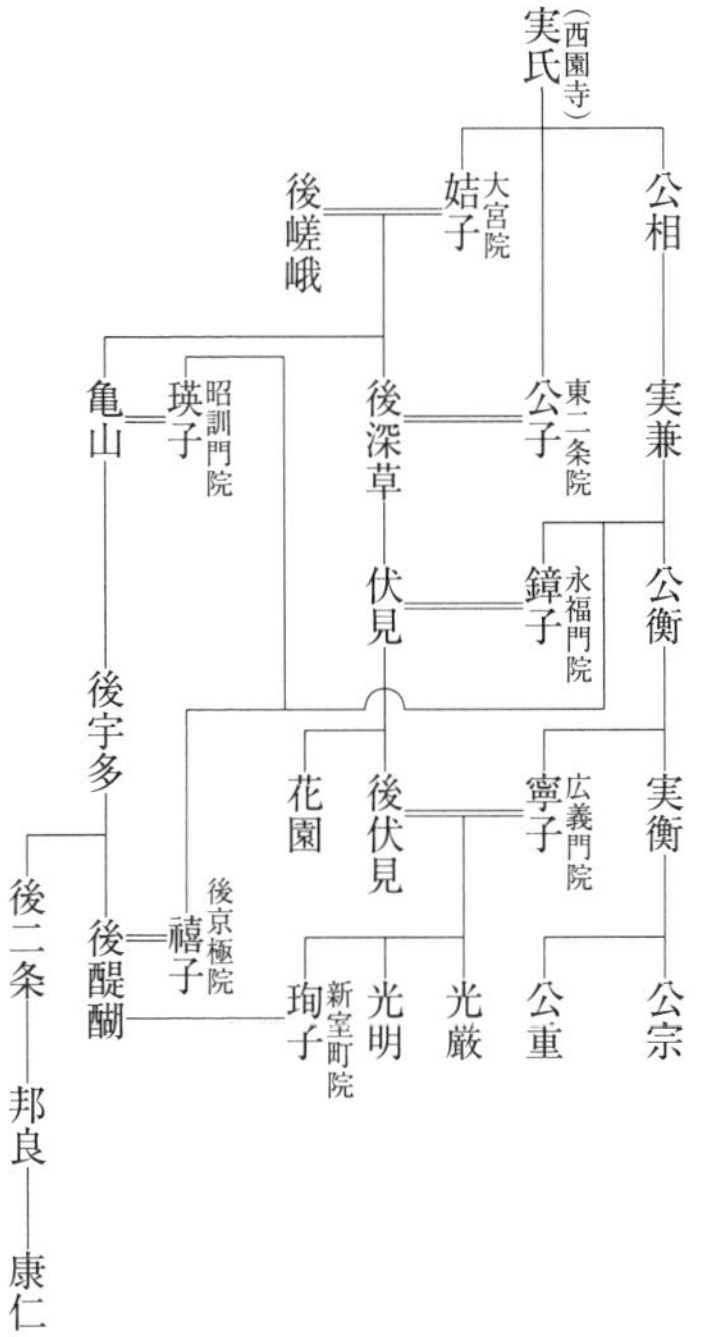

ともかくも、こうしたなかで文保二年（一三一八）に皇位についた⑥後醍醐は、大覚寺統の傍流であり、春宮にも甥の邦良が立てられ、自分の子孫に皇位を継承していける立場ではなかった。甥の邦良が即位せぬまま正中三年（一三二六）に二十七歳で没した際に、後醍醐も第一皇子の尊良《たかよし》親王を春宮とするため幕府に働きかけているが、結果は残念なものだった。天皇の意見だからと

いって聞き入れられることはなく、結局は持明院統の量仁親王《かずひと》（のちの光厳《こうごん》）が春宮とされたのである⑦。

この当時、複数の皇統に分かれていた天皇家の人々が、それぞれに鎌倉幕府に使者を発して要請し、次の天皇である春宮を誰にするか、どのタイミングで譲位《じょうい》を行うかが決められていた。もちろん、幕府側もよほどの場合以外は介入に積極的でなく、むしろこのようにたびたび天皇家の人々から要請が出される状況を面倒に思っていたふしもある。しかし、それでも一旦幕府からの申し入れが出されてしまえば、天皇家側に拒否権はなかった。

後醍醐が自身の子孫に皇位を継承させていくには、このような「天皇自身が後継者を決定できない構造」自体を破壊する必要がある。そのため、後醍醐は倒幕へ傾いていったのだといわれている。

なぜ幕府は後醍醐を退位させなかったのか？

正中の変では、後醍醐天皇を辞めさせようという運動が邦良親王と持明院統の双方から行われたが、それでも鎌倉幕府は後醍醐を退位させなかった。これがなぜかという点に答えを出すのはなかなか難しいが、ここではこの事件の少し前に、朝廷で二人のキーパーソンが世を去っている点に注目したい。

第一が、元亨二年（一三二二）九月に没した西園寺《さいおんじ》実兼《さねかね》である。西園寺家とは、源頼朝《みなもとのよりとも》の姪を室に迎え、親幕派公卿として知られた公経《きんつね》を事実上の祖とし、その孫にあたる姞子（大宮院）が後嵯峨《ごさが》の中宮となって後深草・亀山の二人を産んで以降、とくに権勢を極めた一族であり（なお、こうした姻戚関係によって、両統の皇族は西園寺家を経由して武門源氏（源義朝《よしとも》）の血を引くことになっている）、先述のように関東申次という役職に代々任じられていた。

実兼は先に触れた実衡の祖父にあたる。文永六年（一二六九）に関東申次に就任して以降、出家した正安元年（一二九九）にはこれを一旦子息の公衡に譲ったが、正和四年（一三一五）の公衡死後には再任した。要は、長きにわたって、幕府の朝廷政策のなかで重要な位置を占め続けた人物である（森茂暁　一九九一など）。実兼は、①の際に春宮大夫《とうぐうだいふ》（春宮坊の長官）となり、伏見の即位以後（②）には長女鏱子（永福門院《えいふくもんいん》）を入内させており、以後どちらかといえば持明院統と関係が深かったが、長らく関東申次の任にあるなかで、大覚寺統の亀山や後醍醐も彼の娘と婚姻を結んでおり、両統に影響力を及ぼしていた。

図4　後宇多上皇像　大覚寺所蔵

また、後醍醐の父後宇多上皇も、元亨四年六月――正中の変の三ヵ月前である――に世を去っている。持明院統のほうが西園寺家との関係の深さの反面で、西園寺家との関係に左右されているような感すらあるのに対し、大覚寺統の後宇多は、当時の関東申次だった西園寺公衡《きんひら》と対立姿勢を明確した時期さえあったが、それにもかかわらず⑤⑥の際には、自身の望む人物を春宮とするよう幕府に認めさせており、幕府から重視されていたことがわかる。持明院統が人材の手薄さから京極為兼《きょうごくためかね》など少数の側近に左右される傾向が強かったのに対し、本来の嫡流だった後宇多は相対的に安定した政治を行っていたことが幕府に評価されていたのだという（小川剛生 二〇〇三a）。

このように幕府から重視されてきた朝廷の重要人物が相次いで死没したことで、幕府側では朝廷のなかで誰を信頼し、誰に朝廷を任せればよいのかが問題になったと思われるが、注意したいのは、当時幕府内で若き北条高時《ほうじょうたかとき》を補佐する人々のなかに、持明院統寄り、邦良親王寄りの人物もいたと分析されていることである（筧雅博 一九八五・永井晋 二〇〇六）。おそらく後醍醐寄りの人物もいたはずで、要するに、幕府内も一枚岩ではなかったのである。正中の変に際してひとまず現状維持という判断が下されたことは、このような状況が背景にあったのではないかと推測される。

元弘の変

元徳三年（一三三一）、再び倒幕計画が鎌倉幕府へ伝わった。今度は、後醍醐側近の吉田定房《よしださだふさ》の密告によるものである。末端の武士ではなく、後醍醐に近しい人物の密告であり、情報の信憑性はより高い。鎌倉幕府は即座に、前回嫌疑がかけられた藤原俊基に加え、僧侶の文観《もんかん》・円観《えんかん》らを捕縛して鎌倉に移送した。

これを受けて後醍醐天皇が突然姿を消したのは、元弘と改元後の八月二十四日のことである。六波羅は即座に後醍醐側近四人を捕らえるとともに、後醍醐が比叡山延暦寺へ「遷幸」したとの情報をつかむと、比叡山東麓の東坂本（滋賀県大津市坂本）と西麓の西坂本（京都市左京区一乗寺・修学院付近）、そして重要な交通拠点である近江瀬田《せた》（大津市）へ軍勢を派遣。次いで、春宮量仁親王を六波羅北方へ移動させて警固した。また鎌倉幕府は、持明院統の後伏見上皇の院宣を受けるという形式を取り、北条一門の大仏貞直《おさらぎさだなお》・金沢貞冬《さだふゆ》、そして足利高氏《あしかがたかうじ》を中心とする大軍を京都に派遣した（「光明寺残篇」）。

比叡山延暦寺とは、いわずと知れた京都の北東に所在する有力寺院で、梶井《かじい》門跡《もんぜき》に尊雲法親王《そんうんほっしんのう》（後醍醐皇子、のちの護良《もりよし》親王）、妙法院《みょうほういん》門跡に尊澄《そんちょう》法親王（同じく後醍醐皇子、のちの宗良《むねよし》親王）がそれぞれ入室するなど、後醍醐の関係者も多かった。しかし、後醍醐が比叡山に入ったというのは、フェイクであった。このとき比叡山へ入ったのは後醍醐本人ではなく側近の花山院師賢《かざんいんもろかた》で、後醍醐自身は南都へ向かい、次いで山城・大和国境の笠置《かさぎ》山《やま》（京都府笠置町）に立て籠もっており、側近・皇子たちもこれに合流したのである。

楠木正成の蜂起

そして河内では、楠木正成《くすのきまさしげ》という人物が後醍醐に呼応した。

正成は、『太平記《たいへいき》』が戦術に優れた武将として描いて以降、さまざまに注目を浴び続けてきた人物である。そのため彼の出自については、これまでにも多くの研究がなされてきたが、最も有力な手がかりになるのが、長坂成行が指摘し、小川剛生が文字の解読を修正した、「道平公記」にみえる次の落首《らくしゅ》である（長坂成行　一九八七、「道平公記」）。

くすの木の　ねはかまくらに　成ものを　枝をきりにと　何のほるらん

意味は、「楠木氏の根は鎌倉にあるのに、なぜ枝を切りにこれほどの大軍勢が上ってきているのだろうか」と皮肉るものだが、この落首が楠木氏の根が鎌倉にあることを前提としている点から、楠木氏が少なくとも鎌倉幕府関係者と考えられていたのは確実といえよう。実際に楠木という地名が駿河国入江荘《いりえのしょう》（静岡市清水区）にみえることから、楠木氏をこの地域の出身とする推測もあるが（筧雅博　二〇

○二)、実際のところはよくわからない。

また、楠木正成が、後醍醐の第二皇子で早く没した世良《よよし》親王の所領、和泉国若松荘《わかまつのしょう》(大阪府堺市南区)で権益を得ていたことも知られている。そのときこの荘園の領家を務めていたのは、醍醐寺の僧侶で後醍醐の側近でもある内大臣僧正道祐《そうじょうどうゆう》という人物であった。正成は挙兵以前から後醍醐周辺と直接的に連絡を取り合うことの可能な存在であり、それが挙兵につながったものと考えられている(網野善彦 一九七〇)。

このように呼応して蜂起した人物があったものの、このとき後醍醐に呼応した武士は決して多いとはいえなかった。九月半ば以降に、鎌倉幕府軍が続々と到着すると、包囲が始まって一ヵ月も経たぬうちに笠置山は陥落し、後醍醐とその側近たちの大半は捕らえられてしまう。軍勢は、河内国にも向けられた。楠木正成の立て籠もる赤坂城《あかさかじょう》(大阪府千早赤阪村)も、一ヵ月ほどで陥落し、正成はゆくえをくらませることとなったのである。

後醍醐配流と関係者の処罰

この年九月二十日には、後醍醐に代わって、春宮量仁親王が践祚《せんそ》することとなった。光厳《こうごん》天皇である。後醍醐は、天皇家に伝わる三種の神器のうち、宝剣(天叢雲剣《あめのむらくものつるぎ》)と神璽《しんじ》(八尺瓊勾玉《やさかにのまがたま》)を持ち去っていたが、これらも笠置山陥落によって接収され、十月六日、光厳のもとへ戻された。新たな春宮には、大覚寺統の康仁《やすひと》親王(邦良親王の皇子)が立てられた。

囚われの身となった後醍醐らの身柄は西園寺公宗《きんむね》(実衡の子でこのときの関東申次)らによって確認さ

れ、十二月末には後醍醐が隠岐、尊良親王が土佐、妙法院尊澄法親王が讃岐へと流されることが決定した。隠岐といえば承久の乱で後鳥羽上皇が流された場所であり、長男が土佐に流されたところも承久の乱と同様である。翌元弘二年（一三三二）三月、京都を出発して配地に流された。そののち、ほかの人々についても処罰が行われ、多くの人物が配流や斬罪に処されることとなった（表2）。

両統迭立と公家廷臣

後醍醐の倒幕運動がこの段階ではあまり支持を集めなかった点は先に述べたが、公家社会に限った場合、どのように評価できるだろうか。表2をみると、呼応した五人（洞院公敏《とういんきんとし》・花山院師賢《かざんいんもろかた》・万里小路藤房《までのこうじふじふさ》・北畠具行《きたばたけともゆき》・四条隆資《しじょうたかすけ》）をはじめ、関係者として名の挙がった公卿は十五人に及ぶ（表の※印は公卿ではない）が、この人数は「多い」と評価できるのだろうか。

公卿《くぎょう》とは、参議以上の官職、もしくは三位以上の位階を持つ人々のことをいう。官職としては、摂政・関白や大臣（太政大臣・左大臣・右大臣・内大臣）のほか、大納言十名、中納言十名、参議八名の枠があり、このような官職に在任中の公卿――これを現任公卿という――は、三十一～三十三名程度となるのが普通であった。しかし身分としての公卿には、これらの官職を辞任した人物や、これらの官職には就かないが三位以上の位を与えられた人物も含まれる。

この時期には公卿の家の分立によってそうした人々も含めた公卿全体の人数は増加しており（市澤哲 二〇一一）、この元弘元年正月段階では百三十人程度に及んでいた（『公卿補任』。五百年前の天長八年（八三一）正月段階ではたった十二人、三百年前の長元四年（一〇三一）正月段階では二十六人であったことを考慮すると、その人数増加が顕著なことは一目瞭然である）。それを考慮すると、後醍醐に呼応した人物が多いとは

表2　後醍醐天皇の関係者

	家格・官職	変時の行動	処　罰
二条道平	摂関家・前関白	――	師忠に預置
洞院公賢	清華家・前内大臣	――	なし
洞院公敏	清華家・前大納言	後醍醐に随行	遠流（下野）
洞院実世	清華家・中納言	京都で捕縛	公賢に預置
花山院師賢	清華家庶流・大納言	比叡山で挙兵	遠流（下総）
千種忠顕※	清華家庶流・少将	後醍醐に随行	後醍醐配流に同道
三条公明	羽林家（清華家庶流）・中納言	京都で捕縛	なし
二条為世	羽林家・前大納言（入道）	――	なし
二条為定	羽林家・中納言	――	為世に預置
二条為明※	羽林家・前中将	――	尊良配流に同道
北畠具行	羽林家・中納言	後醍醐に随行	斬罪
四条隆資	羽林家・中納言	後醍醐に随行	没落
四条隆貞※	羽林家・中将	後醍醐に随行か	没落
四条隆量※	羽林家・少将	後醍醐に随行	遠流
世尊寺行房※	羽林家・中将		後醍醐配流に同道
万里小路宣房	名家・大納言	京都で捕縛	なし
万里小路藤房	名家・中納言	後醍醐に随行	遠流（常陸）
万里小路季房	名家・参議	京都で捕縛	遠流（下野）
（日野資朝）	名家・前中納言	（以前に佐渡へ配流）	斬罪
平　成輔	名家・参議	京都で捕縛	斬罪
葉室光顕	名家・参議	――	遠流（出羽）
藤原俊基※		変以前に捕縛	斬罪

＊ ※を付したのは公卿ではない人物.

決していえないだろう。

　持明院統側も、事情はそれほど変わらなかった。持明院統の花園上皇は日記を残しており、本書でもたびたび登場するが、それをみると、院中の諸事を奉行したり、諸方への使者を務めたりする側近としては、吉田一門の坊城定資《ぼうじょうさだすけ》・吉田国房《くにふさ》兄弟とその子息たち（坊城俊実《としざね》・経顕《つねあき》兄弟と吉田国俊《くにとし》）、日野一門の俊光父子（資名《すけな》・資朝《すけとも》・資明《すけあき》兄弟、ただし資朝は後醍醐側近へと引き抜かれた）、四条一門の隆有《たかあり》・隆蔭《たかかげ》兄弟などが中核をなし、ほか数名が加わる程度である。そのほか、西園寺実衡・大宮季衡《おおみやすえひら》・今出川兼季《いまでがわかねすえ》・正親町公蔭《おおぎまちきんかげ》らの西園寺一門や、中院通《なかのいんみち》顕《あき》・三条公秀《きんひで》などと関係が深いことをみてとれ、数え方によってはもう少し増える可能性はあるが、それでも先述のような状況を考慮すると、さほど多いとはいえまい。

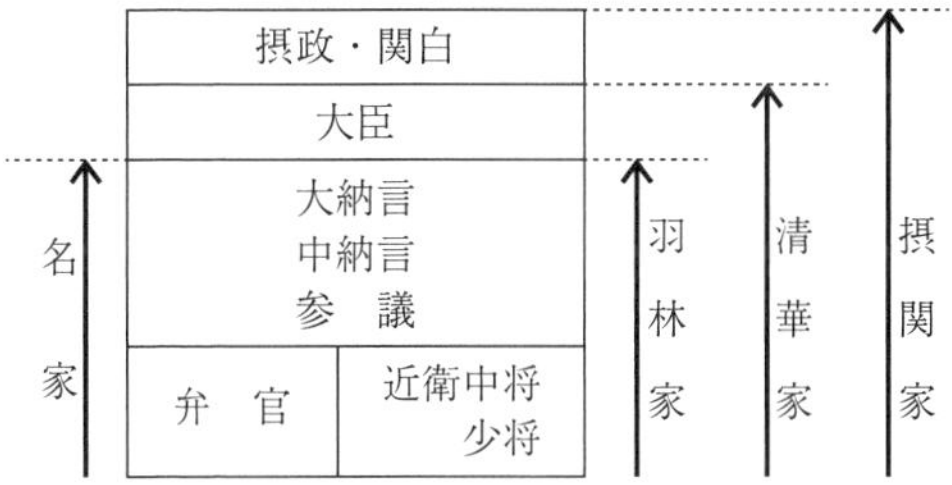

図５　公家廷臣の家格

　つまり、明確に両派に分かれた公卿たちがいる一方で、後醍醐・持明院統の双方と、ほどほどの距離を取る人々がそれなりにいたのである。その背景としては、摂関家（摂政・関白に昇進できる）や清華家《せいがけ》（大臣に昇進できる）など、家格《かかく》が高い家の多くはどちらの皇統のもとでも昇進可能だったことが、まず重要であろう。また、基本的には大臣以上に昇進できない羽林家《うりんけ》（摂関家・清華家同様に当初近衛中将・少将を経由する）や名家《めいけ》（弁官という実務官職を経由する）などを含めた廷臣全体に目を向けていくと、さまざまな競合・対立の結果、双方から距離を取らざるをえなくなった人物もいた。鎌倉後期の上皇・天皇は、自身への求心力構築を強く意識しており、なかでも後醍醐はそうした傾向が強かったが、それはこのような公家社会の状況を背景とするものであった。

2　鎌倉幕府と社会

前節でみたように、軍事力を所持する鎌倉幕府は、皇位を左右するような影響力を有していたが、この幕府はわずかこの二年後に滅亡の憂き目をみる。この歴史過程を理解するのは本当に難しいところだが、その問題を考えるには、鎌倉幕府とはどのような存在であったのか、鎌倉時代後期とはどのような時代であったのか、という基本的な点を説明しておく必要があろう。

鎌倉幕府とは？　鎌倉幕府とは、平安末期のいわゆる治承《じしょう》・寿永《じゅえい》内乱時に、反平家を掲げて蜂起した源頼朝が東国を制圧し、その実力支配を承認された政権が基礎となっている。そののち、源義仲《よしなか》や平家一門、奥州藤原氏などの追討に携わりながら全国に権益と御家人を獲得し、内乱終息後にも、内裏の警固と諸国の守護（治安維持）の役割を持つ組織と位置づけられて存続した（高橋典幸 二〇〇八、西田友広 二〇一七）。頼朝は「大将軍」という名のつく官職に任じられることを望んで征夷大将軍に任じられ（櫻井陽子 二〇〇四）、これが彼の後継者たちの任官する職となった。

この頼朝の系統が三代で絶えたのちには、将軍を京都から迎え、頼朝の妻政子《まさこ》の実家である北条氏《ほうじょうし》

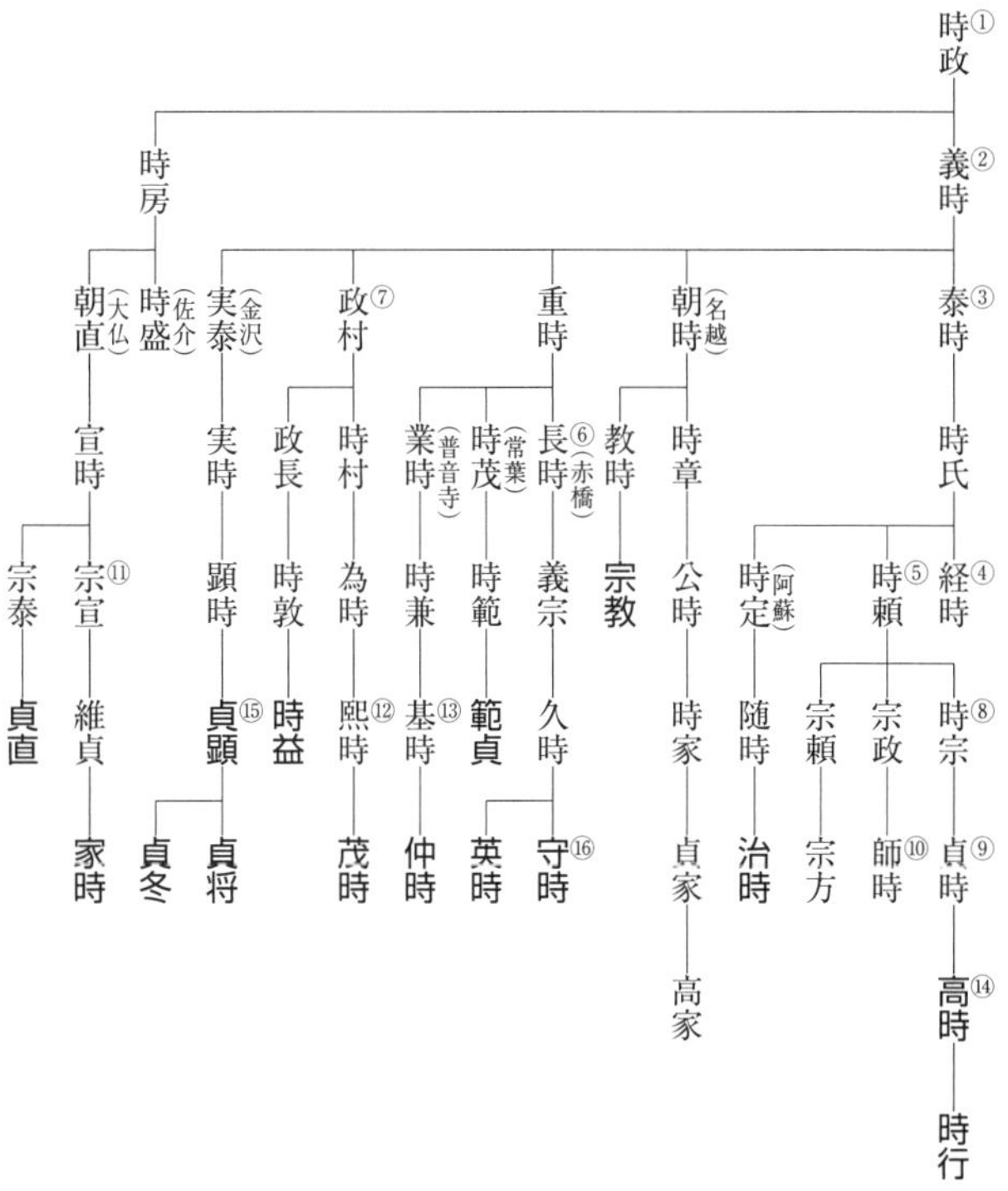

図6　北条氏系図（○数字は執権の代数、太字は本書の登場人物）

が執権として実権を握り、のちには北条氏の嫡流たる得宗家（泰時子孫の系統）に実権が集約されることになったが、鎌倉幕府の勢威と社会的役割自体は承久の乱やモンゴル襲来を経つつ、増大していくこととなる。

以上、教科書的な説明を加えてきたが、このような鎌倉幕府の性格はというと、なかなか一言で表現しにくい部分がある。それは、幕府を内外から規定する「制約」の面と、幕府の実力や社会的影響力などの「達成」の面が、複雑に入り組んでいるためである。

以下では、この「制約」と「達成」の両側面について簡単に把握しつつ、南北朝内乱の前提となる鎌倉末期の社会状況について、概観しておきたい。

一つの門閥的組織

鎌倉幕府を規定する「制約」を考える際に最も重要なのは、鎌倉幕府が少なくともその本来的な部分では、荘園制社会のなかの一組織に過ぎなかった、という点である。

当該期の社会は、日本国内は荘園や郷など（以下、荘郷と呼ぶ）を単位にして領主権が分立している社会であったが、そうしたなかで鎌倉幕府は、幕府の有する所領（関東御領《ごりょう》）と、幕府に属する人々——すなわち御家人たち——を経済的・軍事的な基盤としていた。別の言い方をするならば、他の荘園領主の所領に経済的負担を求めることや、御家人以外を軍事動員することが、本来的には不可能だったということである。

たとえば朝廷は、内裏《だいり》造営や伊勢神宮《いせじんぐう》の式年遷宮《しきねんせんぐう》などの国家的な事業に際して、荘郷の領主にかかわりなく賦課《ふか》を命じることができた（一国平均役）が、それに対して鎌倉幕府は、そのような徴収を委託されることはあっても、みずからの目的のためにそのような賦課を行うことは本来できなかった（下ってモンゴル襲来以降の九州周辺では、異国警固番役が御家人以外へも課されている点が知られるが〈高橋典幸 二〇〇八〉、それでも御家人制を基盤とする幕府のあり方自体が、根本的に変化したわけではなかった点に、留意しておく必要がある）。これは、鎌倉幕府を理解するために軽視できない点である。

もちろん、こうした鎌倉幕府の基盤自体が、幅広く存在していたことは重要だろう。幕府は関東御領を各地に有していたが、幕府に属する御家人は、そうした関東御領以外の荘郷にも存在していた。

また、平家追討や承久の乱などの討伐戦を通じて幕府に没収された各地の下級荘官の権益は、地頭職《じとうしき》という名前で鎌倉幕府から御家人たちに配分されていたが、このような権益も他の荘園領主の所領のなかに存在していた。このような鎌倉幕府の基盤の広範さは、まさに鎌倉幕府の「達成」として評価されるべき点である。

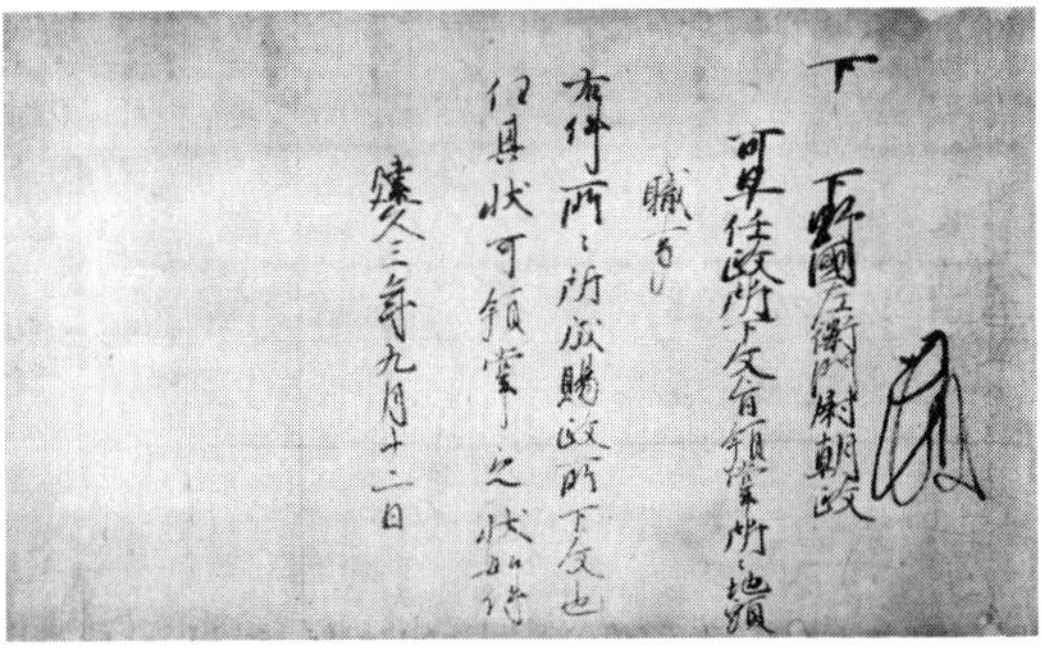

図７　源頼朝袖判下文　神奈川県立歴史博物館所蔵
頼朝が有力御家人である小山朝政に権益を認めたもの.

しかし、このことは、別の面で大きな問題を胎《はら》むものであった。このように御家人やその代官が幕府以外の荘園領主の所領の内部に存在するのが一般的だった結果、支払うべき年貢を払わない、本来の権利以上のものを主張して強奪する、荘民を勝手にこき使う……などといった多くのトラブルが、各地の荘郷で生じることとなったのである。そしてその結果、幕府のもとには多くの訴訟が提起された（佐藤雄基 二〇一四）。

他の荘園領主からの要求は無下にはできないが、先述のように御家人は幕府の基盤そのものであるから、常にそうした要求を受け入れて地頭御家人を処罰していれば、幕府の経済的・軍事的基盤は浸食され、縮小していくだろう。広範に地頭御家人が存在するという「達成」の反面で、幕府は難しい判断を迫られていたのである。

問題はもう一つあった。御家人に与えた地頭職などの権益が、御家人それぞれの家のなかで処分され、相伝《そうでん》されるものだったことである。いうまでもなく、それぞれの御家人には事情がある。たとえば、分割相続を行った惣領《そうりょう》・庶子《しょし》間で大きなもめ事が生じてしまったら……、相続の事情で女系を通じて御家人でない人物に所領が相伝されたら……、裕福な比叡山延暦寺の僧侶に所領を借金のカタに取られてしまったら……。そうした個別の家の事情が重なることが、幕府の経済的・軍事的基盤たる御家人制の危機に直結しうるのである。

以上のようなことは、幕府が荘郷の領主にかかわりなく賦課を命じることが可能な社会的地位を確立していれば、さほど問題にはならなかったはずである。しかし、先述のように幕府はそうではなかった。そうした「制約」のもとにあったために鎌倉幕府は、荘園領主と地頭御家人との紛争や、地頭御家人の相続の問題について、対処せざるをえなかったのである。しかし、数多く寄せられるこのような訴えは、それぞれに個別の事情を持つものであり、その対応をその時々の判断で場当たり的に行ってしまえば、混乱が生じてしまうおそれがある。

評定・法・裁許

こういった問題への対応を強く意識した人物が、北条泰時《やすとき》であった。嘉禄元年（一二二五）に伯母の北条政子が没して以後、泰時が評定制度を整備しつつ幕府政治の実権を掌握し、幕府の法・裁判の制度を整備していったことはよく知られていよう（五味文彦 一九九〇）。具体的には、規範を成文化していく姿勢を取ったこと、召喚するなどして当事者双方の主張を聴き、そのうえで裁定を下す手続を整備したこと、そのような両者の主張と幕府側の判断を明示す

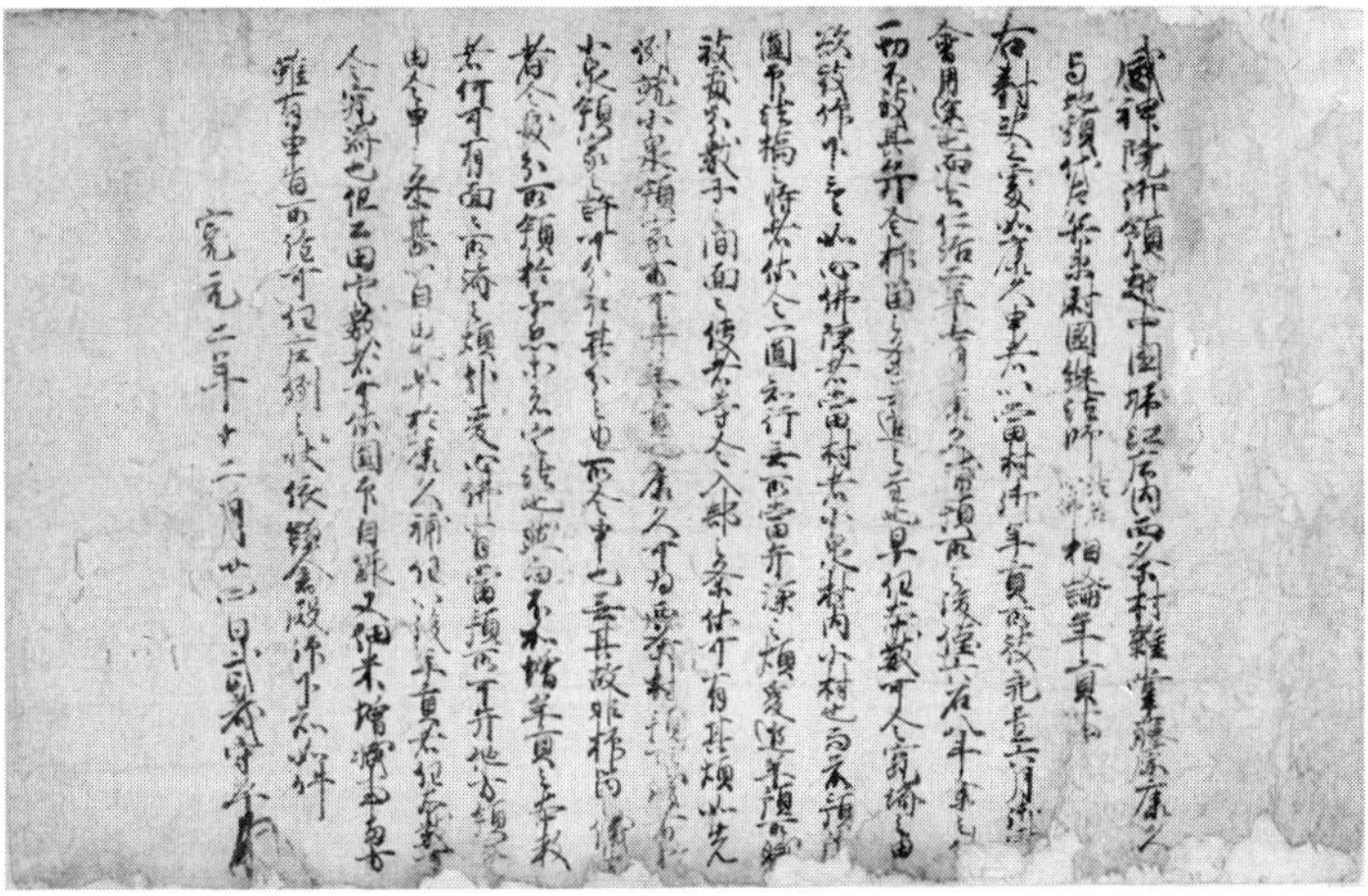

図 8　関東下知状　前田育徳会所蔵

鎌倉幕府から出された裁許の下知状で，越中国堀江荘内の西条村という「小村」の年貢に関するもの．

る裁許状《さいきょじょう》（裁定の内容を示した文書）を発給したことなど（古澤直人 一九九一・橋本道範 二〇〇八・佐藤雄基 二〇一四など）、いくつかの点でそれまでの鎌倉幕府とは異なる施策を採っており、興味深いところである。

泰時没後にも、引付《ひきつけ》という訴訟審議機関が整備されたように、訴訟対応はさらに強化されていく。もちろん、その制度運営（手続や裁許の方針など）には時期によって変化した部分があったのも事実であるが、このような訴訟対応が鎌倉時代を通じて幕府の政務の中心的な要素であり続けたのは間違いないところである。評定《ひょうじょう》衆《しゅう》や引付衆などといった役職への就任をもとに、鎌倉幕府中枢の家格秩序が形成されていたとされること（細川重男 二〇〇〇）なども、このような鎌倉幕府の特質をよくあらわしているといってよい。

この幕府の法と裁判のシステムは、近代的なそれに類似する点が多く、日本法制史上、ある種の「達成」と理解されることも多いが、本書ではそれが先にみたような幕府を構造的に規定する「制約」（と、北条氏が一臣下として幕政を担っていたという「制約」）を前提にしつつ、形成されたものだったといえる点を強調しておくことにしたい。

訴訟社会の到来

このように訴訟制度が整備されていったことは、幕府側の思惑を超えて、社会に大きなインパクトを与えた。

そもそも御家人の分割相続や、荘園内部における地頭の具体的な権益が訴訟の案件になりうるのである。そのようななかでは、一、二の村落、ほんの数町、数段の田畠、一つの屋敷地などといった小さな権益が問題とされることも多かった。そのような訴訟を幕府が受け付け続けたことで、「小さな権益をめぐる争いでも提訴可能である」ことが、少しずつ社会的に認識されるようになっていったのである。

ただ、実をいうと、幕府は、みずからが裁く権限や必要がない案件に積極的に関与する意向を持っていたわけではない。そもそも多くの訴訟を抱え込むほどに、実務の量は増える。幕府の法令は本来「関東諸人」のためとされ、その取り扱いの範囲は限定されていた。

ところが、先述のような法・制度のシステムが整備されたインパクトは大きかった。それは、実際に多くの訴訟が提出されていることにも明らかだが、たとえば御成敗式目《ごせいばいしきもく》制定の早くも翌年、荘園領主側が地頭を訴える際に式目が引用されている事実にもよくあらわれているといえよう（上杉和彦 一九九六)。

また、鎌倉時代を通じて朝廷の訴訟制度が整備されていったこともよく知られているが、そうした朝廷の制度にも、幕府の影響がみられるのだという。最近の検討では、寺社の訴訟制度に影響を与えていることも解明されるようになってきており(大山喬平編 二〇〇八)、鎌倉幕府の政策がもたらした社会的インパクトは決して軽視できないといわねばならない。そして、このように朝廷や寺社までもが訴訟制度を整備し始めることで、訴訟を起こすという行動はさらに広まっていくこととなる。こうして鎌倉後期の日本社会は「訴訟社会」となっていったのである(橋本道範 二〇〇八)。

鎌倉後期とはどういう時代か?

さて、本節冒頭の問いに戻ろう。鎌倉後期という時代は、どういう時代だったのだろうか。

これを筆者なりにあらわすとすれば、「中央」が強く意識されるようになった時代、ということになる。ローカルな権益に関する訴えでも、(要件さえみたせば)幕府や朝廷に提出できる。もちろんそれは自分が訴えられる可能性をも示すのであるが、鎌倉後期とは、そのようなことが地方の御家人や下級荘官たちにも広く認識されるようになった時代であった(この点は、新田一郎が「構造としての「公方」」という言葉を使いながら説明している点とも深くかかわる(新田一郎 一九九五))。そのため、このような地方の御家人や下級荘官たちは、「中央」の動向にも敏感にならざるをえなかった。

たとえば、鎌倉前・中期の幕府の記録である『吾妻鏡《あずまかがみ》』のなかには、鎌倉の政局に前後して「近国御家人」が鎌倉に駆けつけたという記事を、たびたび確認できる。ここで言及されているのは主に東国御家人とみられるが、これが鎌倉後期になると、たとえば弘安八年（一二八五）に安達泰盛《あだちやすもり》らが討たれたいわゆる霜月《しもつき》騒動の際に、播磨国御家人の広峯長祐《ひろみねちょうゆう》という人物が（「広峯文書」）、そして嘉元三年（一三〇五）に北条宗方《むねかた》が討たれた際には、能登国御家人の万行胤成《まんぎょうたねなり》という人物が駆けつけているように（「天野文書」）、西国御家人たちまでもが駆けつけるようになっていたのである。

本書で取り上げる南北朝時代のうち、とくに前半は、プロローグでも取り上げたように、大軍勢が全国規模で移動しながら戦いを繰り広げたり、何かあれば多くの軍勢がすぐに京都に集まったりする時代であったが、こうした特徴的な事象は、「中央」が広く意識されるようになった鎌倉後期の状況を踏まえてはじめて理解できるものである。そしてこの鎌倉後期の状況とは、以上にみてきたように、いくつかの「制約」を前提に鎌倉幕府が発展してきたことと深くかかわっていた。本書にわざわざこのような一節を設けたのは、この点の説明が南北朝時代を理解する上で非常に重要と考えるためである。

「悪党」追捕の時代

このように本書で取り上げる時代の前提を確認したうえで、さらにもう一点だけ、言及しておきたい点がある。畿内近国（五畿内とそれに接する近江・伊勢・伊賀・紀伊・播磨・丹波、そしてこれらの地域と日本海水運の接点にあたる若狭などを念頭に置いている）の特殊な状況を考えるために重要な、「悪党」の問題である（以下、山田徹 二〇一七など）。

鎌倉幕府は先述のように「訴訟社会」の進展に重要な役割を果たしたが、所領問題のうち御家人や地頭職の関係しない案件については管轄外とみなし、それらに関与することには本来消極的だった。ところがその一方で、武力を持つ鎌倉幕府に提訴したいというニーズは幅広いものであった。そうしたなかで、自らの権益を守りたい荘園領主たちが着目したのが、幕府の役割のうちの一つである諸国守護の機能、もう少し限定するならば検断《けんだん》（犯罪の取り締まり）関係の機能である（西田友広 二〇一七など）。つまり、幕府が本来所領問題としては取り扱ってくれないようなケースであっても、相手方が殺害・夜討・強盗・山賊・海賊・放火・刃傷などの重罪を犯したことについて幕府に訴え、追捕《ついぶ》（追って捕らえること）を願うという訴訟戦略を採れば、提訴可能となるのである。

こうした訴訟戦略が多用されるにつれて、夜討・強盗などを犯した罪人として相手を訴える際の、訴訟用語として定着していったのが「悪党」という用語であった。なかでもとりわけ重要なのが、両統迭立が本格的に始まった伏見《ふしみ》天皇の親政期に、朝廷が勅命に背いた人物の追捕を幕府に求めるようになったことである（近藤成一 二〇一六）。幕府側の「悪党」追捕のための体制もこのころまでに確立しており、以後鎌倉末期の三十数年の間に、御家人を対象とするものも含め、多くの「悪党」追捕が行われたのであった。

畿内近国の特殊性

こうした「悪党」追捕がとくに頻繁に行われたのが、荘園領主のお膝元である、先述の畿内近国であった（京都・南都（奈良）周辺のほか、伊勢神宮・高野山《こうやさん》・熊野社《くまのしゃ》などの大寺社が存在していた）。そもそもこの鎌倉後期とは、所領・権益を排他的に確保しようとする動き（一円化《いちえんか》）が進みつつあり、全国各地で紛争が起こっていた時期であったが、とくにこの地域は、元来小規模な所領が数多く入り組んでいて、紛争が生じやすい前提を持っていた。

また、古くからの先進地域であったこの地域については、開発が一定レベルの飽和状態に達したことを受け、この時期に灌漑体系や耕地の再編などが進みつつあったこと、それと密接に関連しながら、近世~近現代にも連続するような村落の原型が形成されつつあったことなども指摘されている（水野章二 二〇〇四、山川均 一九九八・二〇〇〇）。このような地域社会における大変動のなかで、新たに登場してきた村落共同体（いわゆる「惣村」）も含むさまざまな主体の間で、土地・資源の利用や境界などが改めて問題になっていたことも知られており（高木徳郎 二〇〇八）、そのような意味でこの時期の畿内近国には、紛争がとくに多発する条件が揃っていたといえるのである。

こうした条件下にあったこの地域で「悪党」追捕が頻繁に行われたことで、地域の治安が安定に向かったかというと、必ずしもそうとはいいきれない。実際、単に所領・権益を確保するだけでなく、敵対勢力を捕縛する「悪党」追捕という措置は、幕府関係者の負担となっただけでなく、地域社会にとっても重大事であった。追捕が頻繁に行われることで、現地における対立が明確化し、かえって混乱を深刻化させる方向に作用した面もあったようで、事態はそう簡単ではなかったのである。

また、このようにこの畿内近国の混乱が深まっていくなかで注目されるのが、この地域では幕府だけでなく朝廷もいまだに公権力としての存在感を有していたこと、そのほかの荘園領主と関係を取り結んで幕府・六波羅の「悪党」追捕に対抗しようとする動きがみられたことなどであろう。先ほど、鎌倉後期には「中央」が広く意識されるようになったことを述べたが、少なくともこの地域にとっての「中央」とは、幕府（とその関係者）のみではなかったのである。この点こそ、この地域が倒幕運動の震源地となったことの、直接的な前提である。

3　果たされる倒幕

1節でみたように、後醍醐の倒幕計画は一旦失敗した。しかし、それから二年経った正慶二年（一三三三、ただし倒幕を志す後醍醐らは正慶への改元を認めず、本来の元弘三年という年号を使用し続けた）には、倒幕運動は大きく広がり、何と実際に倒幕が成功してしまう。なぜ倒幕が成功したのか、という問題は非常に難しい問題で、最近呉座勇一も、この問題に関する「日本中世史学界の最新の回答」として、「分からない」という見解を紹介しているところである（呉座勇一　二〇一四）。筆者は、それを説明するためにはいくつかのポイントがあると考えているが、本節ではまず、経緯から説き起こすことにしたい。

護良親王と楠木正成の再蜂起

後醍醐らが各地へ配流されたのちも、幾人かの人々は追っ手を逃れていた。その筆頭が、後醍醐の皇子で梶井門跡に入室していた大塔宮《おおとうのみや》尊雲法親王である。還俗《げんぞく》して護良親王と名乗っているため、以下、その名で統一したい。護良は、熊野山・吉野山・高野山を結ぶ山岳地帯に潜みつつ、活動を続けていた。

たとえば、正慶元年（一三三二）六月、護良が熊野山に発した令旨《りょうじ》（親王の命令書。詳しくは後述）が京都へと進上されている。このように護良令旨が京都に届けられたのは、熊野山が基本的には鎌倉幕府方だったためだろうが、この直後に竹原八郎入道《たけはらはちろうにゅうどう》という人物が実際に彼に呼応し、令旨を掲げて伊勢国に乱入していることからみて（『花園天皇日記』）、呼応する人物は確実にいたようである。護良は十

図９「護良親王出陣図」
個人蔵
梶井宮尊雲法親王は，還俗して護良親王と名乗り，抵抗運動を続け，倒幕の立役者の一人となった．

二月二十五日に高野山に願文《がんもん》を捧げており、ほどなく吉野山に遷ったものと思われる。

河内国では、楠木正成が再び挙兵した。正成は正慶元年十二月に紀伊国隅田荘《すだのしょう》（和歌山県橋本市）や河内国赤坂城を襲撃し、明けて同二年正月十四日には河内の守護所《しゅごしょ》を陥落させ、翌日夜には和泉国堺（大阪府堺市）でも合戦を行っている（「楠木合戦注文」「道平公記」ほか。以下、「道平公記」）。これを受けて六波羅の幕府軍は、代官と在京人たちを摂津国天王《てんのう》寺《じ》（大阪市天王寺区）に下向させ、城郭を築いて防衛線を張った。しかし、正成は正月十九日、護良側近の四条隆貞《たかさだ》（隆資の子）らとともにそれを襲撃して勝利したという。これにより、京都では持明院統の後伏見・花園両上皇や光厳天皇を関東に遷す話が出るなど、大混乱に陥った。

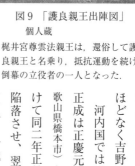

護良・正成討伐の大軍勢

こうした一連の動きを受け、鎌倉幕府は護良・正成討伐を御家人たちに命じた。それを受けて翌二月にかけて、関東から大軍が上洛する。

『太平記』巻六には、「総《すべ》て諸国七道の軍勢共、我も〳〵と馳上《はせのぼり》ける間、京白河の大《たい》家《か》・小家所残《しょうけのこすところ》なく居余《いあまり》て、宇治・醍醐・小栗須・嵯峨・仁和寺、西山・北山、賀茂・北野、皮堂・河崎・清水・六角堂の総門の下、鐘楼《しょうろう》の中にても、軍勢の宿《やど》ぬ所は無かりけり。日本、小国なりといえとも、是程《これほど》に人の多《おお》かりける事よと、始《はじめ》て驚《おどろく》計《ばかり》なり」とある。上洛してきた武士たちがあまりに多すぎて洛中に入れず、郊外に軍勢が寄宿したのだという。後述のように、この戦役には多くの東国御家人の一族のほか、西国二十七ヵ国の軍勢も投入されていることがわかる。『太平記』の記述には、大軍が上洛してきた混乱ぶりを、オーバーながらも率直に示す面があるのかもしれない。

この軍勢は、すぐに軍事行動を始めた。河内へは阿蘇《あそ》治時《はるとき》を大将として河内・和泉・摂津など七ヵ国の軍勢が、大和へは大仏家時《おさらぎいえとき》（高直とも）を大将として山城・大和など八ヵ国の軍勢と新田一族ほかの大番衆《おおばんしゅう》が、そして後背の紀伊へは名越《なごえ》宗教《むねのり》を大将として尾張・美作など十一ヵ国の軍勢と佐貫《さぬき》一族ほかの大番衆がそれぞれ派遣された。そしてこれらのほか、政所執事《まんどころしつじ》二階堂貞藤《かいどうさだふじ》（道蘊《どううん》）の率いる軍勢が、護良の立て籠もる吉野へと派遣された（「楠木合戦注文」）。

吉野へ向かった軍勢は閏二月一日に乱入し、それによって坊舎は焼亡する（唐招提寺蔵「梵網述迹抄」、「金峯神社文書」、岡見正雄 一九七五）。河内国でも、この日以前に上赤坂城が陥落し（「門葉記」）、平野将監《ひらのしょうげん》入道以下の人々が捕虜となっている。

しかし、吉野から落ち延びた護良親王が高野山へ逃れて抗戦を続けたほか（岡見正雄 一九七五）、金剛山西麓の千早城《ちはやじょう》（大阪府千早赤阪村）に立て籠もる楠木正成も、幕府の大軍を相手に籠城を継続した。楠木氏が赤坂城で捕縛した湯浅《ゆあさ》党《とう》の武士が護良に属して紀伊国で軍事行動を行っていることも知られ（市澤哲 二〇〇八）、両者が連携しながら抵抗運動を続けていたことがわかる。

とくに、『太平記』が、幕府軍を翻弄する正成の籠城戦を鮮やかに活写していることは有名だろう。

図10　赤松則村（円心）像　宝林寺所蔵
護良の側近，殿法印良忠とともに挙兵した人物．のち，護良のもとを離れ，後醍醐，ついで尊氏に属した．

この描写がどれほど史実をあらわしているのかはわからないが、ともかくも幕府軍は数ヶ月にもわたり、千早城を陥落させることができなかった。

このように正成が籠城を継続できた背景には、倒幕運動の広がりがあった。河内・大和・紀伊に幕府軍が展開しつつあった二月、護良側近の殿法印良《とののほういんりょう》忠《ちゅう》と播磨の赤松則村《あかまつのりむら》（円心）が播磨国佐用荘《さよのしょう》（兵庫県佐用町・上郡町）で蜂起して次第に勢力を増し（市澤哲 二〇〇八）、三月十二日には赤松軍が京都を襲撃するまでに至る。また、このような情勢をみた後醍醐も閏二月下旬に配流先の隠岐を脱出、名和《なわ》長年《ながとし》に迎えられて伯耆国船上山（鳥取県琴浦町）に移動した。そして後醍醐の側近でともに隠岐を脱出した千種忠顕《ちくさただあき》は、軍勢を募って山陰道を進軍し、四月上旬に京都攻撃に加わっている（「南禅寺文書」など）。

このように倒幕軍が勢いを増し、正成らを包囲する幕府軍の後方を大きく撹乱した結果、幕府軍には不安が広がることとなり、結城親光《ちかみつ》（先述の結城宗広の次男）などのように後醍醐・護良方へと寝返る人物さえ出てきたのである。

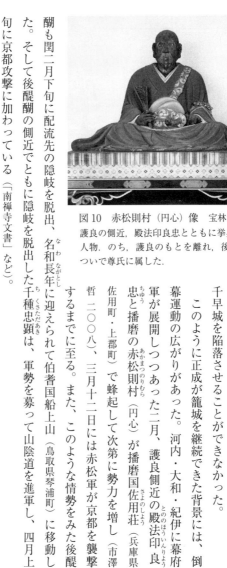

では、このように倒幕勢力が急速に広まった要因は何だったのだろうか。一つ考えられるのが、護良に応じる人々の多い地域が、紀伊・大和・河内・和泉、そして播磨・摂津など、前節で述べた畿内近国だったことである。鎌倉後期に混乱のさなかにあったこの地域の人々が、幕府の権威をも一つの選択肢としか理解せず、朝廷や寺社の関係者ともさまざまな接続面を有していたことについては前節で述べたが、そのような人々を護良・正成らは味方としてたぐり寄せたのである。

しかし、この説明だけだと、なぜ先の元弘元年（一三三一）の蜂起の際に反乱が広範に広がらなかったのかが説明できない。今回と二年前とは、何が異なるのだろうか。

護良親王の令旨

ここで注目したいのが、護良親王から武士たちや周辺の寺院に出されていた令旨である。令旨とは親王の命令書で、親王の側近が仰せを奉《うけたまわ》って（奉者《ほうじゃ》となって）発給するものである。前年六月ごろより確認できるが、正慶二年（一三三三）に入るころから護良の軍事行動の活発化に比例するようにして頻繁にみえてくる（森茂暁 二〇〇六）。身分差が大きな意味を持つこの時代、中小武士が護良のような高貴な人物からの文書を直接受け取ることは一般的ではなく、後醍醐も二年前の蜂起時には、自身の命令書を広範にばらまいた形跡はない。それに対して護良は、次のような令旨を武士たちに広く発給したのである（「熊谷家文書」、図11）。

伊豆国在庁時政子孫高時法師、（北条）朝家を蔑如《べつじょ》し奉る間、征伐を加へらるるところなり。一族を相催《あいもよお》し、戦場に馳せ参らしむべきの由、大塔二品親王（護良親王）令旨に依るの状、件のごとし。

元弘三年四月一日　　左少将隆貞（四条）

熊谷小四郎館

「伊豆国の在庁官人の北条時政《ときまさ》の子孫である高時《たかとき》が、朝廷を軽んじているため、征伐を加えることにした。一族を動員して、戦場に馳せ参ずるように」——見てのとおり、北条時政の子孫である高時（とその関係者）のみを征伐の対象として、北条氏以外の幕府御家人にも幅広く呼びかけるものであった。令旨といえば、治承・寿永の内乱時に反平家を呼びかけた以仁王《もちひとおう》の令旨が有名だが、京都から脱出した皇子が、武士たちや有力寺院に令旨を出して蜂起を呼びかけるという構図はまさに同様であり、護良が以仁王の行動を意識していた可能性は十分にあるように思われる。

さらに注意されるのは、大量に発給された護良の令旨が、どうも最前線にいた側近たちの判断で、勝手に発給されていたと思われる点である（市澤哲 二〇一八・永山愛 二〇一八）。とくに、播磨や摂津方面で定恒《さだつね》という人物が出した護良の令旨がいくつか確認できるが、戦争中であることを考えると、赤松則村の軍中にあったと思われるこの人物が、一々護良の確認を取ってから令旨を出していたとは考えにくい。だとすれば、千早城を攻囲する人々に出されていたとみられる四条隆貞を奉者とする令旨も、護良の確認を取らず、隆貞自身の判断で出されていたのではないかと思われる。

敵方として従軍している人物も含め、どのような人物が戦場周辺にいるのかは離れた場所にいるとわからないが、最前線にいる側近たちならば具体的に確認できる。そのようにして相手を見定めつつ、護良の名で命令書がばらまかれたのであり、その結果、畿内近国の人々をはじめとする、多くの人々を味方に呼び込んでいったのである。
　なお、このときに、護良・正成討伐のために広範な御家人が動員されて金剛山や高野山の周辺に展開していたわけだが、そのことが結果的に、護良一党が多くの御家人に呼びかけることを可能にしてしまったような面もある（市澤哲 二〇〇八）。動揺する幕府軍からも、先述の結城親光のように、応じる者があらわれた。そのほか戦線離脱して自領に戻った武士もいたようで、正成らを攻囲する軍に含まれていたにもかかわらず、のちに関東で蜂起した新田一族などは、そうした勢力の一つだったと思われる。

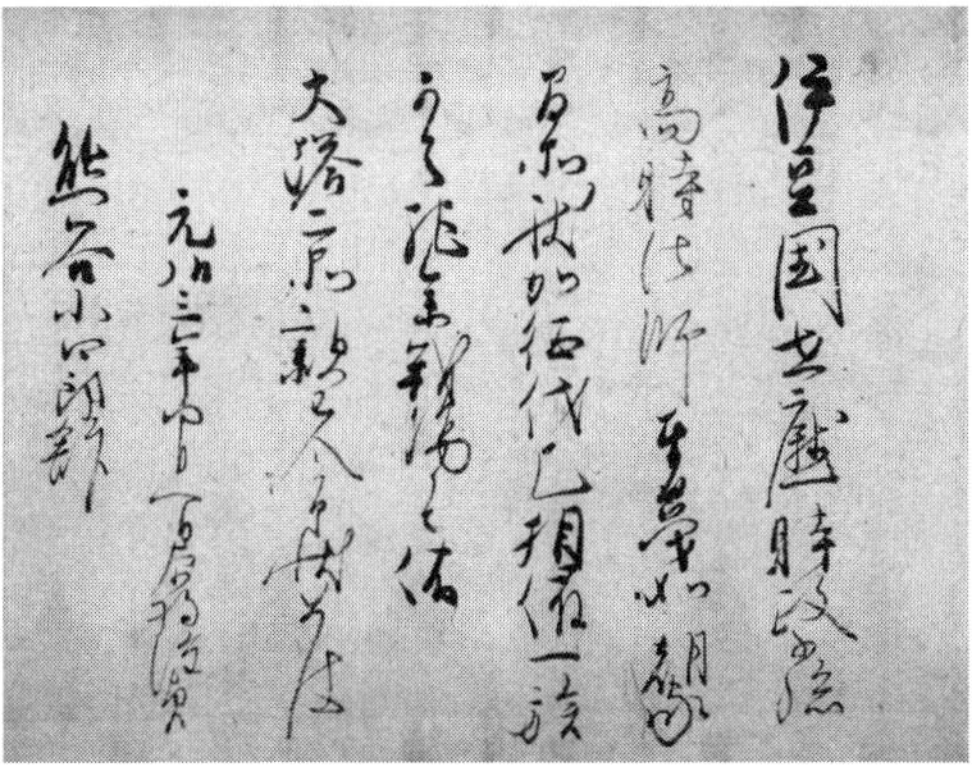

図11　護良親王令旨（「熊谷家文書」）　山口県文書館所蔵
この文書を受け取った熊谷氏は武蔵国・安芸国に所領をもつ武士で，幕府軍に加わっていた武士である．

　護良の令旨発給に遅れて四月ごろからは、後醍醐による綸旨も競うように武士たちに出されるようになる（とくに先陣として京都へ進軍した千種忠顕は、後醍醐に確認を取らず独自に綸旨を出していた可能性を指摘されている（吉原弘道 二〇〇二））。後醍醐のこうした戦略が護良の模倣という側面を持ち、護良令旨との対抗のなかで形成されてきたことには注意が必要なのだが、ともかくもこの両者の動きは相補うようにして、反北条勢力を増やしていったのである。

そうしたなかで、幕府崩壊を決定づける瞬間が訪れる。増援軍として京都に到着していた大将の一人、足利高氏が後醍醐に応じたのである。

鎌倉幕府の滅亡

足利氏は源氏の一門で、評定・引付などの幕府中枢にはかかわっていなかったものの、代々北条氏と姻戚関係にあったことを背景にしつつ、幕府内では北条得宗家に準じるような比較的高い格を有していた（前田治幸 二〇一〇）。しかし高氏は、四月のうちにすでに勅命を受けていたようで、四月二十七日以降「伯耆国より勅命を蒙り候」と告げて協力を求める密書を出し、味方を募っている（「島津家文書」など）。そして五月七日、丹波国篠村八幡宮《しのむらはちまんぐう》（京都府亀岡市）に陣《じん》した高氏は、後醍醐の命令に応じることを宣言し、京都を攻撃する側にまわったのである。

これにより一挙に倒幕軍は勢いづく。六波羅の北条仲時《なかとき》・時益《ときます》は、後伏見・花園両上皇と光厳天皇・春宮康仁親王を擁して脱出し、関東へ下ろうと試みたが、行く手をたびたび阻まれて時益は討死を余儀なくされた。そして、仲時を含む六波羅軍の一行は、九日に近江国番場《ばんば》（滋賀県米原市）で全員切腹するに至る。両上皇と天皇・春宮は、自分たちを護衛していた武士が次々に切腹したのちに、囚われの身となった（飯倉晴武 二〇〇二）。

倒幕の動きは、関東と九州にも波及した。足利氏の一門とみなされていた新田義貞《にったよしさだ》らが八日に挙兵し、これに鎌倉から脱出した足利高氏息の千寿王《せんじゅおう》（のちの義詮《よしあきら》）が合流すると、倒幕軍はふくれあがった。五月二十一日に鎌倉は陥落。それに前後して、北条高時・前執権金沢貞顕《さだあき》・執権赤橋守時《あかはしもりとき》・連署北条茂時《もちとき》をはじめ、金沢貞将・大仏貞直・常葉範貞などの北条氏一門と、得宗外戚の安達時顕、そして長崎盛宗ら得宗被官の中枢は、それぞれ前後して戦死・自刃を余儀なくされた。そして最後に残った鎌倉幕府の拠点、博多（福岡市博多区）も少弐貞経《しょうにさだつね》・大友貞宗《おおともさだむね》・島津貞久《しまづさだひさ》ら九州の外様守護の襲撃を受け、ついに五月二十五日、鎮西探題赤橋英時《あかはしひでとき》（守時弟）も自害したのであった。

この一連の経緯から、足利高氏の寝返りの後、一ヵ月もしない間に次々と幕府の拠点が陥落したことがわかるだろう。高氏が島津・大友両氏と連絡を取っていたことは確実であり、新田義貞とも連絡を取っていた可能性が高いため（峰岸純夫 二〇〇五）、まさに、足利高氏の寝返りが決定打となって、鎌倉幕府滅亡に至ったといってよいのである。

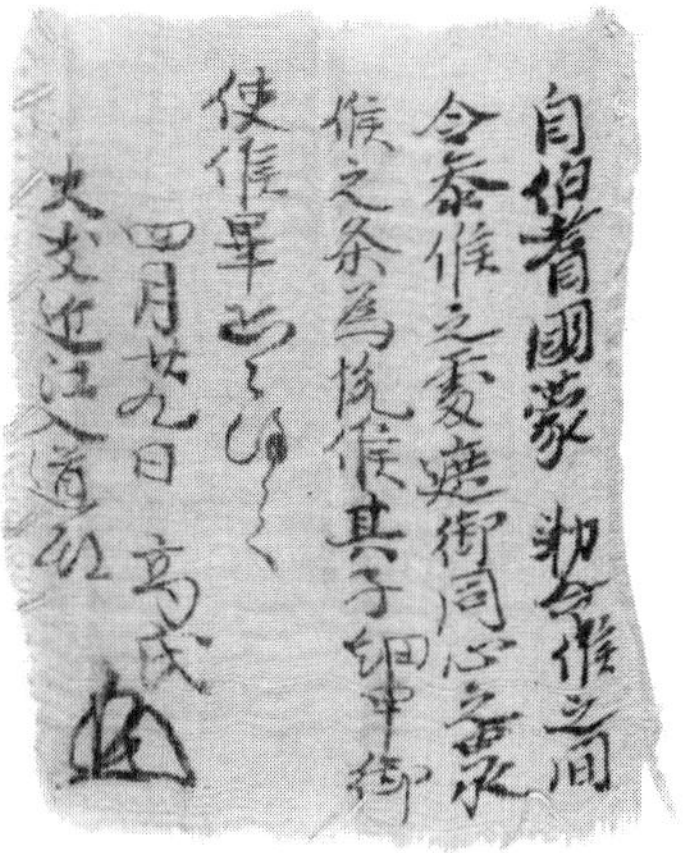

図12　足利高氏御判御教書（「大友家文書」）　立花家史料館所蔵
高氏の発した文書のうち，遠隔地の武士に出されたものは，このような小型の密書であった．

なぜ足利氏に呼応した!?

では、なぜ足利高氏の動きに、これほど多くの武士たち——とくに鎌倉幕府の御家人たちが、一斉に呼応したのだろうか。

その背景として時折挙げられるのが、鎌倉幕府内で北条氏（とくに得宗家）が専権を振るっており、不満を持つ氏族も多かった、という説明である。たしかに大友貞宗のように、早い段階から後醍醐と接触していたと思われる人物もいる（森茂暁 二〇一七）のだが、ここで注意しておきたいのは、多くの氏族は当初から倒幕に投じていたわけではなく、足利氏の動向に従って一斉に幕府から離反したという点である。つまり、足利氏の動向こそが鍵なのである。

そう考えると、よくいわれるように、源氏の名門である足利高氏が天皇家からの命を受けて朝敵を討伐するという構図が、源頼朝の平家討伐によく似ていた、という点を想定せざるをえないように思われる（兵藤裕己 一九九五）。

このことに関連して、たとえば、武士を統べる将軍にふさわしいのは源氏であるという「源氏将軍観」が鎌倉後期に広い支持を受けていたという説が知られている（川合康 二〇〇四）。しかし、鎌倉後期の常識は親王将軍であり、「源氏将軍観」が幅広い支持を受けていたとする点には問題があるという指摘もある（鈴木由美 二〇一八）。

ここで筆者がいいたいのは、単に「源氏の名門である足利高氏が天皇家からの命を受けて朝敵を討伐するという構図が、源頼朝の平家討伐によく似ていた」というだけのことである。もちろん、どの部分がどの程度似ているととうけ止めるか、どの部分のイメージを重視したかはそれぞれによって異なると思われ、確固たる「源氏将軍観」がすでに成立し、幅広い支持を受けていたという点を前提にする必要はない。しかし、鎌倉幕府の有力御家人たちは、頼朝の幕府草創を起点に今の地位を獲得してきた歴史を持つ。そうした諸人のなかに、みずからにアイデンティティを付与する歴史の起点ともいえる、《頼朝の武家政権草創》と似た要素を持つ状況を目前にしたとき、「馳せ参じなければ！」と考える者もある程度いたのではないか、ということである。

当然ながら、すべての御家人がそう考えたわけではないだろう。ただ、ひとたび勢いを得た軍のもとに多くの武士たちが集まり、軍勢が膨張していくこと、そのような加速度的な殺到によって政治的な大逆転が生じることは、この南北朝時代、幾度となくみられる現象である。

そのようにして鎌倉幕府滅亡という結果に至ったのだという説明は、前節でみたような鎌倉後期の状況を大前提としながら、肝心なところは想定に依拠して構築されたものである。ただ、実をいうと、プロローグにも述べたようにこの時代には、これ以後にも鎌倉幕府の歴史的なイメージが人々の動きの背景にあると想定されるケースがある。ここで取り上げた《頼朝の武家政権草創》という「物語」とは、ほかならぬ鎌倉幕府と北条氏自身が再生産してきたものだった（五味文彦 一九九〇）から、そのような「物語」が鎌倉幕府・北条氏にとどめを刺したというのがもし事実だったとすれば、それはきわめて皮肉なことだったといわねばなるまい。

コラム1 公家廷臣の「サバイバル」

冒頭に述べたとおり本書では、京都内での政治史を中心に叙述を進めていくが、そのようななかで武士と並んで本書を彩る登場人物が、公家廷臣たちである。

第一章1節では、鎌倉時代に公卿《くぎょう》の人数が大きく増えたことについて述べたが、ここではいくつかの一門について、どれほど人数が増えたかわかるように実際に系図を掲げてみた（四六頁〜）。院政末期〜鎌倉初頭の人物（おおよそ本シリーズ第二巻の登場人物である）を筆頭に挙げ、本書に直接登場する人物を**太字**で示しているが、おおよそ五〜七代程度の間に大きく人数が増加していることがわかるだろう（市澤哲 二〇一一）。本書の記述と関係ない部分では省略した部分もあるため、実際にはこれ以上に増加している。

また、一九〜二一頁で確認した、鎌倉末期の段階で後醍醐に近しいと思われる人物を●で、持明院統に近しいと思われる人物を○でそれぞれ示しているが、これによってこれらの一門のなかで明確に「両派に分かれた」公卿たちがいる一方で、双方からほどほどの距離を取る人々がそれなりにいたことがわかるだろう。

このほか、後醍醐《ごだいご》が吉野に逃れて以降に南朝に伺候《しこう》したと思われる人物（第四章、一〇九頁参照）については■を付すとともに、いわゆる正平《しょうへい》の一統《いっとう》以降に北朝から南朝に鞍替えしたと思われる人物（第五章、一八五頁を参照）には▲を付している。それぞれの箇所で適宜、ご参照いただければと思う。

一般に、南北朝内乱といえば、そこで戦う武士たちのほうに注目が集まりがちかもしれない。最近の呉座勇一氏の著書でも、武士たちの生き残りをかけた「サバイバル」が強調されている（呉座勇一 二〇一四）が、直接の命のやり取りにはならないとはいっても、実はこの時期の公家廷臣たちも、激変する政治状況への対応には生き残りがかかっていた。この系図の「↓」という記号は、室町時代にも家として継続した系統を示しているが、これをみるだけでも南朝へ投じた人々（■と▲）の多くが続いていないことがわかるだろうし、そのほかにも生き残れなかった家があったこともわかると思う。本書で取り上げる時代とは、公家廷臣たちにとって、そうした「サバイバル」の時代であった。

図13　御堂流九条一門系図（九条・二条・一条家がそれぞれ摂関家）

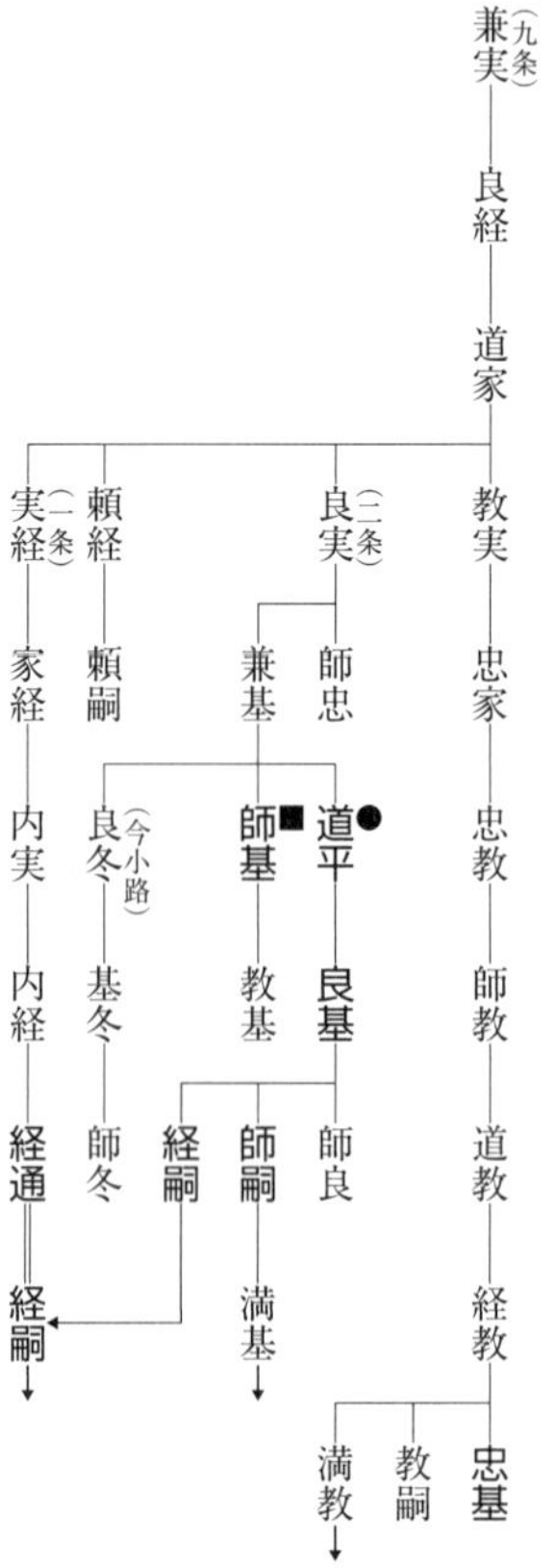

図14　閑院流三条一門系図（嫡流は清華家、庶家は羽林家）

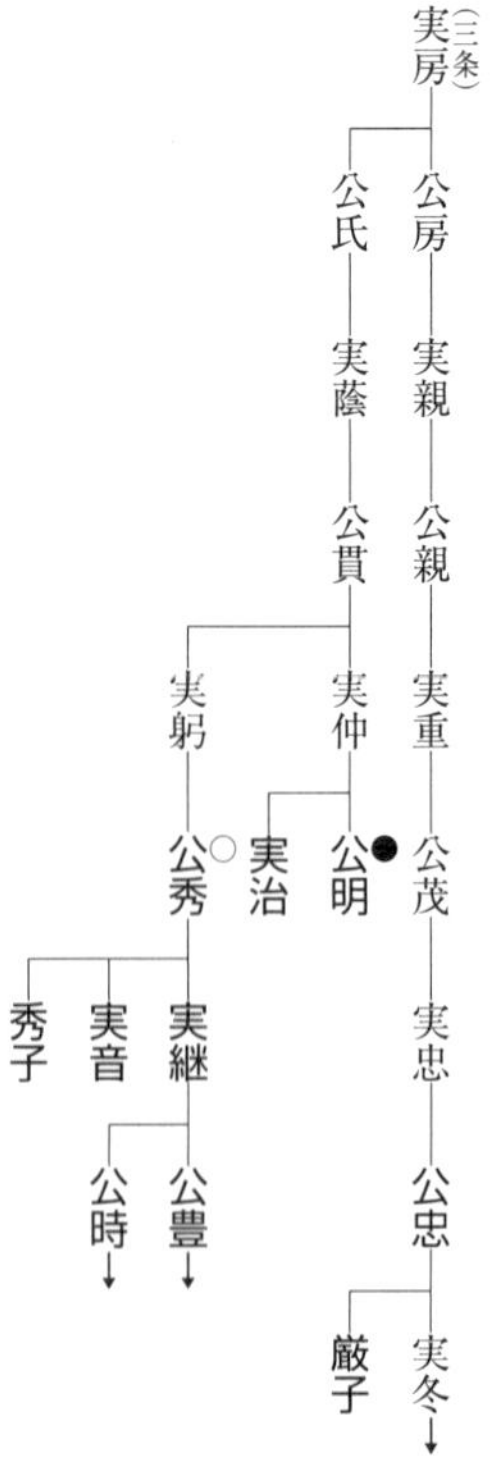

図15　閑院流西園寺一門系図（嫡流、洞院家は清華家、ほかは羽林家（ただし、のちに今出川家が清華家に加わる））

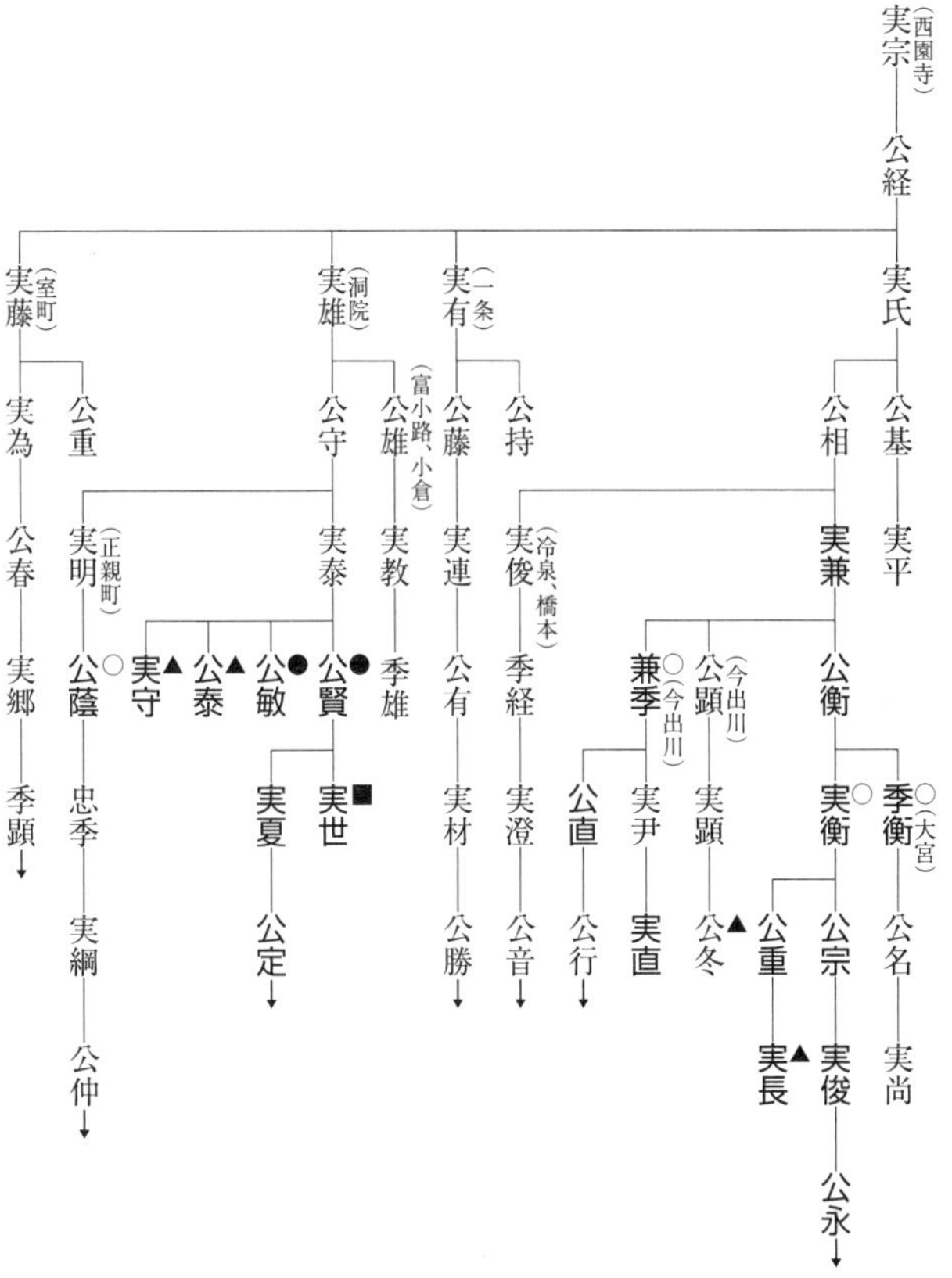

図16　村上源氏系図（嫡流久我家が清華家であるほか，堀河・土御門・中院・六条家も時期によっては大臣を輩出した。北畠家などは羽林家）

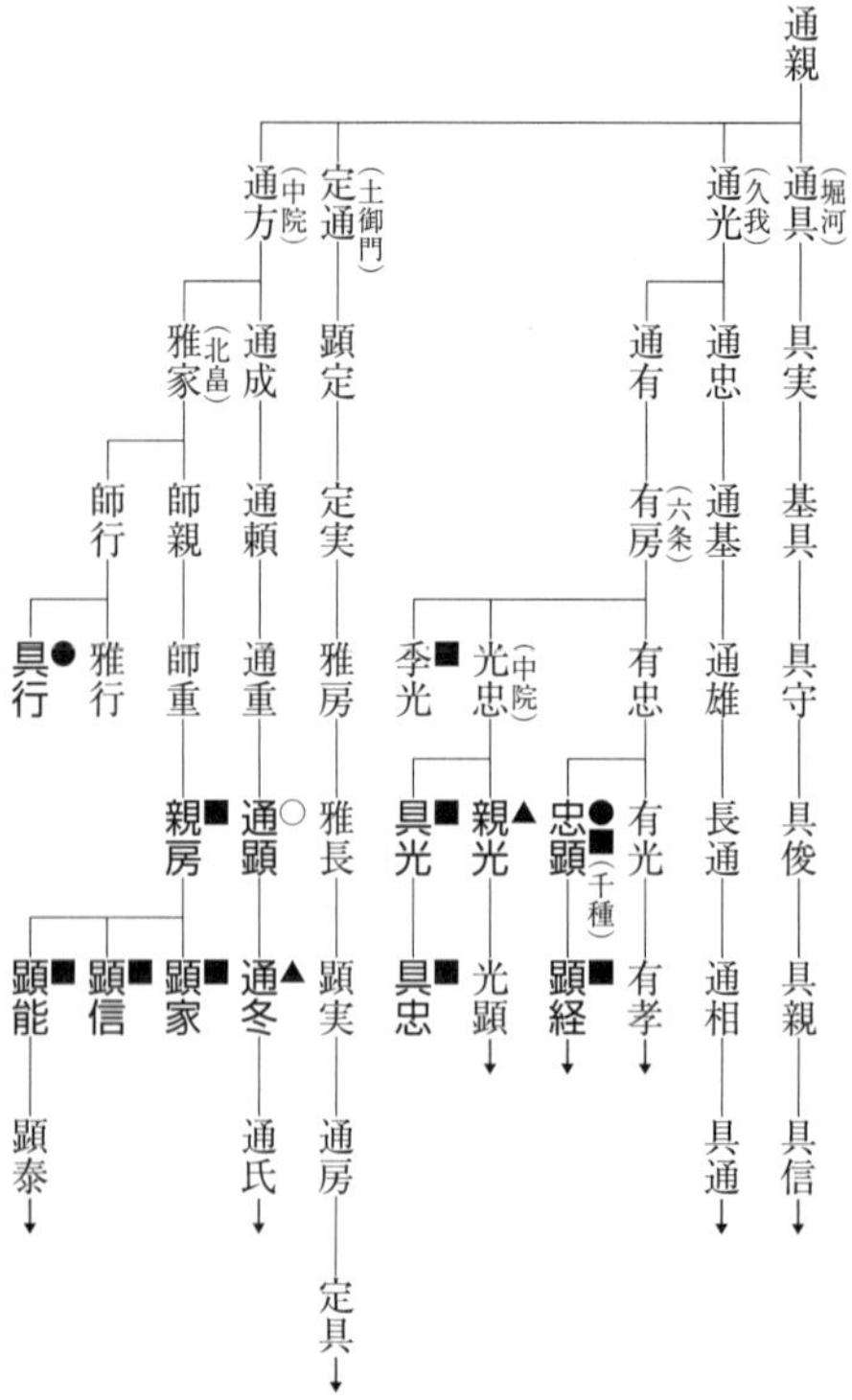

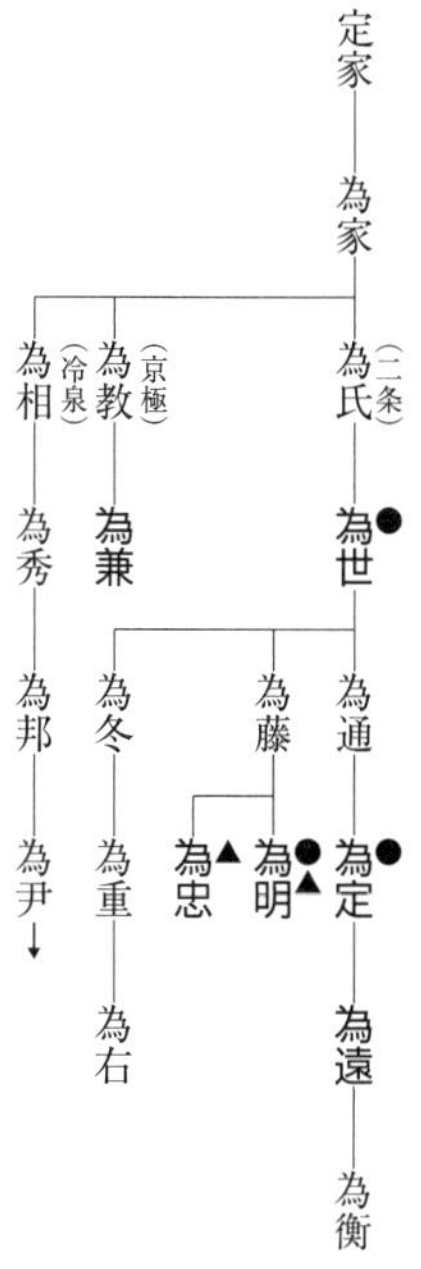

図17　御子左流系図（羽林家）

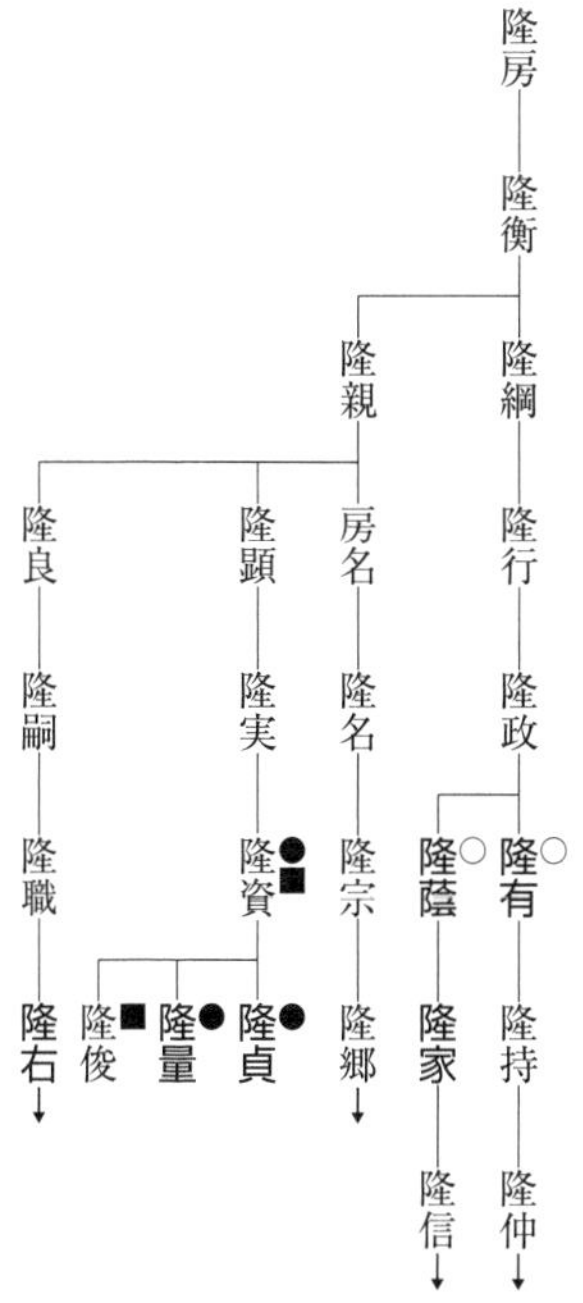

図18　善勝寺流四条一門系図（羽林家）

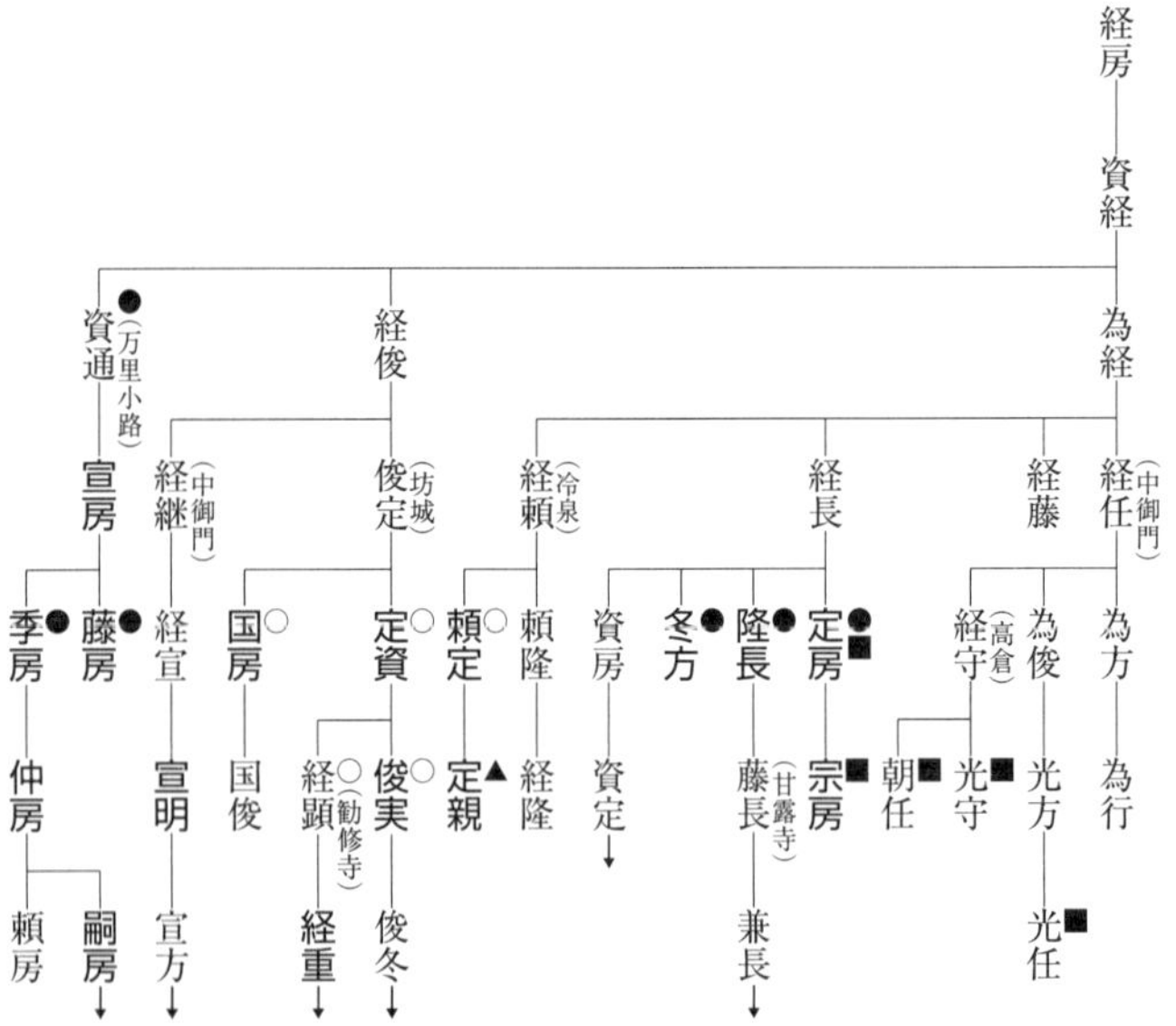

図19　勧修寺流吉田一門系図（名家）

図20　日野流日野一門系図（名家）

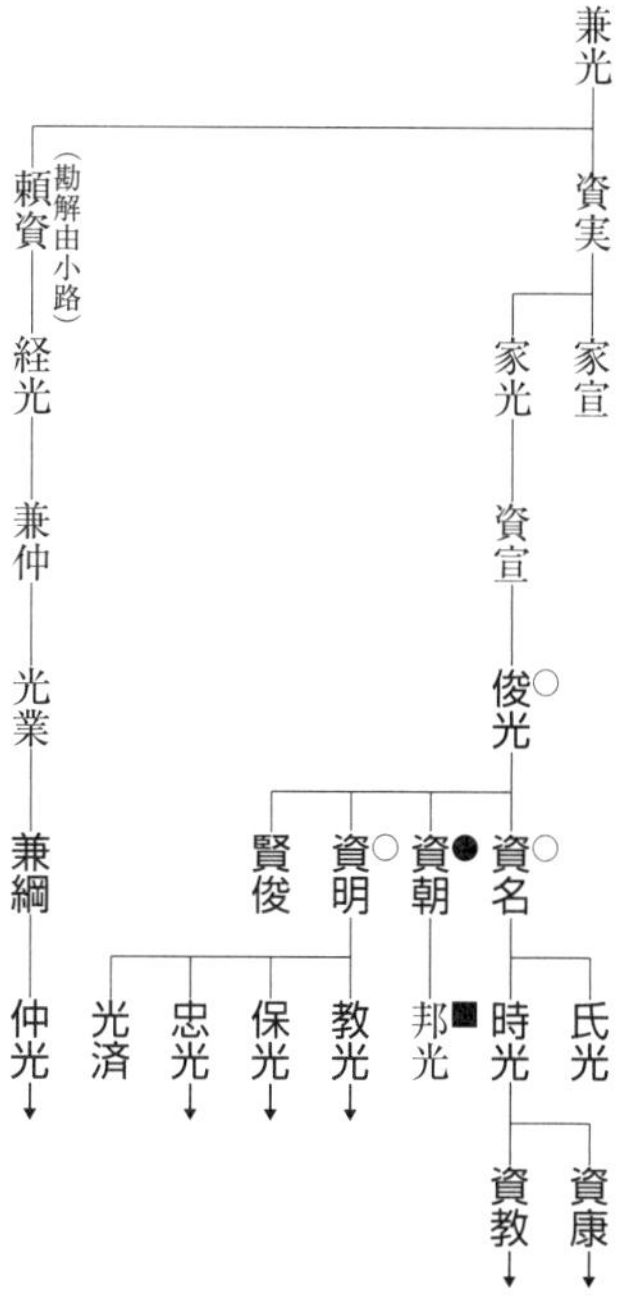

太字は本書の登場人物
○は鎌倉末期に持明院統に近かった人物（二一一頁）
●は鎌倉末期に後醍醐に近いとみなされていた人物（二一〇頁）
■は南北朝並立後に南朝に仕えた人物（とその子孫）（一〇九頁）
▲は正平の一統後に南朝に仕えた人物（一八五頁）

二　建武政権

1　後醍醐・護良・尊氏

鎌倉幕府滅亡の過程を顧みると、初発の段階では護良《もりよし》親王の役割が大きく、護良を模倣しつつ各地に綸旨を出し始めた後醍醐《ごだいご》の密命を受け止め、反幕に踏み切った足利高氏《あしかがたかうじ》の動きが最終的に決定打となったと評価される。要するに、後醍醐以外に護良・高氏の二人をキーパーソンとするかたちで倒幕過程が進展したといえるのだが、その結果、新たな政権で焦点となったのは、この三者の関係であった。

護良と後醍醐

元弘三年（一三三三）六月四日、後醍醐は東寺に入り、翌五日には内裏《だいり》であった二《に》条富小路殿《じょうとみのこうじどの》への還幸を果たした。鎌倉幕府が擁立した持明院統《じみょういんとう》の光厳《こうごん》天皇については、「即位しなかった」こととされたため、「後醍醐の重祚《ちょうそ》」という形式は取られなかった。

十日後の十五日、後醍醐は次のような命令を発する。「近日凶悪の輩、ことを兵革に寄せて濫妨し、民庶多く愁《うれ》う。ここに軍旅すでに平らぎ、聖化普及す。今より以後、綸旨を帯びずんば、自由の妨げをいたすことなかれ」――つまり、「綸旨を帯びているわけでもないのに、勝手なことをするな」という命令である。この法令については、陸奥国へ伝達されたことがわかっているが、ここで明らかに意識されているのが、護良親王の令旨《りょうじ》であった。先述のように、護良の令旨は、倒幕運動中に後醍醐の綸旨に先んじて武士たちにばらまかれていた。先述のように、それは必ずしも護良自身のみではなく、側近たちがみずからの判断で発給していた可能性が高い。そして先述のように、とくに和泉・紀伊両国を中心にして所領の給付・安堵《あんど》を行うものも確認されており（森茂暁　二〇〇六）、このような令旨を克服することが、後醍醐にとってまず最初に意識すべき問題だったのである。

護良は、興福寺《こうふくじ》に立て籠もっていた幕府軍の残党を六月五日に降伏させたのち、十三日に入京しており、その際に征夷大将軍に任じられたらしい（『増鏡』など）。ところが、七月以降、彼の令旨は知行《ちぎょう》国《こく》として認められた信濃・和泉・紀伊の三ヵ国関係のものに限られ、しかも十月以降はそれすら確認できなくなってしまう。また、自称に始まった「将軍」号も九月に入ると使われなくなることから、征夷大将軍を解任されたと考えられている（森茂暁　二〇〇六など）。

たしかに中院定平《なかのいんさだひら》が能登、その子定清《さだきよ》が越中の国司とされるなど、護良関係者の登用もあったのは事実である。しかし、当初護良に認められていたと思われる信濃が元弘三年十月までに別人に与えられていることなどを考慮するならば、これまでの研究でも指摘されてきたように、護良への風当たりは強かったと考えておくべきなのであろう。

足利尊氏への恩賞

一方の足利高氏は、どうだっただろうか。

京都を陥落させて後醍醐を迎え入れた高氏は、左兵衛督《さひょうえのかみ》・鎮守府《ちんじゅふ》将軍に任じられ、弟の直義《ただよし》も先祖の義氏《よしうじ》が任官していた左馬頭という官職に任じられた。高氏は、八月五日に従三位とされて公卿に列し、後醍醐から「尊」字を与えられ、名乗りを尊氏へと変えた（『公卿補任』。以下、尊氏と表記する）。

またこの八月五日に尊氏は武蔵守に任じられ、遅れて十一月に直義は相模守に任じられた。『太平《たいへい》記《き》』や『神皇正統記《じんのうしょうとうき》』によれば、尊氏は合わせて三ヵ国の「国司」とされたのだという。『太平記』では武蔵・常陸・下総三ヵ国とされるが、実際に足利氏関係者が国衙を掌握していることを確認できるのは武蔵・相模・伊豆・駿河の四ヵ国で（吉井功兒　一九九三）、常陸・下総については不明である。この四ヵ国では、国衙だけでなく守護職も足利氏（もしくはその関係者）が獲得していたようで、鎌倉幕府の基盤であった鎌倉周辺のひとつなぎの地域を掌握していたといえるだろう。また尊氏は少なくとも、鎌倉時代以来足利氏が相伝《そうでん》していた上総・三河両国の守護を兼任していた。

所領については、すでに鎌倉末期に三十三ヵ所を有していたが（「倉持文書」）、後醍醐によってさらに尊氏は三十ヵ所、直義は十五ヵ所の所領を与えられた（「比志島文書」）。この所領数をすぐさま「多い」と評価することには慎重さが必要だが、少なくとも建武政権から所領宛行《あてがい》を受けた武士のなかでは最も多かったと推定されるところであり、後醍醐がこの兄弟を重視していたことは間違いない。

陸奥と鎌倉

むろん後醍醐に、足利尊氏を掣肘する面がなかったわけではない。尊氏は鎌倉幕府の基盤だった地域を掌握しており、源 頼朝《みなもとのよりとも》の先例を考えれば彼がこの段階から征夷大将軍への任命を望んでいた可能性はあるが、後醍醐は彼を鎮守府将軍に任じたものの、征夷大将軍には任じなかった。幕府をせっかく倒したのに、同様の存在がまた生まれてしまうのは困る。後醍醐の政権構想のなかで、この点だけは譲れなかったのであろう。

また、元弘三年（一三三三）十月に陸奥守北畠顕家《きたばたけあきいえ》が、後醍醐の皇子の一人で六歳の義良《のりよし》親王（のちの後村上《ごむらかみ》天皇）を奉じて陸奥国に下向した点も重要である。陸奥国とは、鎌倉時代に関東知行国《ちぎょうこく》だった期間が長く、鎌倉幕府関係者の勢力が強い国であり、北条氏の残党が存在しており、追討軍派遣が必要な国でもあった。そのような国が、尊氏ではなく北畠顕家に委ねられたのである。顕家は、北畠親《ちか》房《ふさ》の子息で当時十六歳の若者であった。顕家のもとには評定《ひょうじょう》・引付《ひきつけ》も置かれ、公家関係者三人のみならず結城《ゆうき》宗広《むねひろ》・二《に》階堂《かいどう》行朝《ゆきとも》（行《ぎょう》珍《ちん》）ら旧鎌倉幕府関係者も参加し、旧幕府の地方機関のような相貌をみせていた（「建武年間記」）。

この顕家の陸奥国派遣については、『神皇正統記』では後醍醐の強い命令によるものとされているが、その一方で『保暦間記《ほうりゃくかんき》』では護良親王が足利氏の勢力を弱めるために仕組んだものと描いており、

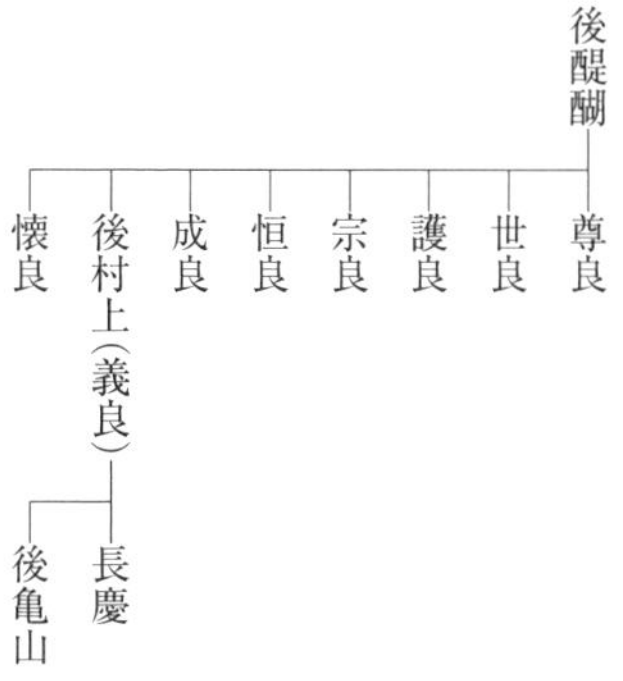

図21　後醍醐天皇の皇子たち

研究者のなかでもどちらを信じるか、意見が分かれている。ただ、のちにも記すが、『保暦間記』は護良親王の悪逆さをとくに強調する傾向を持つ。そもそも、警戒されていたと思われる護良の主導で後醍醐の皇子を下向させる施策が決定されうるのか、という点も気にかかるところであり、筆者としては今のところ、後醍醐の意志に発すると理解する説に分があると考えておきたい（伊藤喜良 一九九九、亀田俊和 二〇一七a）。

北条氏に代わる存在

このような北畠氏の動きを受けて、足利氏の側でも十二月に直義が、同じく後醍醐の皇子で八歳の成良《なりよし》親王を奉じて鎌倉に下向した。直義は建武元年（一三三四）四月には三浦時継という人物（のちに中先代《なかせんだい》の乱で北条時行《ときゆき》に応じて離反する人物である）に武蔵国大谷郷《おおやごう》（埼玉県上尾市）・相模国河内郷《こうちごう》をあてがう内容の下知状《げちじょう》を発給しているが、その書き止めは「仰せに依りて下知件のごとし」と記されており、このような土地給与に関して、成良親王の仰せを受けて命令を出す立場にあったことをみてとれる。そのような意味で直義は、親王将軍を擁する北条氏と似たような立場に立っていたのである（森茂暁 二〇一五）。

このほか、尊氏・直義が鎌倉内外の寺院の住持を補任《ぶにん》・安堵している（「丹波安国寺文書」「土佐国蠧簡集残篇」「金沢文庫文書」など）ことも注目されるが、これは元来北条氏が関東御教書《かんとうみぎょうしょ》で行っていたことであった。建武元年十一月に鎌倉の浄智寺《じょうちじ》（北条師時《もろとき》開基）に入寺した竺仙梵僊《じくせんぼんせん》という禅宗の高僧は、足利直義《ただよし》を北条氏に代わる浄智寺の檀那と認識しているようであり（「竺僊和尚語録」）、そうした意味でも鎌倉において、足利氏は北条氏に代わる存在となっていたといってよい。

また、渋川義季《しぶかわよしすえ》・岩松経家《いわまつつねいえ》・吉良貞家《きらさだいえ》・吉良満義《みつよし》らの足利一門や、二階堂・長井両氏らの旧鎌倉幕府評定衆をはじめとする多くの人々が鎌倉の成良親王のもとに参仕していたことが知られている（「建武年間記」）。飛騨守護岩松経家や下野守護小山秀朝《おやまひでとも》のように、守護に任じられていた人物が鎌倉にいたと思われることも注目される。足利氏が親王を擁する鎌倉が、旧来の鎌倉幕府のころほどではないものの、武士たちの一大拠点だったことは紛れもない事実であった。先の陸奥国府と同様に「小幕府」（佐藤進一 一九六五など）という言葉で説明されることがあるのも、たしかにわからなくはないところである。

重用される尊氏

このような足利氏を、後醍醐の側が利用した面もあった。たとえば建武元年（一三三四）九月十日、後醍醐は日向・薩摩両国守護の島津《しまづ》貞《さだ》久《ひさ》に鎮西《ちんぜい》警固（日向・薩摩両国の軍勢を率いて博多を警固すること）を命じる綸旨《りんじ》を発したが、この綸旨を受けて足利尊氏が島津氏《しまづし》に命を伝えている（「島津家文書」、網野善彦 一九七八a、吉原弘道 二〇〇二など）。この尊氏の立場を官制的なものとみなすことには慎重さが必要だろうが、九州で鎌倉幕府がかつて持っていた存在感を踏まえたうえで、その後継としての面を持つ足利氏を利用しようとする側面が後醍醐側にあったのは事実のようである（森茂暁 二〇一七）。

また後醍醐は、同年九月二十二日に石清水八幡宮《いわしみずはちまんぐう》護国寺（京都府八幡市）、二十四日に東寺五重塔の供《く》養《よう》を相次いで行った。供養とは、仏・宝・僧や死者の霊などに供物を捧げることを意味する言葉だが、この場合は新たに造営した寺院の本尊に対する供養で、あえて現代風にいえば完成記念式典というこ

図22　東寺五重塔
このとき供養が行われた塔は永禄6年（1563）に焼失．現在の塔は寛永21年（1644）に建てられた6代目である．

とになるだろうか。このような供養法会は、たとえば建久六年（一一九五）の東大寺供養について「田舎の人の残りなく参り集まりける」（『発心集』）と記されたように、各地の人々が結縁《けちえん》（仏道と縁を結ぶこと）を求めて群集するものである（久野修義　一九九九）ため、盛大な供養法会を催すことは、安定と繁栄の時代が到来したことを人々にみせつける作用を有した。政権の成立・確立を記念するようなかたちで寺院の供養を行う事例は散見する（本書でもこののち尊氏・直義の天龍寺供養、義満《よしみつ》の相国寺《しょうこくじ》供養などが登場する）が、後醍醐にとってはこの二寺の供養がそのようなイベントだったのである。

さて、これらの供養の際に後醍醐を警固した兵については、前者の記録で「足利左兵衛督尊氏随兵《ずいひょう》」と「正成（楠木）・長年（名和）以下武士」が、後者の記録で「左兵衛督尊氏卿随兵」と「正成已下官人」が対比されつつ記されている（「護国寺供養記」「建武元年東寺塔供養記」）。これらにより、後醍醐の政権樹立に重要な役割を果たした楠木正成《くすのきまさしげ》・名和長年《なわながとし》らが個別に検非違使《けびいし》に組み込まれて警固にあたっている（検非違使にはこのほか、結城親光《ゆうきちかみつ》や佐々木一族の六角時信《ときのぶ》・富田秀貞《とだひでさだ》・塩冶高貞《えんやたかさだ》らが含まれていたことが確認される（丹生谷哲

一 一九八六など））のに対して、尊氏の率いる兵が単独で記され別格であること（田中大喜 二〇一一）、尊氏がかつての平家一門や鎌倉幕府のように、官職とは関係なく天皇（家）を守護する軍事権門的な役割を帯びていることなどがわかるだろう。

公卿としての尊氏

また、東寺塔供養の際には、直前に参議に昇進していた尊氏が、公卿として供《ぐ》奉《ぶ》していることもわかる。とくに供養が終わった後、後醍醐が軽食を取った際に、側近として知られる洞院公泰《とういんきんやす》・三条公明《さんじょうきんあき》・万里小路《までのこうじ》藤房《ふじふさ》らとともに、尊氏も場に召されて順に盃を賜っている点は注目される。武士として警固の機能を果たしながらも、後醍醐に近しい廷臣の一人に位置づけられていたものと思われる。

このほか、尊氏が京都歌壇で活動している点も注目される（以下、井上宗雄 一九六五）。たとえば元弘三年（一三三三）十二月に後醍醐の中宮に珣子《じゅんし》内親王（新室町院。後伏見《ごふしみ》皇女で、光厳《こうごん》の姉にあたる）が冊立された際には歌人たちが詠歌を進上したが、二条派（藤原定家《ふじわらのさだいえ》の子孫のうち、大覚寺《だいかくじ》統《とう》の保護を受けていた二条家を核とする一派で、伝統的な表現を重視したとされている）を中心とする廷臣たちに混ざって、尊氏も歌を進上している。また、下って建武二年（一三三五）正月に内裏で御遊《ぎょゆう》があった際の尊氏の詠歌も残されており、そのときも参加を許されていたことがわかる。尊氏は、若いころに京都の二条派のもとに歌を送り、それが勅撰集に洩れたことを歎いており（『続後拾遺集』、小川剛生 二〇〇八）、京都歌壇への強い憧れを持っていたことが指摘されている。そうした尊氏にとって、このように京都歌壇で一公卿として活動することは、身に余る栄誉だったに違いない。

また、廷臣のたしなみとして和歌と並び称されるのが管絃だが、尊氏がこの時期に豊原龍秋という人物に師事して、先祖の義家《よしいえ》・義光《よしみつ》兄弟ゆかりの楽器とされる笙《しょう》を学んだことも知られている（三島暁子 二〇一二、ただし、足利氏の直接の先祖にあたる義家が笙を学んだというのは後世の付会で、事実ではないらしい）。これも四条隆資《しじょうたかすけ》・洞院公泰・一条為忠《ためただ》らの後醍醐側近たちと同門であり、建武二年五月には、禁裏《きんり》御講で実演しているらしいが（「相承次第」）、このような点からも尊氏が後醍醐側近の廷臣として扱われていたことがわかる。

後醍醐・尊氏の蜜月

以上のような諸点からは、後醍醐が尊氏を寵遇していたことがよくわかる。『梅松論《ばいしょうろん》』では「無高氏」（尊氏なし）とささやかれていたことが記されているが、それは後醍醐に反乱を起こした尊氏の立場を擁護するための虚構といわねばなるまい（清水克行 二〇一三など）。尊氏の寵遇については、北畠親房が著名な『神皇正統記』のなかで強い不満を表明しているが、彼と嫡男顕家が遠く陸奥国での活動を余儀なくされていたことを考えると、たしかにそうした不満も致し方ないところであろう。

そして尊氏も、そのような後醍醐の寵遇に応えた。護良関係者が内乱中に独自に所領宛行・寄進や安堵を行っていたことについては先に触れたが、尊氏がみずからの裁量でそれを行うのは基本的には自己の所領内、自己の被官に対するケースに限られているようであり、そのほかの武士から頼られた場合には、後醍醐に取り次ぎ、その綸旨を拝領させていたようなのである（「小早川家文書」など）。後醍醐天皇は、幕府と御家人制を廃止し、御家人たちを直接天皇に奉公させることが、御家人たちにとっての栄誉になると理解していた（吉田賢司 二〇〇八b）が、まさに尊氏もそのような後醍醐の方針をよく理解し、またその構想のなかでの自身の立場をよくわきまえて、振る舞っていたものと推測される。

このことは見方を変えれば、後述する雑訴《ざっそ》決断所《けつだんしょ》などにリクルートされた評定衆クラスの武士や、大身の武士ならばともかく、それ以下の旧御家人たちが建武政権から所領宛行・安堵の綸旨を獲得しようとした場合、尊氏に従い、願い出るのが有効な手段だったことを示している。だとすれば、尊氏側にも、後醍醐に依存しつつ武士からの信望を集めた側面があったといわねばならない。のちに尊氏が反乱を起こすという歴史の結果を知っていると、どうしても対立面を探したくなってしまうが、確実な史料から確認されるのはこうした蜜月関係なのであり、当該期の京都政界を考える際にはこの点こそが重要なのである。

護良失脚事件

このように、後醍醐が護良を警戒しながら足利尊氏を重用していたというのが建武政権前半の京都政界の基本図式だったといえようが、そのようななかで建武元年（一三三四）冬、護良親王が失脚し、鎌倉へ配流されることとなる。この時期には残念ながら信頼できる史料が少ないため、まずは『梅松論』『保暦間記』『太平記』という三つの物語の記述についてみておこう。

（1）『梅松論』によると、護良親王は、同年六月に後醍醐の密命を受けて尊氏を襲撃しようとしたものの果たせず、それを尊氏が後醍醐に抗議した。それに対して後醍醐は、護良親王が単独で行ったことだと返答したうえで、十月二日夜に参内してきた護良を捕らえたほか、南部・工藤をはじめとして「宮ノ御内ノ輩」数十人を捕らえたのだという。

（2）『保暦間記』では、護良親王は後醍醐を退位させて自身の皇子を位につけ、尊氏らを討ち果たそうと企図していたが、これが後醍醐の耳に入ったために十月晦日に内裏で召し捕られたとしている。

（3）『太平記』は、護良が尊氏を討とうとして内々に諸国に令旨を発し、軍を集めたが、これに対して尊氏が「護良親王が帝位を奪うために諸国の兵を集めている」と、阿野《あの》廉子《れんし》（後醍醐の寵姫）を通じて後醍醐に伝えたため、それに怒った後醍醐が結城親光・名和長年に命じ、参内してきた護良を捕縛したのだとしている。

これをみるに、護良側が尊氏と対立して何らかの動きをみせたこと、後醍醐が内裏で護良を捕縛したことなどは共通するようで、この二点は事実だった可能性があるが、その一方でそれ以外の点について、諸書の記載が大きく異なっている点がわかる。『梅松論』と『保暦間記』のうち、前者は護良の背後に後醍醐がいたことを強調し、後者は護良の悪逆さを強調するが、どちらもそれぞれに武家政権の正当性を説こうとする意図があるため、割り引いて考える必要がある（とくに、これまで述べてきたような事情を考慮すると、前者はまずありえまい）。またその一方で、『太平記』にはこの一件を後醍醐の失策として描く意図があり、叙述上護良親王を孝子《こうし》として強調している（黒田彰 一九八七など）ため、その点にも注意しておく必要がある。これらの記述に安易に依拠してこの事件が描かれることも多いが、それぞれ特徴的な記述については疑っておくべきであろう。

この前後の信頼できる史料としては、森茂暁が建武元年のものと看破した日蓮宗僧侶の日静《にちじょう》という人物の書状がある（「藻原寺文書」、森茂暁 一九八八）。ここには、護良親王にかかわって南部次郎という人物が六条河原《ろくじょうがわら》で十二月十三日に斬られたこと、護良親王に応じた軍勢が実際に山崎（京都府大山崎町）から山城国に進軍してきたため、宇都宮公綱《うつのみやきんつな》・赤松則村《あかまつのりむら》が派遣されてこれを退けたこと、嫌疑を受けた者が次々に捕縛されていることなどが示されている。南部氏《なんぶし》のほか、工藤氏にも斬られた者があったことは「蓮華寺過去帳」にもみえ、このあたりは『梅松論』の記載を裏づける。工藤・南部両氏は北条得宗家の被官であり、そのようなところから護良が武士たちをリクルートしていたことがわかる。また、護良親王に応じたとされる軍勢が実際に動いており、討伐を受けている点はとくに注目される。

また、翌建武二年（一三三五）正月八日の日静書状（「藻原寺文書」）にあるように、十二月二十八日に二階堂貞藤《にかいどうさだふじ》・兼藤《かねふじ》父子が六条河原で斬られたこと、同時期に紀伊国飯盛山《いいもりやま》（和歌山県紀の川市）で蜂起していた勢力の討伐が進められつつあったことなども気にかかる。二階堂貞藤は、元弘の乱の際に護良を攻めるための軍勢を率いていたが、鎌倉幕府滅亡後に南都で護良に降伏したとされる人物。また、紀伊国飯盛山の勢力は北条氏関係者によるものとされている（「元弘日記裏書」）が、護良の知行国である紀伊で起こった蜂起であり、中心人物の六十谷《むそた》定尚は湯浅《ゆあさ》党の人物である。第一章でも触れたように湯浅党のなかには護良に協力した人物が多かったことが知られており、この蜂起も護良に呼応したものだった可能性がある。

こうした点を踏まえるならば、護良が旧鎌倉幕府関係者との接点を幅広く有していた可能性も浮上してくるところである。もちろん、当時各地で起こっていた反乱に護良が実際どれほど関係していたかは不明といわざるをえないが、どちらにしてもそのように諸方面で反乱が起こるなかで、内部の脅威である護良への警戒が高まっていくのは自然であった。

捕らえられて鎌倉に配流された護良は、後述する中先代の乱の際に、足利直義によって殺害された。このように自身の息子を結果的に死に追いやり、尊氏の台頭を許した後醍醐の選択は、歴史の結果を知る立場からは愚かに思えるかもしれない。しかし、本書でもたびたび述べてきたように、後醍醐が政権を確立するにあたって喫緊の課題であった綸旨の権威確立のためには護良の令旨を克服する必要があったし、護良が皇子である以上、究極的には後醍醐がみずからの望むように皇位継承を進めていこうとした際に、障害となりうる存在でもあった。後醍醐にしてみれば、必然の結果だったといえるのかもしれない。

2　建武政権の特質

では次に、このような建武政権の特質について略述しよう。元弘三年（一三三三）六月に後醍醐が京都に戻って以降に形成されたが、建武二年（一三三五）十一月の足利氏離反を経て、足利軍の上洛後の同三年五月末に後醍醐が京都を脱し、比叡山延暦寺に逃れることで実質的に機能を停止した、三年程度の短命な政権である。

しかし、この三年を挟んだ前後の数年をどのように考えるのか、という点は、十四世紀史を考えるうえで大変重要なことである。延喜・天暦の治を理想とし、摂関も置かずに親政を行ったこの時期に関しては、これまでにもさまざまに議論されてきたが、以下では、この建武政権で何が変わったのか、そして何が変わらなかったのかという点について、簡単に触れておくことにしたい。

京都にいかねば

鎌倉幕府が滅び、建武政権が成立した直後、何が大きく変わったかといえば、何よりも、政権の中心が京都になったことである。それによって「諸国の輩、遠近を論ぜず悉《ことごと》く以て京上す」といわれるような状況が生起しており、そのさまは『太平記』にも次のように描かれている。

　東国・西国すでに静謐《せいひつ》けれは、筑紫《つくし》より小弐・大友・菊池・松浦の者共、大船七百余艘にて参洛す。又、新田左兵衛督（義貞）・舎弟右衛門佐《うえもんのすけ》（脇屋義助）は、七千余騎にて上洛せらる。此外国々の武士共、一人も残す上集《のこらのぼりあつまり》ける間、京・白河に充満して、王城の富貴、日来《ひごろ》に百倍せり。

『太平記』なので、この記述にも具体的な数字などに誇張があると考えるべきだろうが、一方で武士たちが駆けつけたことを報告する着到状《ちゃくとうじょう》という文書も多数確認され、多くの武士たちが実際に上京していることが判明する。第一章でも述べたように、政治的変動の前後に武士たちが駆けつけてくることは鎌倉時代から確認できるため、政権の中心が京都に遷った結果、多くの武士たちが上洛してくること自体はまったく不自然ではない。

このような動きについて建武政権は、「農業」を妨げるものと認識したうえで、その原因が、一々綸旨で所領安堵を行っていることにあると考えたらしい。元弘三年（一三三三）七月二十五日、とりあえず「高時法師党類以下朝敵与同の輩」を除く人々の所領を安堵すること、そしてその安堵の業務は五畿七道諸国で行うことを定めたのである。ただし、実務が五畿七道に転嫁されたものの、この時期以降に任命される国司（知行国主ないしはそれに準じた国務管掌者（吉井功兒　一九九三））の大半は在京のままだったから、この措置は結果的に上洛を止めるものとはなっていない。こののちも安堵を求めて武士が上洛すること自体は続いたのではないかと考えられる。

雑訴決断所と国司・守護

後醍醐の整備した訴訟機関としては、記録所《きろくしょ》と雑訴決断所《ざっそけつだんしょ》の二つがよく知られている（以下、森茂暁　一九八四）。記録所というのは、天皇親政下に置かれる機関（院政の場合には代わりに文殿《ふどの》という組織が置かれた）で、名家出身の弁官《べんかん》層と中原・清原・小槻《おづき》氏など下級官人によって構成されていた。後醍醐の記録所もそのような構成だったが、下級官人のなかに、倒幕に功のあった名和長年・楠木正成や、六波羅評定衆《ろくはらひょうじょうしゅう》のなかで早い段階から後醍醐に内通していたとされる伊賀兼光《いがかねみつ》（網野善彦　一九八六）らがとくに加えられている。建武二年（一三三五）ごろの制度によれば、全部で五番（五グループ、以下同じ）に分割され、それぞれが重複しないように月六日ずつ運営され、多くの訴訟を処理していた。

一方の雑訴決断所は、鎌倉幕府の引付《ひきつけ》を受け継ぐものとされている。元弘三年（一三三三）九月に設置された当初は四番編成だったが、のちに人員を増強して八番に拡大する。雑訴決断所のほうでも運営の中核は弁官と下級官人が中心的な役割を果たしたが、その上位層である多数の公卿たちも加わっていた点、そして武家関係者が参画していた点に特色がある。武家関係者では、先にみた正成・長年・兼光らのほか、鎌倉幕府や六波羅の評定衆・奉行人、そして足利尊氏被官の上杉憲房《うえすぎのりふさ》・高師直《こうもろなお》らが加わっていた。

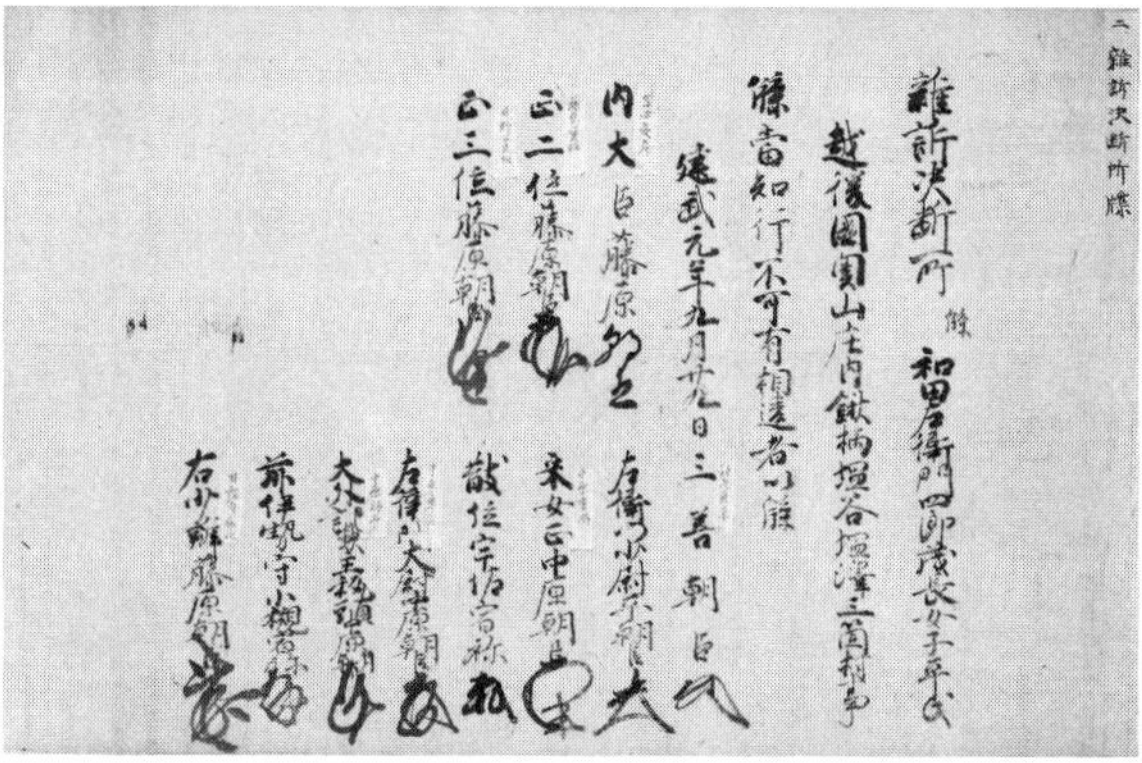

図23　雑訴決断所牒　新潟県立歴史博物館所蔵
雑訴決断所のうち北陸道を担当するグループ（内大臣吉田定房など）が越後和田氏の女性に当知行地を安堵したもの.

　このような雑訴決断所は、牒《ちょう》という書式で命令を発した。その内容は、（1）後醍醐の綸旨を受けて土地の渡付《わたしつけ》を命じる、（2）綸旨を前提とせずに、所領への濫妨停止（いわれなき他者からの干渉を止めさせること）と渡付を命じる、（3）狼藉人を捕縛・連行するよう命じる、（4）裁判を進行するために、訴えられた人物（論人《ろんにん》という）に弁明を促す、（5）申請のあった当《とう》知行地《ちぎょうち》（知行できている所領）を安堵する、などが主要なところであるが、ここでは前後の時代との関係で次の二点に注目しておきたい。

　第一が、（1）（2）のように、所領の渡付命令を出していたことである。実をいうと鎌倉幕府のもとでは、このように所領を渡し付けるように命じる事例は、「神領興行」などという政策的スローガンを掲げた時期・地域に集中しており、必ずしも一般的とまではいえない状況であった。しかし、建武政権が武家政権ではなく、鎌倉幕府のような「制約」を考慮する必要がなかったこともあり、そのような命令を普通に出していたのである。

そして第二が、そうした渡付命令をはじめとする（1）～（4）の諸命令の執行者として、一国ごとに併置された国司・守護を位置づけたことである。これは、国司を地方官とする朝廷本来のあり方に、守護が加えられた状態ということになるだろうが、実をいうと鎌倉幕府のもとでは、諸命令は適宜使節を任命して派遣するかたちで執行するほうが一般的で、守護の関係者もそのような選択肢の一つに過ぎなかった（外岡慎一郎 二〇一五）。このようにして、守護が命令系統上の大きな位置づけを与えられたことは、先の渡付命令と合わせて、そののち室町幕府へも継承されていくことになるのである。

建武政権は武士を重用したか？

建武政権の性格を考えるにあたって注目しておきたいのが、建武政権と武士との関係である。建武政権には「公家一統」のイメージがあるが、足利尊氏を重用したと思われること、雑訴決断所などに旧幕府関係者を大勢受け入れていたことは先述のとおりである。北畠親房は、尊氏の一族以外にも多く昇進し、昇殿《しょうでん》を許される者もあったことを挙げながら、「公家ノ御世ニカヘリヌルカトオモヒシニ、中〳〵猶武士ノ世ニ成ヌル」と述べた人がいたことを記している（『神皇正統記』）。従来綸旨を受け取る立場になかった武士にまで幅広く綸旨を与えた点も、画期的であった（市澤哲 二〇一一）。

加えて、国司への任命状況をみてみよう。建武政権の国司とは、実際に守《かみ》に任じられることも多いものの、基本的には知行国主やそれに準じた国務管掌者（吉井功兒 一九九三）と理解しておくべき立場であるが、本来そのような立場を保持できるのは貴族や有力寺社に限られていたはずであった（頼朝以降の鎌倉幕府将軍も貴族である）。しかし建武政権下では、先述した尊氏・直義兄弟のほかに、少なくとも新田《にった》義貞《よしさだ》が越後・上野・播磨、楠木正成が河内・摂津、名和長年が伯耆、佐々木塩冶《えんや》高貞《たかさだ》が出雲・隠岐、伊賀兼光が土佐・若狭、菊池《きくち》武重《たけしげ》が肥後の国司として確認される（吉井功兒 一九九三、このほか『太平記』では、長年が因幡の国司であったとする）。これまでにも触れてきた義貞・正成・長年のほか、武重も父とともに地域で倒幕の旗を揚げた人物で、兼光は早くから後醍醐に内通していた六波羅の人物である。佐々木塩冶高貞もかなり早い段階で後醍醐に参じたと推定されるが、そのような人々が最も重用された武士といえるだろう。

これ以外の武士たちに対しても、守護職や所領を配分されたことがある程度確認できる。何といっても、それまで多くの守護職や所領を握っていた北条氏が滅亡したのである。恩恵を受けた武士がそれなりの数に達していたことは間違いない。

ただし、こうした諸点をもとに「建武政権は武士を優遇した」などと一般化してしまうべきではない。北条氏研究会編の『北条氏系譜人名辞典』は、付録として北条氏とその関係者の所領一覧を載せているが、それによると、そうした所領は判明するだけで五百ヵ所程度に及んでいる（北条氏研究会編二〇〇一)。所領数の数え方にはいくつか考慮すべき点があるとはいえ、これは現存史料から判明する限りのことなので、そうした没収地が数百ヵ所に及んでいたことは間違いないといわねばならない。

ところが、それによって武士たちに与えられた所領を考えてみると、実はそれほど多くないことに気づかされる。たとえば尊氏に三十ヵ所、直義に十五ヵ所が与えられたことは先にこの兄弟が「重用された」という文脈のなかで触れた。しかし、ここに国司の権益である国衙領の問題を加味したとしても、かつての北条氏と比べれば、その数は決して多いとはいえない。ほかに、足利・新田一門の岩《いわ》松経家《まつねいえ》という人物がいて、飛騨守護に任命されたほか、十ヵ所の所領を新たに付与されたことが知られている(「集古文書」)が、この人物も新田義貞とともに鎌倉幕府を滅ぼした人物であり、とくに功績のある人物の一人と考えてよい。たしかに先にみた義貞・正成・長年・高貞・兼光・武重あたりであれば、十~二十ヵ所の所領の配分を受けた可能性が高いように思われるが、逆にいえばこれほどの所領配分を受けた人物は、そんなに何人もいただろうか。

たとえば、南九州の名門である島津氏の事例を挙げよう。島津氏は鎌倉初期には大隅・薩摩・日向守護職を有していたが、早い段階で大隅・日向を失い、鎌倉幕府滅亡時には薩摩守護職を維持するのみであった。この島津氏は建武政権下で、かつて有した日向守護職を与えられ、大隅守護職も一時回復していたようだが、そのほかに付与された所領としては、薩摩国市来院《いちくいん》(鹿児島県いちき串木野市・日置市)名主職《みょうしゅしき》・豊後国井田荘《いたのしょう》(大分県豊後大野市)地頭職の二ヵ所しか確認されないのである。

そのようななかで島津氏は、後醍醐の中宮珣子内親王の所領とされた大隅国下大隅郡《しもおおすみぐん》(鹿児島県鹿屋市・垂水市）・大禰寝院《おおねじめいん》（錦江町）・鹿屋院《かのやいん》（鹿屋市）・串良院《くしらいん》（鹿屋市・東串良町）など九ヵ所（おそらく地頭職が彼女に与えられたものと思われる）の預所となって、大隅国に拠点を獲得していたことがわかっている（「島津家文書」）。このようにみてみると、岩松経家のように直接綸旨によって十ヵ所程度の所領を与えられた武士は、それほど多くなかったのではないかと考えざるをえない。

では、膨大な旧北条氏関係の没収地はどうなったのか。先の大隅国の九ヵ所の事例を考えるに、やはり念頭に置いておくべきなのは、後醍醐の側近や近親に配分された可能性だろう。

たとえば、加賀国大野荘《おおののしょう》という荘園がある。石川県金沢市の臨海部に比定されるこの荘園は領家・地頭で中分され、領家分が千五百十五石余、地頭分が千五百八十石余に及んでおり、このうち地頭職が北条得宗家の所領だったが、建武政権下では後醍醐側近の四条隆資に与えられていたようである（「臨川寺文書」。なお、領家職は後醍醐第二皇子世良《よよし》親王の菩提を弔う臨川寺《りんせんじ》が有していた）。千五百石余という数字は、江戸時代の石高制のイメージだとたいした額でないようにみえるだろうが、この時期の荘園年貢の額としてはかなり高収入な部類に属する。そうした荘園の地頭職が、後醍醐側近の手に渡っているのである。

のちに室町幕府が建武政権の所領配分を否定したため、残念ながら建武政権がどのように没収地を配分したのかについては不明な点も多い。しかし、以上の諸点を考慮するに、後醍醐の側近や近親に配分されたものも多く、そのなかには相対的に高収入な所領が含まれていたことが推測される。少なくとも武士への恩賞のみを強調するのは、危ういところといわねばなるまい。

このように幕府滅亡によって発生した多くの没収地の配分は、建武政権にとって非常に重要な事項だったが、所領没収・配分を短い期間で全国的に行った結果、各地で多くの問題が発生した。なかでもとくに問題となったのが、「高時法師以下朝敵与同の輩」以外について、当知行所領（現段階で現実に知行できている所領）を安堵《あんど》する（没収しない）という方針を宣言していたにもかかわらず、実際には没収していたという点である。

たとえば東大寺は、寺領であった美濃国茜部荘《あかなべのしょう》（岐阜市）の地頭の罪状を上申して、元弘三年（一三三三）十一月九日に地頭職の寄進を受けている（「東大寺文書」）。鎌倉時代末期の地頭は関東評定衆長井氏嫡流家の高冬《たかふゆ》（のち挙冬《たかふゆ》）で、早い段階から雑訴決断所に出仕していたことが確認されている人物だが、それでも後醍醐の判断で所領を奪われてしまっているのである。

ほかにも、同様のことが疑われる事例が存在するが、結局のところ北条氏関係者以外であっても所領を奪われることは十分ありえたわけであり、場合によっては何の前触れもなく「気がつけば自身の知行が否定されている」こともありえただろう。そもそも中世社会では、与えられた権益を拡大解釈して他者の権益を侵害する者も珍しくない。建武政権が多くの所領を没収し、再配分しようとしたことの混乱は、決して軽視すべきものではなかったと考えねばならない。北条氏の残存勢力の反乱に荷担する武士や、足利尊氏のもとに集った武士たちが決して少なくなかった理由も、やはりこのあたりにみておくべきだろう。

混乱する社会

公家社会の不満

建武政権下で新たに所領を獲得した武士がいる一方で、いわれなく所領の知行を否定され、不満を持っていた武士も少なくなかったことが推測されるが、そのような不満がより明瞭なのが、公家社会であった。

とくに不満が大きかったと思われるのは、後醍醐が身分秩序を無視した登用を進めたことである。先に示した武士の登用もその一つだが、それは公家社会内部に関しても同様で、たとえば三十数年ほど下った時期の公卿である三条公忠《さんじょうきんただ》は、後醍醐が側近の吉田《よしだ》定房《さだふさ》を重用して内大臣に任じたことに触れつつ後醍醐の政治を「毎事物狂の沙汰」と断じている（『後愚昧記』応安三年三月十六日条）。家格を重視する廷臣たちにとって、そのような不満が生じるのはむしろ当然のところだったのである。

権益配分がわかりやすい国司についてみてみると、吉田定房（伊勢・肥前）、万里小路《までのこうじ》宣房《のぶふさ》（長門・安芸・筑後）、千種忠顕《ちくさただあき》（丹波・但馬）、阿野《あの》実廉《さねかど》（土佐、廉子の兄）などの側近たちに集中がみられるほか、主に弁官を歴任する名家層や下級官人中心となっており、要するに記録所や雑訴決断所の運営を支える実務家集団に手厚い配分になっていたことがわかる。

一方、家格の高い人物には、とくに後醍醐に近いと思われる二条道平《にじょうみちひら》（大隅）、洞院公賢《とういんきんかた》（若狭、のち近江）や近衛《このえ》経忠《つねただ》（和泉）を除き、ほとんど配分が確認できない。たとえば国衙領のなかで院政期以来最も高収入といわれる播磨・伊予二ヵ国（元木泰雄　一九九六）のうち、播磨は持明院統に、伊予は西《さい》園寺《おんじ》家《け》に本来相伝されていたが、こうした権利は剝奪されてしまっていたようである。

このように既得権益を否定して、後醍醐が重視する人々にそれを与えていくというのが建武政権の

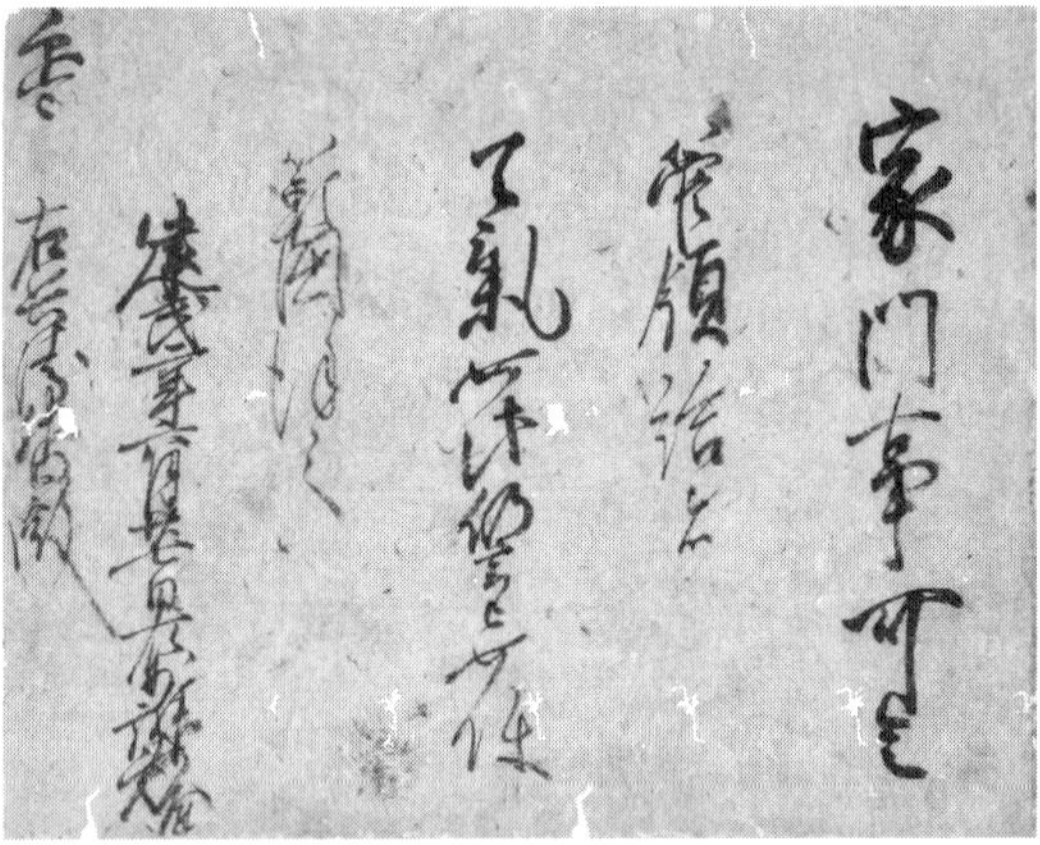

図24　後醍醐天皇綸旨　早稲田大学図書館所蔵
後醍醐天皇が西園寺家の家門を公重に与えたもの.

基調であることについては、これまでにも指摘されているとおりである。すでに鎌倉末期の朝廷でもそのような傾向はみられたが、それをより極端に推し進めていったのが後醍醐の政治であったということができるだろう。

西園寺公宗・日野氏光の殺害

建武二年（一三三五）六月十九日、二条師基《にじょうもろもと》が千種忠顕らを率いて持明院殿の上皇たちを京極殿《きょうごくどの》に遷した。「太上天皇」（後伏見もしくは光厳とされる）の命を受けた陰謀が発覚したとのことで、二十二日に西園寺《さいおんじ》公《きん》宗《むね》・日《ひ》野《の》氏光《うじみつ》らが捕縛された。楠木正成・高師直らによって、建仁寺《けんにんじ》あたりで捕らえられた者もあったという。公宗・氏光らは六月二十六日に配流が決定し、八月二日に誅殺。西園寺家門は、弟の公重に安堵された。

先述のように、西園寺家とは、元来関東申次を務めていた家である。後醍醐も、当初は西園寺家から迎えた禧子（後京極院、公宗の大叔母にあたる）を中宮とするなど、決してこの家を疎略に扱っていたわけではなかったが、その禧子も元弘三年（一三三三）十月に没してしまっていた。公宗は、日野家から資名の娘名子を室に迎えており（女房日記「竹むきが記」で知られる人物である）、ともに捕縛・殺害された氏光は彼女の兄弟にあたる（二一七頁、図58）。西園寺家がどちらかといえば持明院統に近いこと、日野家が持明院統の側近であること、西園寺家や持明院統の既得権益に否定される部分があったと思われることなどについてもすでに述べてきたとおりであり、不満が溜まっていたことが推測される。

ただし、この手の陰謀事件に関しては情報が少ないのが常で、今回も実情はよくわからない。後醍醐が、持明院統の懐柔を図っていたとされること（三浦龍昭 二〇一二）などを考慮すると、後醍醐側が無実の公宗を冤罪にかけたというよりは、実際に陰謀があったと考えるほうがよいようにも思われるが、詳しいところは不明といわねばなるまい。

コラム2　民衆の住居、武士の住居

いわゆる「町《ちょう》」共同体が登場する以前であるこの時代の京都の民衆の居住実態については不明な点が多いが、そのなかでも比較的情報が残されているのが、領主または地主に対して支払う「地子《じし》」に関する史料である。

たとえば、少し時代が下るが永和四年（一三七八）の祇園社《ぎおんしゃ》（京都市東山区、八坂神社）門前についての史料には、「せうせん」「しんとく」「ゑもんたろう（衛門太郎）」「ひこ（彦）一」という四人の人物が領主の祇園社に負担する地子について記されているが、その情報を総合すると、道に面した間口が一丈から二丈（約三～六メートル）、奥行が七丈から九丈八尺（約二一～三〇メートル）という細長い敷地の道沿いに家を建てており、家の分の地子は間口に応じて二～四百文となっている。また、その敷地の奥（道と反対側）に畠を作っている場合（これを「奥畠」という）には、上記の地子の一・五倍の額を支払うことになっていたようで、総額は二百二十～六百文となっていた（「八坂神社文書」、脇田晴子　一九八一）。

現在の京都駅周辺にあった八条院町《はちじょういんのちょう》についてもある程度の情報が残されている（仲村研　一九六九）が、たとえば文和年間（一三五二―五六）ごろの梅小路の西洞院《にしのとういん》・町間南面にあった半町（二十丈）の区間には、尼・庵室・春阿弥・檜皮座・道忍・藤内・覚朝・兵衛入道・大夫の家があったこと、そのほかに三ヵ所の「奥畠」があったことがわかっている。おそらくは先述の祇園社門前の事例と同様、細長い区画の道路に面する場所に家を建てていたものと推測される。

また、それらに関する地子は七十〜四百八十文となっている。四百八十文を支払う覚朝など、敷地が広いと想定される人物もいるが、逆にそれ以外の庶民の敷地の間口は、これも祇園社門前の事例同様、一〜二丈あたりを中心とする分布だったのではないかと考えられる（「東寺百合文書」）。

図 25　祇園社（八坂神社）

最近の一般書では、当時の百文を現在の一万円に換算していることが多いようだが、当時の労働者の日当がまさに百文（夏場は日が長いので増額されて百十文）だった（桜井英治二〇一七）ことを考慮すると、もう少し安めに見積もったほうがよいかもしれない。そのようにして換算するならば、庶民の負担していた地子の額は、年間で安ければ数千円、高ければ数万円といったところになろうか。

＊　＊　＊

建武政権期には、従来以上に多くの武士が上京してきた

が、これにより多くの混乱が生じた。いわゆる「二条河原の落書《らくしょ》」（「建武年間記」）には、

諸人ノ敷地不定《さだまらず》　半作ノ家是多シ
去年ノ火災ノ空地共　クソ福ニコソナリニケレ
適《たまたま》ノコル家々ハ　点定《てんじょう》セラレテ置去ヌ

とあり、家々が点定（没収）されてしまったり、諸人の敷地所有が不安定になっていたことが示されている。

実はこの時期について、武士がどこに住んでいたかを調査した際の書類が部分的に残存している（「竹内文平氏所蔵文書」、佐藤進一 一九六五）。正親町《おおぎまち》小路・土御門《つちみかど》大路（現在の中立売通・上長者町通）周辺のものと、四条坊門小路（現在の蛸薬師通）の町小路（現在の新町通）以西のものがあるが、このうち後者の史料の情報を表3にまとめてみた。これにより、洞院実世《とういんさねよ》・北畠親房《きたばたけちかふさ》などの公家廷臣に仕える武士、新田義貞《にったよしさだ》・楠木正成《くすのきまさしげ》・名和長年《なわながとし》などの有力武士に仕える武士、そういう「○○手者」というのではなく独立して認識されている武士がいることがわかる（これが正親町・土御門周辺の史料だと公家関係者に仕える者がほとんどとなる）。

ここで注目したいのが、名義部分の表現である。これをみると、④や⑦以降のように、名義のところに本来の住民とみられる名前（表3の「百姓名」）があり、「宿人」として武士の名前が記されるケースと、①②③⑤⑥のように、武士の名前しかないケースの二種類があることがわかる。前者は民衆の家に住み込んでいるケース、後者のほうはまさに没収したりして自分の名義で住ん

表 3　建武政権期四条坊門小路周辺の武士の居住

No	場所	百姓名	武　士　名
①	a	——	楠木判官（正成）手者
②	b	——	輔（帥ヵ）大納言（二条師基ヵ）御手 波多野彦次郎
③	b	——	洞院殿（実世）御手 土岐宮内允
④	c	願心	洞院殿御手人 三河守
⑤	d	——	北畠殿（親房）御手 原田彦五郎
⑥	d	——	伯耆守（名和長年）手者 刑部左衛門尉
⑦	e	浄妙	笠和彦四郎
⑧	f	左近三郎	葦名手者 田中五郎
⑨	f	左衛門三郎	宇都宮（公綱）手者 平井四郎
⑩	f	行一	新田殿（義貞）手者 井二郎
⑪	g	四郎	北畠殿（親房）御手 五太院縫殿子息
⑫	g	五郎三郎	三浦安芸二郎左衛門尉（時続）
⑬	h	石女	千葉介（貞胤）一族大須賀

＊『南北朝遺文関東編』192 号「竹内文平氏所蔵文書」より．

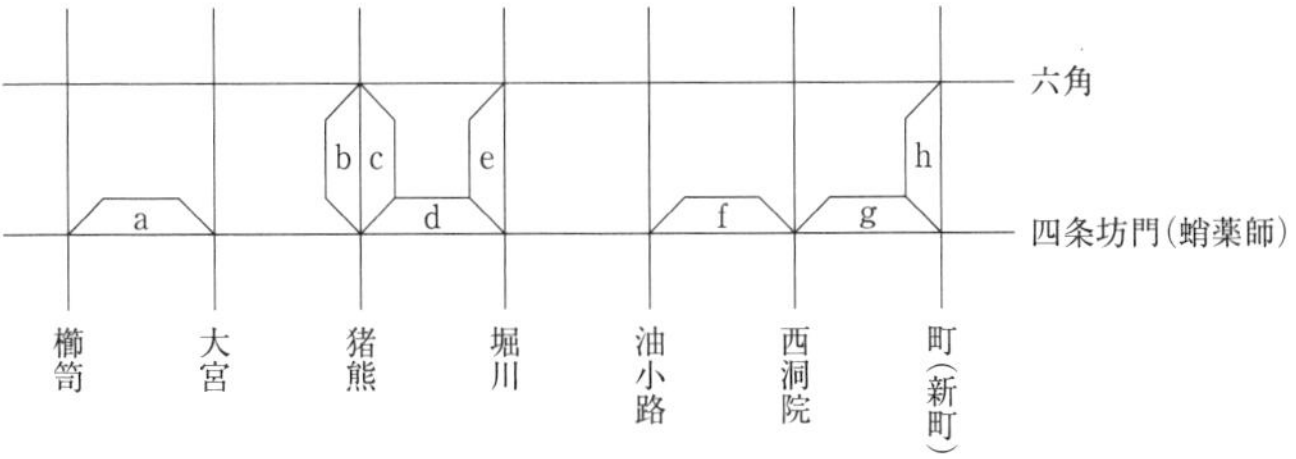

でいたケースということになるのであろう。

武士たちのうち、下っ端の武士たちの住居としては、このように民衆と同規模のものが想定されるのに対し、おそらく有力武士はもっと広い邸宅を確保していたことが想定される。

しかし、この時期の有力武士の邸宅についてはほとんどわからない。なかには後醍醐から邸宅を給付された人物もいたかもしれないが、下って室町幕府成立後の事例では、幕府評定衆の長井広秀が朝廷の下級官人の一人であった中原氏の東寝殿を借りて住んでいる事例など(『師守記』康永四年五月二九日条)、家を借りて住んでいるケースがみられる(松井直人 二〇一五)。そうした事例を考慮すると、公家廷臣や寺社などの領主と契約し、地子を払って居住していたケースもあったのではないかと推測されるところである。

三　足利尊氏の反乱

1　転変する政情

足利尊氏《あしかがたかうじ》が建武二年（一三三五）に離反し、翌年に京都を占領することで建武政権は倒壊する。この間の政治史については、京都から離れる内容が必然的に多くなってしまうが、列島全体を大軍勢が移動するこの時期の戦乱には、この時代特有の重要な要素がはっきりとあらわれており、時代の特徴を描く際にどうしても必要である。そのため本書では、あえて一章の紙幅を取り、この戦乱を描き出しておきたい。

中先代の乱

鎌倉幕府滅亡以後、北条氏残党による反乱が各地で生じていたことは前章でも触れてきたが、そのうちで最大のものが発生する。北条高時《たかとき》の子で、御内人《みうちびと》の諏訪《すわ》頼重《よりしげ》のもとへ落ち延びていた、北条時行《ときゆき》の蜂起である。北条氏を「先代」、足利氏を「当代」と理解する立場から、その中間にあたる彼を「中先代《なかせんだい》」と呼ぶ『梅松論《ばいしょうろん》』などの記述から、この乱は中先代の乱と通称されている（鈴木由美 二〇一四）。

時行軍には北条氏の一門・被官《ひかん》だけでなく、名門御家人の三浦時継《みうらときつぐ》などを含む関東武士が多く呼応したらしく、信濃国諏訪《すわ》（長野県諏訪市・下諏訪町・岡谷市）から上野・武蔵へと進軍するに従い、急速にその数を増していた。直義《ただよし》は足利一門の渋川義季《しぶかわよしすえ》・岩松経家《いわまつつねいえ》や下野守護の小山秀朝《おやまひでとも》などを派遣して迎え撃ったが、彼らを討ち取られて劣勢に陥り、七月二十三日、成良《なりよし》親王を奉じて鎌倉を退いた（直義が鎌倉で幽閉していた護良《もりよし》親王を殺害したのは、このときである）。

関東は足利氏にとって最大の地盤であったから、鎌倉が陥落したのであれば、尊氏はこれを黙視するわけにはいかない。その報を受けて尊氏は、時行らを討伐するための下向を決断した。

諸書によれば、このとき尊氏が征夷大将軍を望んだものの、後醍醐《ごだいご》が許さなかったということである。この点については確実な史料があるわけではないが、立場の違う諸書が比較的一致して記すところであり、ある程度の信憑性があると考えてよいのではなかろうか。代わりに征夷大将軍に任じられたのは直義の奉じていた成良親王で（「相顕抄」）、尊氏は征東将軍《せいとうしょうぐん》に任じられた。征東将軍といえば、治承《じしょう》・寿永《じゅえい》内乱期に源義仲《みなもとのよしなか》が帯びた官職であり、源氏としてはあまりよい例ではない。尊氏を重用してきた後醍醐だが、尊氏を源頼朝《よりとも》以来の鎌倉殿と同じ立場と認めることだけは、どうしてもありえなかったのであろう。

尊氏は八月二日に京都を発し、三河国矢作宿《やはぎのしゅく》（愛知県岡崎市）で弟直義と合流、遠江国浜名湖畔の橋本（静岡県湖西市）以降、合戦を行いながら東へ進軍した。軍勢の動向を記した「足利尊氏関東下向合戦次第」をみると、足利一門や被官の高《こう》・上杉両氏のほか、二階堂・長井・佐々木・宇都宮といった鎌倉幕府評定衆系統の諸家、土岐・小笠原・佐竹という源氏一門の諸家などをはじめとする各氏に、従軍する人物がいたようである。

伊豆・相模に入るころから時行軍は激しく抵抗し、それによって今川頼基のような戦死者も生じているが、それでも建武政権下最大の武力を誇る足利軍には、敵わなかった模様である。八月十九日には足利軍は鎌倉を占領。諏訪頼重らは自害し、時行は逃れ去った。

反乱のはじまり

勝利を収めた尊氏に対して後醍醐は、勲功の賞として二位に叙した。『梅松論』や『保暦間記《ほうりやくかんき》』などによれば後醍醐は中院具光《なかのいんともみつ》を派遣して、尊氏に帰京を求めたとのことである。ところが尊氏は、鎌倉から動かなかった。『梅松論』は、直義らが危険を訴えて上京させなかったのだとするが、実際に北条氏残党の討伐は十月に入っても続いており（「三浦和田文書」）、その点は考慮しておく必要があろう（亀田俊和 二〇一六b）。

ただ、九月二十七日、尊氏が自身の下文《くだしぶみ》によって、広範に武士たちへ所領の宛行《あてがい》を始めた点は重要である。基本的には反乱軍に関与した武士たちから没収した所領を、功のあった者へ付与するという措置を中心とするものだったと思われるが、これは建武政権下で尊氏が守ってきた分を、明らかに逸脱するものであった。とくに富樫高家《とがしたかいえ》を加賀守護に任じていること（「如意宝珠御修法日記紙背文書」）などは、今回の時行討伐戦とは直接関係ない地域に関するものであり（同時期に北陸でも北条一門の反乱が鎮圧されているが、討伐軍の大将は中院定平《さだひら》であった（「妙厳寺所蔵文書」））、越権行為の最たるものである。

そして、弟の直義はもっと過激であった。十一月二日、新田義貞《にったよしさだ》の誅伐という名目で、各地の武士に対して一族を率いて参上するよう命じ始めたのである。ここでなぜ新田義貞の名前が出てくるのかは不明な部分も多いが、広い意味での足利一門にあたるのに尊氏の東下に従っていない点を考慮すると、『梅松論』などが説くようにすでに尊氏と対立していた可能性は十分にあろう。

この直義の呼びかけに対し、足利一門で讃岐にいた細川定禅《ほそかわじょうぜん》をはじめ、呼応する動きもみえ始めた。そうなってくると、建武政権側も対応せざるをえなくなる。尊良親王《たかよし》（後醍醐の第一皇子）・新田義貞らに率いられた討伐軍の派遣を決定し、十一月二十二日以降には、「足利尊氏・同直義已下輩」の誅伐を命じる綸旨が各地に出された。二十六日には、尊氏らの官位を剝奪する措置も取られることとなった。

尊氏、立つ

東下してきた討伐軍に対して、当初の足利軍は劣勢だった。十一月二十五日、三河国矢作川《やはぎがわ》で戦端が開かれて以降、足利軍は敗北を重ねていき、次第に遠江・駿河へと討伐軍の進軍を許してしまったのである。箱根の山を越えられてしまうと、もうそこは関東である。そのようなところまで、追い込まれてしまっていた。

著名なエピソードだが、実はこの時の尊氏については、次のような話が伝えられている。『梅松論』によれば、このとき尊氏は反乱というかたちになったことを本意に思わず、すべてを弟直義に譲り、自分は細川頼春《ほそかわよりはる》ら側近数名を連れるのみで鎌倉の浄光明寺《じょうこうみょうじ》にあった。しかし、このように足利軍が追いつめられていくなかで「若《もし》頭殿《(直義)》命ヲ落ル、事アラハ、我又存命無益也。タ、シ違勅ノ事、心中ニ於テ発起ニ非ス。是正《まさ》ニ天ノ知処也」（直義が死んでしまっては、生きていても無益である。天皇の命令に背く気持ちがあるわけではなく、それは天のよく知るところである）と述べて、軍陣に向かったのだという。一方、『太平記《たいへいき》』にも、尊氏が鎌倉の建長寺《けんちょうじ》で出家・隠遁しようとしていたために、直義たちが「隠遁の身たりといえども、刑罰を寛《ゆる》くすべからず」（たとえ隠遁していても尊氏は許さない）といった内容の綸《りん》旨《じ》を偽造して、決起を促したというエピソードを載せている。

こうしたエピソードは、あくまで文学作品のなかに記されるもので、簡単に信を置くべきものではない。とはいえ、反乱当初の足利氏が基本的に足利直義名義での命令しか出しておらず、所領宛行まで直義が行っている点を考慮すると（「相州文書」）、よくいわれるように尊氏が当初、反乱の中心にいなかったことは事実とみなすべきだろう。後年の尊氏の行動なども考慮すると、自身を引き立ててくれた後醍醐に大きな恩義を感じており、後醍醐への反乱に乗り気でなかった可能性は十分にあると考えられる。

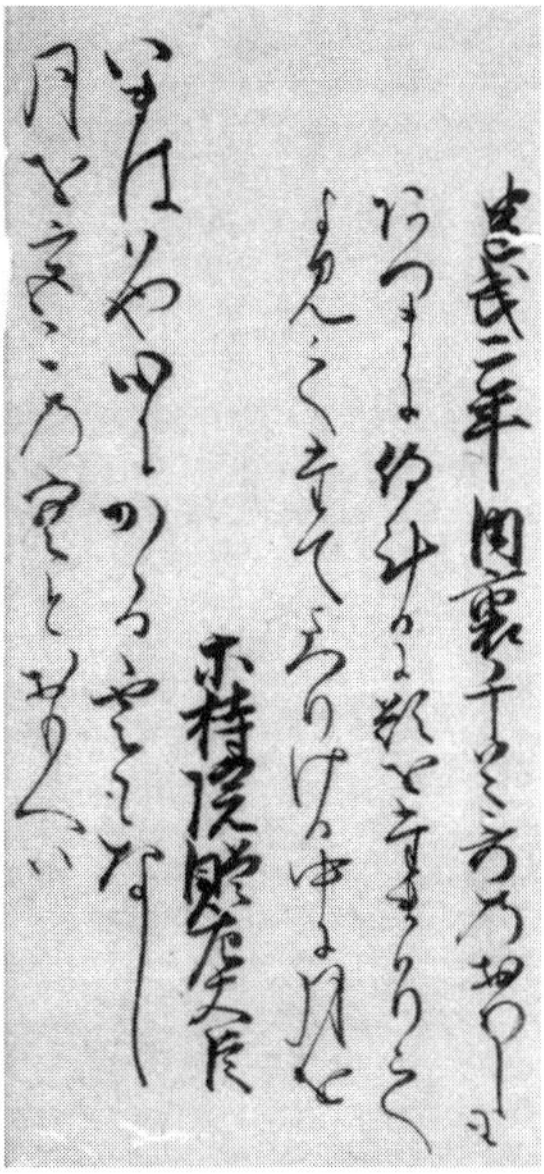

図26 『新千載和歌集（西南院本）』巻第十六（部分） 冷泉家時雨亭文庫所蔵

建武２年に関東下向中の尊氏に歌を提出するよう後醍醐から催促があったことが示されており，尊氏が関東への下向当初はとくに反乱を疑われていなかったことがわかる.

ではなぜ尊氏は、結果的に立ち上がったのか。『梅松論』ではあたかも直義の身を案じて決起したかのような表現になっているが、やはり最も重要と思われるのは、後醍醐の軍が箱根まで迫っていたことだろう。

中先代の乱の時や、後年の観応《かんのう》の擾乱《じょうらん》の時もそうだが、尊氏は自勢力による関東支配が危機に瀕した際に、意を決してみずから迅速に動いている。弟の直義、子息の義詮《よしあきら》・基氏《もとうじ》と、自身に最も近い子弟に一貫して関東を任せていることにも、この地を支配することへのこだわりがよくあらわれているが、おそらくこの点は、尊氏が多方面でみせている「源頼朝をモデルとすること」へのこだわりと関連するのであろう。直義への兄弟愛がなかったとまではいわないが、尊氏決起の背景としては、まずこの点をおさえておく必要がある。

そのようにして尊氏自身が臨んだ十二月十一日の箱根・竹下の戦いでは、足利軍が大勝利を収めた。この戦いの前後に大友貞載《おおともさだとし》（貞宗《さだむね》子。幼い当主大友氏泰《うじやす》の庶兄にあたる）をはじめとする大友一族が足利軍へと寝返ったように、足利軍へ投じる人々が多くあらわれてきた模様である。やはり、後醍醐の命を受けて鎌倉幕府を滅ぼし、後醍醐のもとで頼朝や北条氏を意識させるような武家の第一人者の地位に上り詰めた尊氏の存在感が、非常に大きなものだったということなのであろう。

また尊氏は、このころから自身の名で広く新田義貞追討を呼びかけ始めた。近い地域では信濃の小《お》笠原貞宗《がさわらさだむね》・村上信貞《むらかみのぶさだ》や越後の佐々木加地景綱《かじかげつな》らが応じている。西国でも呼応した人物が多く、たとえば十二月初頭にすでに安芸で蜂起していた武田信武《たけだのぶたけ》のもとに集う武士も増加しているようである。九州でも、先に直義からの命を受け取っていた少弐頼尚《しょうによりひさ》が公然と味方を募り始めている。

京都周辺の攻防戦

勝利の勢いを駆って、足利軍は西上を開始した。年が明けるころには、すでに近江にまで到着しており、建武三年（一三三六）正月一日には瀬田《せた》で戦闘が行われた。そののち、足利軍は瀬田で渡河戦を続けるのではなく南側へ回り込んで山城国に入る戦略を採った。義仲《よしなか》追討時や承久の乱時の鎌倉幕府軍と、同じ動きである。七日には宇治（京都府宇治市）で合戦が行われ、平等院《びょうどういん》も有名な鳳凰堂《ほうおうどう》など一部を残して戦火にかかった。

続いて八日足利軍は、この当時宇治川以南、木津川《きづがわ》以東に存在していた巨椋池《おぐらいけ》（京都府宇治市・久御山町など）の南側を回り込むように軍を西に進め、八幡を占領した。石清水八幡宮《いわしみずはちまんぐう》のある男山（京都府八幡市）は南西（西国・畿南方面）から京都へ向かう際の要衝であり、今後京都周辺で戦争が行われる際に頻繁に軍事拠点化されることになる（本書でもこの後何度も登場する）が、この尊氏の動きも讃岐の細川定禅、播磨の赤松則村《あかまつのりむら》、安芸の武田信武など、西国方面の味方と連携する際に重要な意味を持つものであった。そして十日には、その細川・赤松両軍が男山の対岸である山崎を突破して京都に乱入することとなる。後醍醐は神器を奉じて東坂本に逃れ、彼の内裏であった二条富小路殿《にじょうとみのこうじどの》も焼亡。尊氏は、翌十一日に入京した。

このように足利軍は京都を占領し、後醍醐を追いつめつつあったが、事態はそう簡単に進まなかった。実は、陸奥国で義良《のりよし》親王を奉じていた北畠顕家《きたばたけあきいえ》が兵を動かし、足利軍主力の離れた鎌倉を陥落させ、追撃してきていたのである。近江に入った北畠軍は、足利軍へ襲いかかった。足利軍は近江で敗れ、粟田口《あわたぐち》・三条河原・法勝寺《ほっしょうじ》・神楽岡《かぐらおか》（吉田山）・西坂本（修学院・一乗寺《いちじょうじ》付近）・賀茂《かも》河原など京都の北東郊（以上、京都市左京区）で抵抗に及んだが、ついに三〇日に至って京都を放棄し、尊氏は丹波、次いで摂津に逃れることとなったのである。

本書の冒頭でも整理したように、当該期の戦争とは大軍勢が列島を横断するものであり、ひとたび勢いがあるとみなされれば簡単に軍勢が膨張するような側面を有していた。人物や勢力に関するイメージが大きな意味を持つ面もあり、たしかにこの時期の足利軍の快進撃はそのような観点から説明するのがよいと思われるが、そうした優位性を有した足利軍でさえ、さらに勢いのある軍勢があらわれることであっさり敗北した。このことからも、戦況がその時々の勢いに左右される、実に不安定な状況だったことがよくわかるはずである。

2　反撃する足利軍

京都から落ち延びた尊氏らは、摂津国兵庫（神戸市）、次いで播磨国室津《むろつ》（兵庫県たつの市）に逃れ、ここから九州に向かったが、この前後にいくつかの注目すべき動きをみせている（佐藤進一 一九六五など）。一点目が持明院統《じみょういんとう》の光厳《こうごん》上皇から院宣《いんぜん》を獲得したと称していること、二点目が「将軍」号を積極的に名乗っていること、三点目が自身に従った武士たちに「元弘以来収公地」（鎌倉幕府滅亡以後、建武政権によって没収された所領）の回復を認める姿勢をみせていること、そして四点目が周辺諸国に足利一門を派遣して味方を募っていることである。

「関東」から「将軍」へ

一点目と二点目は、どちらもイメージと正当性の問題に属するが、この二点が確認されるのが、ほぼ同じ時期からである点は注目される。

背景には、次のような事情があった。足利尊氏はすでに建武政権下で鎮守府将軍や征東将軍に任命されており、少なくともその段階で「将軍」ではあった（桃崎有一郎 二〇一〇a）。実際そう呼ばれている事例も確認できるが、注意したいのは、建武政権に反旗を翻した足利氏が、そののち官職を剝奪されたこともあってか、その称号を積極的に押し出していたわけではなかった点である。では、どのように呼ばれていたのか。尊氏の発した命令を受けて、大友貞載が肥前の守護代に連絡した文書には次のようにある（「青方文書」）。

> 新田右衛門佐《うえもんのすけ》義貞を誅伐せしむべき由の事。関東御教書かくのごとし。早く仰せ下さるるの旨に任せて、一族を率いて参上せしむべきの由、肥前国御家人に相触るべきの状、件のごとし。
>
> 建武二年十二月十四日　左近将監《さこんのしょうげん》（大友貞載）在判
>
> 守護代

これをみると、尊氏の命令書が「関東御教書《かんとうみぎょうしょ》」と呼ばれていることがわかるだろう。実は直義の命令書もそう呼ばれている（図27）のだが、この「関東」という呼称は鎌倉幕府と同じ呼ばれ方である。鎌倉周辺の国々を掌握していた足利氏は、さまざまな点で鎌倉幕府によく似た存在であったが、こういったかたちで実際に命令伝達がなされていることからみて、足利軍が「関東」と名乗ることに武士

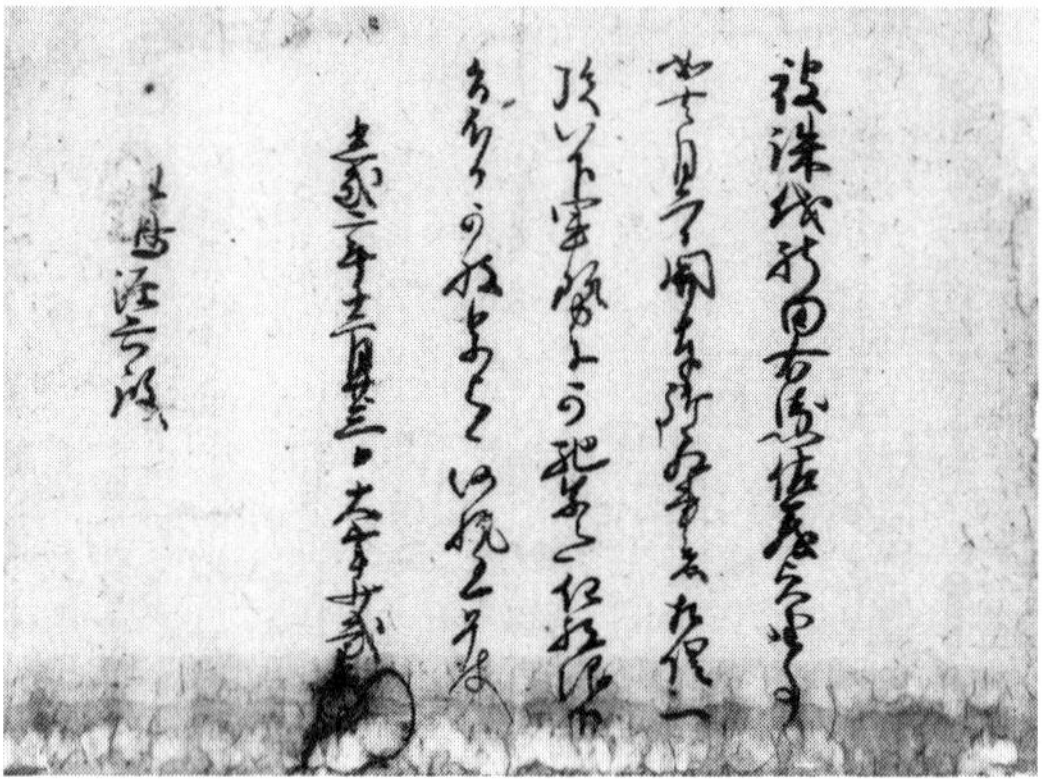

図 27　少弐頼尚書下（「斑島文書」）　京都大学総合博物館所蔵
この文書では，足利直義の発した命令が「関東御教書」と呼ばれている．

側も違和感を感じてはいなかったものと思われる。

ここで注意しておきたいのは、「関東」には、朝廷の命を受けずに京都へ進軍して上皇を配流に追い込んだ、承久の乱という先例があることである。

実は、北畠親房《きたばたけちかふさ》の『神皇正統記《じんのうしょうとうき》』にもみえるように、承久の乱で後鳥羽《ごとば》上皇を配流に追い込んだのち、後堀河《ごほりかわ》・四条《しじょう》天皇、そして後嵯峨《ごさが》天皇を立てた北条《ほうじょう》泰時《やすとき》は、鎌倉後期の公家社会では称賛の対象であった。一方、逆に後鳥羽のほうが徳を欠く上皇であったという認識も形成されていた（川合康 二〇〇四・長村祥知 二〇一五）。何せ、そうしなければ後嵯峨《ごさが》の子孫が皇位を継承する歴史的経緯が説明できなくなってしまうのである。公家社会でさえそうした状態であったのだから、たとえ、「関東」が軍を動かし、それが一時的・表面的に「朝廷への反乱」になってしまうとしても、そのこと自体が「関東」の権威を必ずしも毀損するわけではないのである。実際に、「関東」の足利軍は快進撃を続け、京都を占領しており、北畠軍の西上という要素さえなければ、そのまま勝利していた可能性が高い。

ところが、北畠軍がもたらした打撃は大きかった。北畠軍によって鎌倉が一旦陥落し、足利氏の関東支配が盤石でないことが示されたうえ、敗北した足利軍は東ではなく、西へ逃れざるをえなかった（関東の足利氏勢力はほどなく鎌倉を回復したとされるが、足利氏やその旗下の武士たちのもとにその後の関東に関する正確な情報がもたらされていたかどうかは不明である）。これにより、足利氏が「関東」を称することが、自明でなくなってしまったのである。

尊氏を「将軍」として前面に押し出すようになり、光厳から院宣を獲得したと称し始めたのは、こうした事態への対応だったと考えられる。『梅松論』などをみると、光厳に近しい醍醐寺僧賢俊《けんしゅん》（日《ひ》野《の》俊光《としみつ》の子）が院宣をもたらしたと記されているが、それが本当に六波羅《ろくはら》滅亡時に敵に囲まれ、警固《けいご》の武士たちが全員自刃するという恐ろしい目に遭った（飯倉晴武 二〇〇二）光厳の意志だったかは判然としない。しかし、ともかくも足利氏は、《朝廷の命を受けた「将軍」》として戦うことを選択した。このことによって鎌倉幕府との連続性が再び担保されたわけだが、運命の瀬戸際でこのような選択を取った結果、足利氏にとって朝廷・天皇家は、鎌倉幕府のころよりもずっと大きな意味を持っていくことになる（川合康 二〇〇四）。また、足利氏の組織にとって、《朝廷の命を受けた「将軍」》という役割を演じる尊氏という人物が、ある意味象徴的で、不可欠な求心点になっていくのである。

足利一門の大将

以上のような戦略は先述のようにイメージの問題に関するものだが、のちに足利氏が勢力を挽回して政権樹立に至ることを考えるときに実質的に重要なのは後ろの二点のほうであり、とくに重視したいのが四つ目の点である。

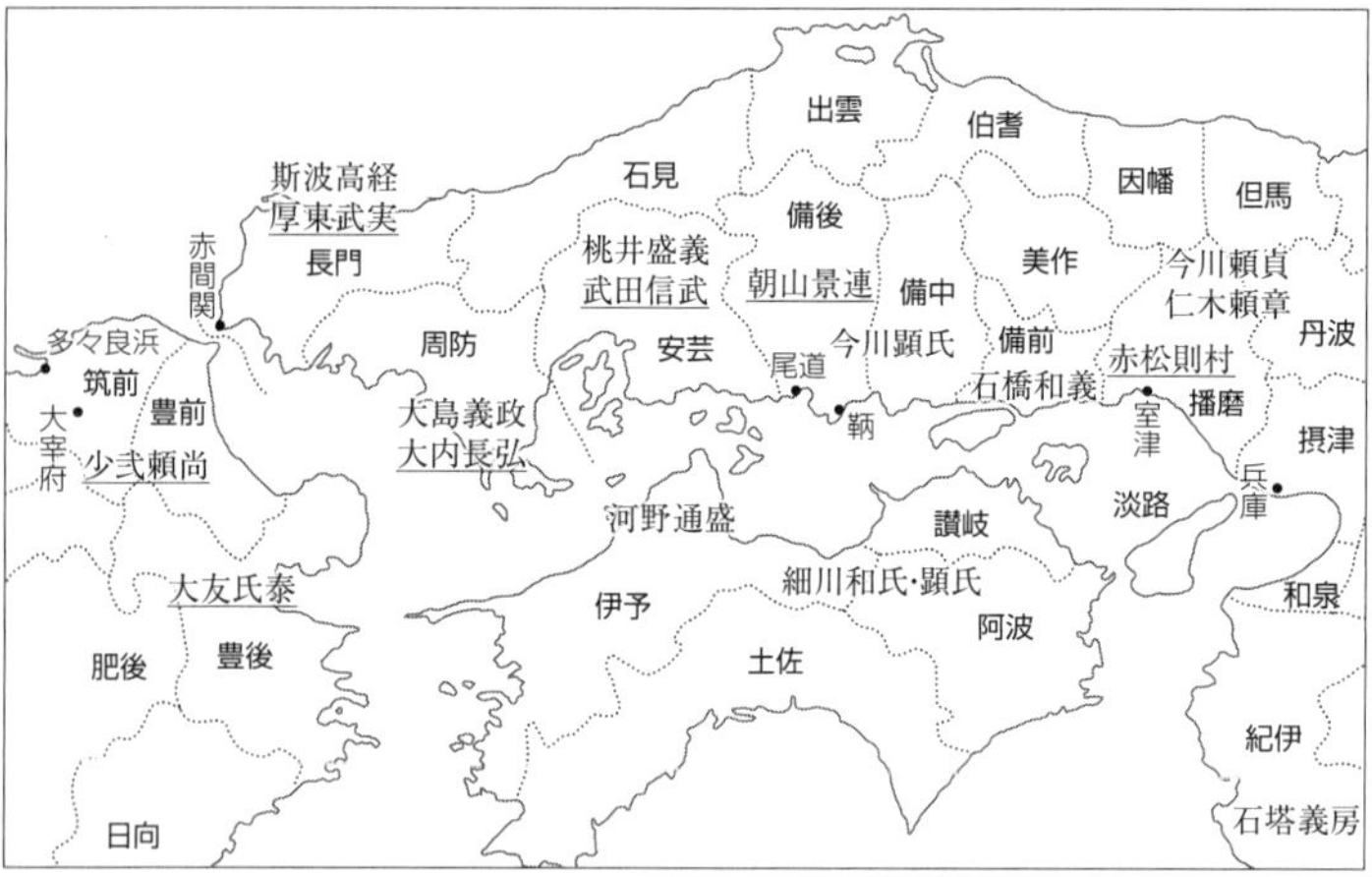

図28　足利軍の西走と大将・守護（＿＿＿＿は守護）
西走時の足利軍は一門を大将として各地に派遣した．下線は建武政権下の守護と思われる人物．

足利軍には建武政権下で守護に任じられていた人物も多く呼応していたが、尊氏らは九州へ向けて落ち延びていく際に、各地に一門を大将として派遣した（図28）。『梅松論』によると、四国に細《ほそ》川和氏《かわかずうじ》・顕氏《あきうじ》とその兄弟たち（和氏・顕氏は従兄弟にあたる）、備前に石橋和義《いしばしかずよし》、備中に今川顕氏兄弟、安芸に桃井盛義《もものいもりよし》、周防に大島義政《おおしまよしまさ》、長門に斯波《しば》高《たか》経《つね》が置かれたとされており、彼らのうち大半の人物について実際にその活動を確認できる。そのほか、播磨には今川頼貞《よりさだ》（頼基子）が残され（のち但馬や丹波に進軍した。おそらく仁木頼章《にっきよりあき》も周辺に残されていたものと思われる）、紀伊熊野あたりにも石塔義《いしどうよし》房《ふさ》（義慶《ぎけい》）がいたようである。こうして諸々に派遣された人物には、一門内で格が高いと思われる者も低いと思われる者も含まれることから、おそらくはそれぞれの地域に所領や所縁を有する人物が派遣されていたと考えられる。

従来は、この施策について守護と「国大将」が併置されたと表現されてきた（佐藤進一　一九九〇）が、その表現だと誤解が生じやすいかもしれない。「国大将」といわれると、その国全体に何らかの権限を有しているようにみえるが、実際に足利氏は、建武政権下で守護だった諸氏やそれに準じた伊予の河野通盛《こうのみちもり》などに対してはその国の地頭御家人を動員するよう命じているものの、足利一門の大将にはそうした内容を命じていない。彼らは一国規模の権限を有していたというよりは、あくまで京都を回復することを目的とするための分派行動を各地で行う存在だったと評価しておいたほうがよいだろう。

足利軍挽回の背景

こののち足利軍は、三月二日に筑前国多々良浜《たたらはま》（福岡市東区）で菊池《きくち》氏《し》の軍勢を打ち破り、一色範氏《いっしきのりうじ》（道猷《どうゆう》）・頼行《よりゆき》兄弟や仁木義長《よしなが》らに九州各地の敵方の討伐を命じたのち、翌四月には長門へ移り、五月に入ると本格的に東上を始めた。後醍醐方はそれを迎え撃とうと新田義貞・楠木正成《くすのきまさしげ》らを派遣するが、足利軍は五月二十五日に摂津国兵庫・湊川《みなとがわ》（神戸市）で彼らを打ち破って正成を討ち取ったのち、そのままの勢いで二十九日に京都を占領。尊氏は石清水八幡宮に陣を取り、そこで光厳上皇とその弟豊仁《ゆたひと》親王を迎えた。

このように尊氏は劇的に勢力を挽回して再び京都を占領したが、その勝利の要因は何だったのだろうか。たびたび述べてきたように、この時期の戦争は武士たちの動向に左右される不安定なものだったが、足利軍は戦局を逆転させるほどに重要な一手を放っていた。それが、先述した足利一門の各地への派遣である。

類似の戦略として想起してほしいのが、第一章で触れた護良親王の戦略である。護良親王は、鎌倉幕府の大軍に抗するため、最前線に派遣した側近たちがみずからの判断で令旨を出して武士たちに呼びかけることを許していた。ポイントは、そのように最前線にいる側近たちならば、戦場周辺にいる人物を具体的に見定めることができた点で、そのようにして次々に令旨を発給したことで、味方を増やすことができたのである。

今回の一門派遣も同系統の戦略といえようが、護良の奉者が三人ほどしか確認できないのに対して、足利一門は幅広く西国各地に派遣されており、規模が異なっている。加えて、派遣された一門たちが所領を与えたり、預け置いたりしていることも重要だろう（花田卓司 二〇〇八）。すでに武家の第一人者となっていた足利尊氏の一門が、直々に下ってきて所領を与えてくれるのであれば、武士たちにとってそれが大きな魅力だったのはいうまでもない。

ここまでの思い切った戦略は、聖断《せいだん》（天皇みずからによる判断）を重視してきた後醍醐には、なかなか採用しがたいものだった。先に足利軍を追い落とした北畠軍が長期在陣できずに陸奥に戻ったこともあって、後醍醐側は後手にまわり、足利軍の挽回を許してしまったのである。

京都周辺の攻防戦、再び

光厳上皇とその弟豊仁親王を迎えていた尊氏は六月十四日に入京を果たして東寺に陣を置き、比叡山《ひえいざん》に逃れた後醍醐と対峙した。ここから二、三ヵ月ほどの間、比叡山山麓の東西の坂本から賀茂社周辺、そして神楽岡（京都市左京区、吉田山）から阿《あ》弥陀ケ峰《みだがみね》（東山区、京都女子大学の裏側にあたる峰である）あたりまでの東郊が激戦地となったほか、仁和《にんな》寺《じ》・嵯峨《さが》（右京区）、竹田・鳥羽・醍醐・木幡《こはた》（伏見区）、宇治、山崎、八幡など京郊は広く戦場となり、上賀茂社をはじめ、大覚寺《だいかくじ》（右京区）、東福寺《とうふくじ》・最勝金剛院《さいしょうこんごういん》・泉涌寺《せんにゅうじ》（東山区）、醍醐寺《だいごじ》（伏見区）、勧修寺《かじゅうじ》（山科区）などが被害を受けることとなった。

このように激戦が続くなか、後醍醐の頼みとする千種忠顕《ちくさただあき》・名和長年《なわながとし》らが討死する一方で、足利方でも八月二十五日の阿弥陀ヶ峰の合戦で高師直《こうもろなお》の弟師久《もろひさ》が戦死するなど被害は少なくなかった。だが、各地から続々と参着し、数に勝る足利方が次第に優勢となっていく。

足利尊氏の苦悩

そうしたなか八月十五日には、持明院統の豊仁親王が二条良基《にじょうよしもと》の押小路烏丸殿《おしこうじからすまろどの》を仮の御所にして、践祚《せんそ》の儀を行った。光明《こうみょう》天皇である。

しかしその二日後の八月十七日、尊氏は、次のような有名な願文《がんもん》を清水寺《きよみずでら》に納めている（図29）。

この世ハ夢のごとくに候。尊氏にたう（道）心たハセ給候て、後生《ごしょう》たすけさせをハしまし候へく候。猶々とくとんせい（遁世）したく候。たう心たハセ給候へく候。今生のくわほう（果報）にかへて、後生たすけさセ給候へく候。今生のくわほうをハ、直義にたハセ給候て、直義あんをん（安穏）にまもらせ給候へく候。

建武三年八月十七日　　尊氏（花押）

清水寺

要するに、ここに書いてあるのは「とにかく早く遁世《とんせい》したい」という気持ちである。世を捨てて念仏三昧となりたいとの希望を述べ、生まれ変わったのちの来世でお助けください、と清水寺（東山区、本尊は千手観音）に願っているのである。後醍醐を追い、京都を占領した尊氏の心のうちを示したものとして興味深いが、七月に同じ清水寺に願文を奉納した直義が、ストレートに新田義貞誅伐を願って

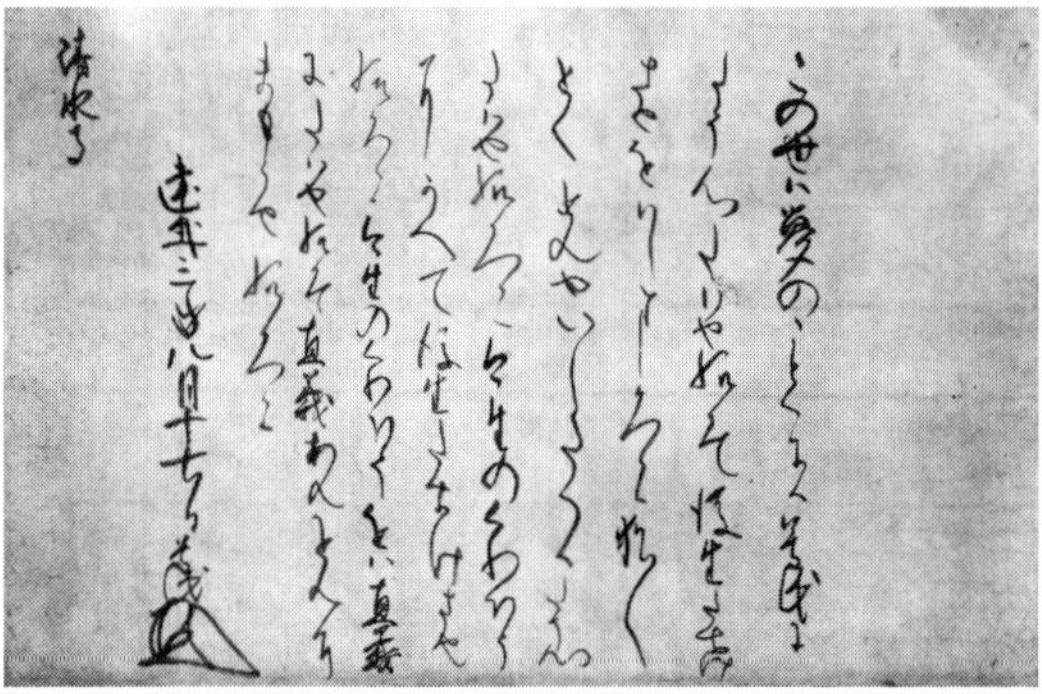

図29　足利尊氏願文　常盤山文庫所蔵
尊氏の苦悩を示すもの．このとき願文が奉納された清水寺は，「清水の舞台」でも有名な寺院である．

いる（「開善寺文書」）のとは大違いである。

厭世感《えんせいかん》あふれるこの文面については、後醍醐に対する罪悪感を示すものと解釈されている（清水克行 二〇一三・二〇一七など）。先に足利軍の軍事行動の歴史的先例として挙げた承久の乱では、幕府軍が宇治川で勝利を収めたことで、後鳥羽は味方の武士たちを見捨てて、北条義時《よしとき》追討の宣旨の撤回を伝える使者を派遣し、自身の責任を回避しようとした（坂井孝一 二〇一八）。尊氏も心のどこかでは、新田義貞らを撃破してしまえば、あとはどうにでもなると思っていたのかもしれない。しかしそこは、圧倒的に不利でも笠《かさ》置《ぎ》山《やま》まで逃れて挙兵し、また配流先の隠岐国から脱出して兵を集めた後醍醐のこと、普通の天皇ではなかったのであり、最後まで徹底抗戦の構えをみせた。その結果、戦乱が続いて多くの人命が失われ、京都周辺の寺社が被害を受けていることも合わせて、尊氏に悔悟の念を抱かせ、苦悩させたのではなかろうか。

また、この尊氏願文の最後のところには、今生の果報は（自分ではなく）直義にいただいて、直義が安穏であるようにお守りいただきたい、と願っている。尊氏は世を捨て、この世のことは直義に任せたいと考えているようである。しかし、足利軍は尊氏を《朝廷の命を受けた「将軍」》として前面に押し出しながら挽回を果たしたのであり、彼の完全なる引退は、当然ながらありえないことであった。

講和への模索

この前後の時期、延暦寺《えんりやくじ》を攻囲した足利軍は、次第に後醍醐を追いつめていく。そして十月十日、後醍醐は足利軍に事実上降伏し、京都へ戻った。一方、春宮《とうぐう》の恒良《つねよし》親王は、兄の尊良親王、そして洞院実世《とういんさねよ》・新田義貞らとともに北陸へ下向した。

おそらく後醍醐には、足利尊氏との関係を修復することができるのでは、という希望があったのであろう。事実、先にみたように尊氏は、後醍醐への反乱というかたちになってしまったことを後悔していたと思われる。また、後醍醐が神器を北朝に引き渡した後の十一月には新たに春宮が決定するが、それは持明院統の人物ではなく、後醍醐の皇子で、かつて直義とともに鎌倉にあった成良親王だった。後醍醐がそのような希望を持ったとしても、たしかにそれほどおかしなことではない。

このときの事情に関して『太平記』では、後醍醐が新田義貞に伝えずに講和交渉をしており、それに怒った新田一族の堀口貞満《ほりぐちさだみつ》が後醍醐に詰め寄るシーンが描かれており、その結果、後醍醐は恒良に位を譲る決断を下し、義貞らとともに北陸に下向させたとされている。この描写に依拠する一般書も多いが、真相は不明である。ただ、『太平記』のこの前後の部分で、後醍醐の徳の欠如を描くことや、尊氏に対抗しうる源氏の大将として新田義貞を描くことが重視されている点を考慮すると、信頼しすぎるのは危険であろう。

たしかに義貞とともに北陸へ向かった恒良は、綸旨形式の文書を発給していた形跡があり、実際に天皇としての自意識を持っていたと思われる。しかし、このように義貞らが北陸に向かったことによって、結果的に反足利の軍勢が温存された点も注目される。前後する時期に北畠親房と宗良《むねよし》親王が伊勢に下向していたことなども知られており（岡野友彦 二〇〇九）、後醍醐が講和と抗戦を天秤にかけ、どちらに転んでもよいように手を打っていた可能性は残る。

結局、講和への道は決裂し、幽閉されていた後醍醐は十二月二十一日、ひそかに抜けだして吉野へ向かった。後醍醐は、のちに「子細ありて出京の処、直義等申沙汰《もうしざた》せしむるの趣《おもむき》、旁《かたがた》本意に相違す」（故あって京都に戻ったが、直義の行う諸事が一々私の本意と異なっていた（「結城文書」））と述べており、とくに直義の対応に怒りを感じていたようである。この記述から、後醍醐と対立することを気に病む兄に代わり、弟の直義が主導して後醍醐へ強硬な態度を取ったと推測されているが（桃崎有一郎 二〇一四）、おそらくそうなのであろう。

『梅松論』には、尊氏が「先代ノ沙汰ノ如ク遠国ニ遷シ奉《たてまつる》ハ其恐アルヘキ間、迷惑之処ニ、今ノ出御ハ大儀ノ中ノ吉事也」（先代（北条氏）の行ったように遠国へお遷しする（配流する）のは恐れ多く、困っていたが、このように自身で出て行かれたのは本当によかった）という発言をしたことが記されており、これを尊氏の本音とみなす論者もある。しかし、後醍醐に対する尊氏のスタンスを考慮すると、さすがにこのように記すのは『梅松論』の創作と考えるほうが無難であろう。

ともかくも、かくして以後約六十年弱にわたる、南北朝の分立が始まったのである。

コラム3　京都周辺の地政学

『京都の中世史』シリーズの一冊である本書は、一般的な南北朝時代の通史よりもあえて京都周辺の地名を意識的に載せているのだが、そのようななかでとくに戦乱の叙述に、特定の地名が何度も出てくることに気づかれた読者もおられるかもしれない（以下、巻頭の地図1を参照）。

たとえば、京都の北東にそびえる比叡山延暦寺《ひえいざんえんりゃくじ》は、元弘《げんこう》の変の際に後醍醐《ごだいご》が遷幸《せんこう》したという噂がたったこと、建武三年（一三三六）五月に、足利軍が京都に迫った際に後醍醐が実際に遷幸したことについてすでに述べた。遡《さかのぼ》れば寿永二年（一一八三）平家都落ちの際に後白河《ごしらかわ》上皇が比叡山に逃れたことなども有名だろうが、同様に京都にいる天皇・上皇が敵の手を逃れる際によく出てくるのである。こののち、観応・文和年間にたびたび京都を失陥した時期の後光厳《ごこうごん》天皇にも、同様の行動が確認される。

また、石清水八幡宮《いわしみずはちまんぐう》も頻出する。京都盆地の南西の出入り口にあたる八幡・山崎の地が、両側に山が迫る要衝であることは現在の地形をみても十分に理解できよう。このような地勢的な位置の結果、京都に南西方面から迫ろうとする軍勢にとって、非常に重要な地となるのである。石清水八幡宮を拠点化する動きは本当によく出てくるので、注意してご覧いただければと思う。

図30　石清水八幡宮楼門

また、これ以後には京都の市街地付近で戦闘が行われる事例も多数みえるが、その際に西では○○大宮、東では○○河原という地名が頻出する点も注目される（花田卓司 二〇〇九）。これは当時の京都の市街地の西限がおおよそ堀河小路～大宮大路あたりであったこと、東限がおおよそ京極大路《きょうごくおおじ》（現在の寺町通）であり、その東側に鴨川の河原が広がっていた――現在の河原のみならず、河原町通あたりまで広がっていた――ことによるものである。

なお、京都の市街地の北限は第四章で触れる一条以北の地域で、南限はおおよそ七条大路だが、その七条から少し南に突き出た位置にある東寺も要地であった。南西方面から京都に入ってきた軍や、逆に京都から南西方面に出撃していく軍が陣取るケースを多く確認できる。

コラム4 軍忠のレポート

当該期の武士の家に残された文書のなかで、とくにこの南北朝時代特有の文書として知られている、軍忠状《ぐんちゅうじょう》という文書がある。武士たちが戦争に従軍した際に、どのように戦って忠節を尽くしたのかを記す、報告書のようなものである。

たとえば、図31の史料は、摂津国御家人の伊丹《いたみの》野《い》頼員《よりかず》という人物が建武三年（一三三六）九月に作成した軍忠状である。これによると、頼員の「軍忠」を以下のように追跡できる。まず頼員は、足利氏旗下の細川顕氏《ほそかわあきうじ》に所属して、八月二十三日に九条河原（京都市南区）で「夜迫」（夜廻か）を行った。そして、二十五日には竹田（同伏見区）に発向。鳥羽殿《とばどの》の南側で敵を破って追撃し、桂川のあたりで敵を討ち取った。さらには、そののち後醍醐《ごだいご》方の兵力が陣取っていた木幡山《こはたやま》（伏見区、のちに秀吉が伏見城を構築した）・稲荷山《いなりやま》（同、現在伏見稲荷の「千本鳥居」で知られている）・阿弥陀《あみだ》ケ峰《がみね》へと北に攻め上り、敵軍を追い落としている。実はこの日に顕氏軍が竹田で戦闘を始め、峰々の敵陣を陥落させたことについては和泉国の田代市若丸《たしろいちわかまる》の軍忠状からも確認できる（「田代文書」）。そしてその三日後の八月二十八日に頼員が鴨河原で戦い、そのまま西坂本まで追撃したことも記されている。

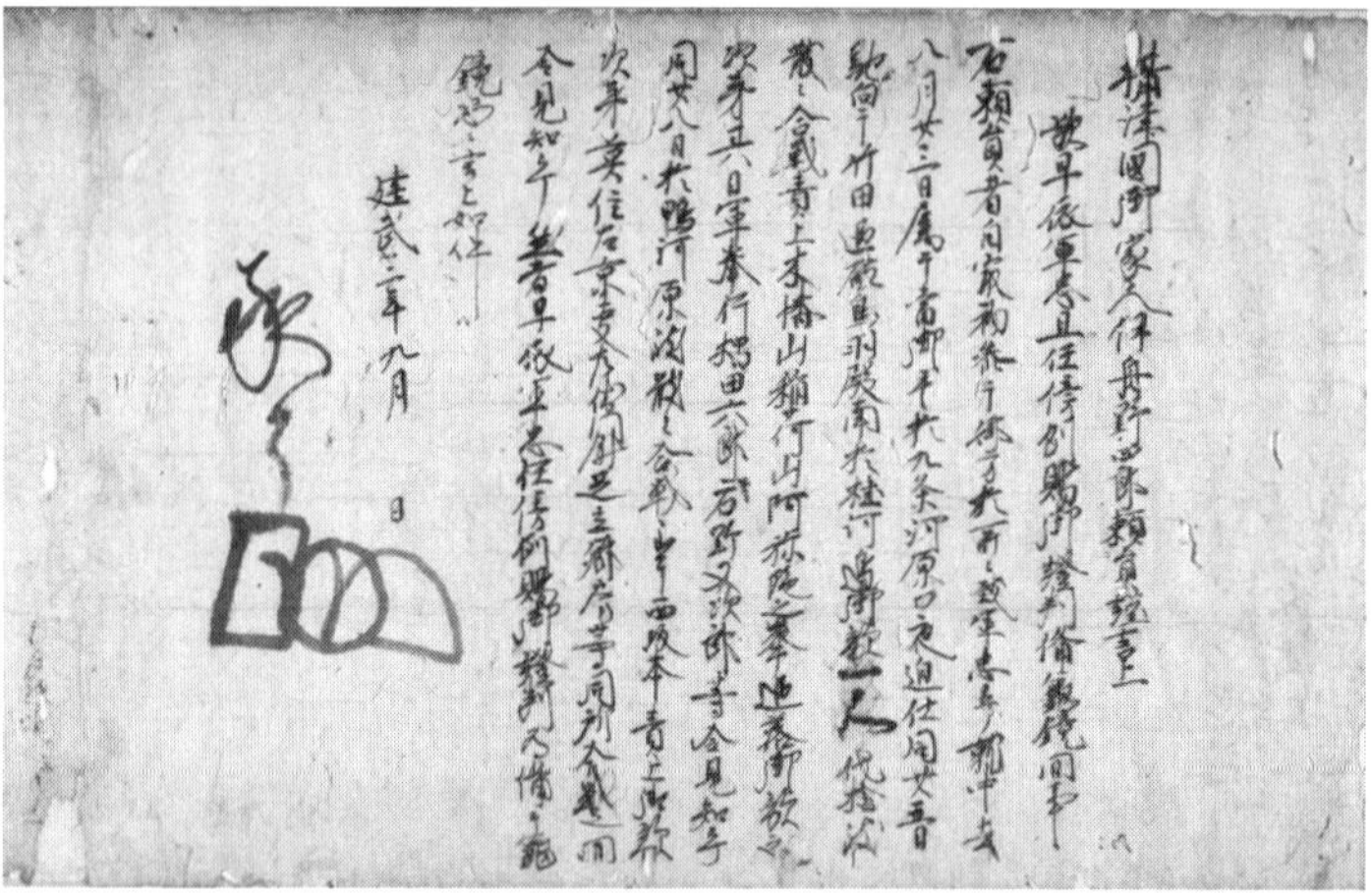

図31　伊丹野頼員軍忠状（「北河原氏家蔵文書」）　東京大学史料編纂所所蔵

軍忠状とは、このような内容を上申《じょうしん》文書の形式で記すものだが、注意してほしいのは、この文書の左側（奥）に別の人物の筆跡で、大きな文字と花押《かおう》（サイン）が記されている点である。この文字は「承り了《おわ》んぬ」（了解した）と書かれており、その下の花押は大将細川顕氏のものである。要は、以上の内容について顕氏が了解した、ということが記されているのである。このようにして大将（またはより上位の立場で軍忠認定をする人物）の認定を受けたうえで、武士たちの側でこの軍忠状を保管する、ということになるのである。

こうした軍忠状とは、鎌倉時代の末に成立したとされており（河音能平 一九九三）、本書で取り上げる元弘・建武、そして観応・文和の動乱期について、実際に多数のものが残されている。このように武士が細かい軍功を書面に書き記して、大将の証判をもらうというこの形式こそ、本書でたびたび述べている、多くの武士たちが「中央」を強く意識し、全国的戦争や中央での政変に投じていたこの時期の特質をよくあらわしているものである。一般に、戦闘の経緯というものは、文書や日記に残りにくく、時期によっては軍記物の記述に依拠しながら描かれることも多いのだが、この南北朝時代の前期に関しては、この軍忠状が各地の武士の家に残されているため、復元できることも多い。そういう意味では、貴重な史料であるといわねばならない。

しかし、この軍忠状は、京都周辺の諸国では、観応の擾乱《じょうらん》を経て南北朝時代の後半に入るころに大きく減少し、応安年間（一三六八―七五）を越えるころにはほとんど作成されなくなる。九州周辺では少し後まで確認できるものの、応永二年（一三九五）の今川貞世《いまがわさだよ》（了俊《りょうしゅん》）解任後に同じく激減し、あとは主に鎌倉府のもとにある関東で存続するものとなる（そののち戦国期にはいくつかの地域で確認できるが、それはまた別段階というべきだろう）。このような変化については、各地の武士たちの権利を保障するような面を室町幕府や守護の側が失っていくことと関係しているのだが、そうした点についてはまたのちほど触れることとしたい。

四　初期室町幕府の時代

1　室町幕府の成立

建武三年（一三三六）六月に京都を占領した足利氏は八月に光明《こうみょう》天皇を践祚《せんそ》させ、ここに足利氏が北朝を擁立する構造が成立した。後述のようにこの段階の幕府所在地は京都の室町ではないし、そもそも「幕府」という言葉も当時の用語ではないため、この足利氏の政権を「室町幕府」と呼ぶことに問題がなくもないのだが、基本用語を変えてしまうと混乱もあろう。通例により、そう呼称しておきたい（佐藤進一　一九六五）。

なお、この時期の室町幕府は、鎌倉幕府を当然のように前提としており、観応《かんのう》の擾乱《じょうらん》以降の幕府とはさまざまな点で性格を異にしている。本章では、新田一郎にならい、この時期の室町幕府を「初期室町幕府」と呼称した（新田一郎　二〇〇一）うえで、いくつかの角度から描き出してみたい。

鎌倉か、京都か

後醍醐《ごだいご》が尊氏《たかうじ》に事実上降伏して京都に戻ったのちの十一月七日、とある答申書が尊氏・直義《ただよし》へと進上された。明法家《みょうぼうか》中原氏出身の是円《ぜえん》・真恵《しんえ》兄弟をはじめとする八名が連名した答申書で、その内容は大きく二つに分かれている。前半には「鎌倉元のごとく柳営《りゅうえい》たるべきか、他所たるべきや否やのこと」(元のように鎌倉を武家政権の本拠地とするか、他の地にするか)という点に関する答申が記され、後半には「政道のこと」というタイトルのもと、重要と判断された十七点の施策が列挙されている。

俗に「建武式目《けんむしきもく》」といわれているものであり、「室町幕府の基本法」といわれることもあるが、どのようなかたちでどの範囲に施行されたのかほとんど不明なものである。とはいえ、この段階で出された答申書であるのは確実で、この段階で何が問題となっていたのかはわかるため、その点では非常に興味深い。

ここで取り上げたいのが、武家政権の本拠地をどうするか、という答申の前半部分である(以下、煩瑣になるため意訳のみを示す)。答申中では、「このような末の世の中では、社会の乱れがあるために本拠地を遷すのは容易ではありません」としながらも、「どちらにしても政道(政治)が悪ければ簡単に滅びてしまいます」「居所の興廃というのは、政道の善悪によるのです」と主張されているが、その末尾では「ただし、諸人が拠点を遷そうというのであれば、その人々の考えに従ってもよいのではないでしょうか」(京都でも問題ないのではないか)と付言している。歯切れの悪いというか、どこが本音かわかりづらい構成になっているが、これはこれからどのような政権を樹立するのか、模索していた時期のものである。実際鎌倉でなくてもよいのかという点が、検討課題になっていたことは間違いないのであろう。

ただ、注意しておきたいのは、この段階では越前国金ケ崎《かねがさき》（福井県敦賀市）で恒良《つねよし》親王・新田義貞《にったよしさだ》らが抵抗戦を続けていたことである（とくに、恒良親王は天皇であるという自意識を持ち、綸旨《りんじ》を発していた）。そうしたなかで、もし足利軍が鎌倉に主力を移動させてしまうと、京都が後醍醐方によって攻められ、奪取されてしまう可能性もあったのであり、この段階では鎌倉への移転は現実的ではなかった。

しかも前章で述べたように、十二月には後醍醐自身も京都を脱して吉野に逃れた。そうすると、《朝廷の命を受けた「将軍」》として後醍醐に対抗した足利軍は、ますます京都から動くわけにはいかなくなってしまう。結局、以後の足利氏はみずからを伝統的な「関東」としてではなく、京都に本拠を置く存在として位置づけていくことになるのである（新田一郎 二〇〇一）。

対新田戦と対北畠戦

後醍醐が吉野へ脱出して以降、戦いはさらに続いた。

足利軍にとって最も問題だったのは、越前国金ケ崎城の恒良親王・新田義貞らである。室町幕府は、これを攻めるため、斯波《しば》高経《たかつね》・家兼《いえかね》兄弟を送り込んでいたが、翌建武四年（一三三七）正月には、高師泰《こうもろやす》（師直《もろなお》の兄弟）をはじめとする大軍勢が送り込まれた。九州からともに攻めあがってきた軍勢や、東国から順次到着した軍勢も順次振り向けられたようである。大軍に攻められてはひとたまりもない。二ヵ月ねばったものの、三月六日に同城は陥落。新田義貞はうまく逃れたが、尊良《たかよし》親王と新田義顕《にったよしあき》（義貞嫡男）は自刃し、後醍醐より皇位を受けていたという恒良親王は捕縛された。

足利軍も、これで一段落したのであろう。上杉朝定《うえすぎともさだ》を丹後守護に任じた事例（「上杉家文書」）を皮切りに、同年夏・秋ごろに全国の守護職をあらためて配分し、各地の南朝勢力討伐を遂行する体制を整えていくことになる。光明天皇の即位式も、十二月二十八日に遂行した。

このように体制構築につとめていた室町幕府に衝撃を与えたのが、陸奥国の軍勢を率いた北畠顕家《きたばたけあきいえ》である。建武四年八月に義良《のりよし》親王を奉じて陸奥を発した顕家は、十二月には鎌倉を占領。明けて五年正月、破竹の勢いで再び西上を始めた。

幕府は高師泰・師冬《もろふゆ》(師直の従兄弟で猶子)らを中心とした軍勢を派遣して美濃・近江国境付近を封鎖し、その進軍を防いだ。そして行く手を阻まれた北畠軍の背後を関東・東海方面の幕府方の軍勢(吉良満義《きらみつよし》・桃井直常《もものいただつね》・今川範国《いまがわのりくに》(心省《しんせい》、頼基弟)・高師兼《もろかね》(師直従兄弟)・土岐頼遠《ときよりとお》ら)が襲撃し、美濃国垂井《たるい》・赤坂《あかさか》・青野原《あおのがはら》付近(岐阜県大垣市・垂井町)で戦闘が行われた。結果、顕家は近江への進軍を諦めて伊勢方面に転じ、そこから大和へ入った。『太平記《たいへいき》』ではこの戦闘を北畠軍の勝利として描くが、大局的にみれば幕府軍が近江への進軍を阻止したことが重要である。たしかに小軍勢で北畠軍を襲撃した諸軍勢が苦戦した可能性は高いが、幕府側が味方の武士に喧伝していたとおり、実質的に幕府側の勝利というべきであろう(中西達治 一九八五、錦昭江 二〇一五)。

そののち、顕家は伊勢・大和を経由して大阪平野に抜けながら戦闘を続けたが、五月二十二日、和泉国堺浦《さかい》(大阪府堺市)で高師直をはじめとする室町幕府軍に敗れて戦死。残党が立て籠もった石清《いわし》水八幡宮《みずはちまんぐう》も、七月五日に攻略された。このとき石清水八幡宮では、六宇の宝殿のほか、男山山上の諸施設が兵火にかかっており、中院通冬《なかのいんみちふゆ》(通顕子《みちあき》)は自身の日記に「末代の至極、歎息するに他なし」

と歎いている（『中院一品記』同年七月五日条）。

また、閏七月二日には、顕家西上によって勢いを得ていた越前の新田義貞も、斯波高経によって討たれた。このの ちも南朝は吉野に残存し、他地域の局地戦も引き続いたが、ともかくもこれによって、京都周辺を直接脅かす勢力はひとまず消え去ったのである。

体制の樹立 ―北朝と室町幕府―

建武五年（一三三八）八月十一日、尊氏は晴れて征夷大将軍に任じられ、弟の直義は、尊氏の前官である左兵衛督《さひょうえのかみ》に任官した。同時に、鎌倉幕府最後の将軍だった守邦《もりくに》親王の甥、宗明《むねあきら》王を臣籍降下《しんせきこうか》させる措置も取られており、今後は親王将軍ではなく、足利氏が征夷大将軍を継承していくことが確認されたものと思われる。同じころに幕府の訴訟機関も本格的に始動したらしく、八月二十七日に足利直義の裁許状《さいきょじょう》を確認できる。

また八月十三日には、光厳《こうごん》天皇の皇子である益仁《ますひと》親王（のちの崇光《すこう》天皇）が春宮《とうぐう》とされた。二年前の建武三年段階では後醍醐皇子の成良《なりよし》親王が立てられており、後醍醐が吉野へ遷った後も新たな春宮が立てられることはなかったが、ここにやっと、持明院統《じみょういんとう》が今後皇位を継承していくことが明白に示されたのである（家永遵嗣 二〇〇八）。即位した天皇が行う重要な儀礼である大嘗会《だいじょうえ》も、この年十一月十九日には執行された。

政務は、鎌倉時代以来の伝統にのっとって、光厳《こうごん》上皇の院政というかたちがとられた。前関白近衛《このえ》基嗣《もとつぎ》・関白九条道教《くじょうみちのり》をはじめとする上層公卿《くぎょう》たちを筆頭に、勧修寺経顕《かんしゅうじつねあき》・日野資明《ひのすけあき》・四条隆蔭《しじょうたかかげ》といった側近たちを中心にしながら、前代以来の院評定《いんのひょうじょう》が運営された。また、訴訟の実務を担う文殿《ふどの》の活動も確認されるほか、暦応雑訴法《りゃくおうざつそほう》と呼ばれる訴訟法を出すなどして、光厳上皇は多くの訴訟に対応できるようつとめていた（森茂暁　一九八四）。朝廷行事も、後年に比べるとそれなりに行われており、南北両朝に分離したとはいえ、ひとまずは鎌倉時代以来の朝廷運営にある程度成功していたと評価できよう。

南朝に投じた廷臣は？

後醍醐に呼応した廷臣として建武三年（一三三六）末にただちに免官されたのは、後醍醐の尖兵として陸奥・信濃にいた北畠顕家・堀川光継《ほりかわみつつぐ》、紀伊に下向していた四条隆《たか》資《すけ》、恒良親王に付き添って越前へ逃れた洞院実世《とういんさねよ》などである（『公卿補任』）。そのほかにも二条師基《にじょうもろもと》らが呼応していたらしく、尊澄《そんちょう》法親王（還俗《げんぞく》して名を宗良《むねよし》親王と改めた）や北畠親房《きたばたけちかふさ》・顕信《あきのぶ》父子は伊勢へ落ち延びたらしい。遅れて、建武政権下で藤氏長者とされていた近衛《このえ》経忠《つねただ》をはじめ、吉《よし》田《だ》定房《さだふさ》・坊門清忠《ぼうもんきよただ》なども南朝へ奔った。公卿未満の人々では、蔵人として後醍醐に近侍していたと思われる中御門《なかみかど》光任《みつとう》などを確認することができる（森　二〇〇五、四六～五一頁の図13～20の■を参照）。

しかし、後醍醐関係者でも、従わない人々は多かった。後醍醐に近かった二条道平《にじょうみちひら》は建武二年二月に没していたが、その弟師基が南朝に投じたのに対し、子息良基は京都に残って北朝に仕えている（光明天皇践祚の際に邸宅を提供したことは、先述のとおりである）。代々どちらかといえば大覚寺統に近かった洞院家でも、実世が積極的に呼応したのに対し、その父公賢《きんかた》は弟公泰《きんやす》・実守《さねもり》らとともに北朝に残り、院評定衆の一人として重用された。すでに出家していた万里小路《までのこうじ》宣房《のぶふさ》も吉野へ赴くことはなく、孫の仲房とともに京都に残った。このほか、花山院師賢《かざんいんもろかた》の遺児家賢、三条公明《さんじょうきんあき》（建武三年九月没）の弟でその後継者となっていた実治、吉田定房の弟隆長・資房《すけふさ》、御子左流二条家の一門なども京都に残ったらしい。

京都に残った人々が多かったのは、やはり遷都《せんと》以来、長らく朝廷が存在してきた京都に、北朝が存在し続けていたためであろう。公家社会というのが先例を重視し、「これまでどおりの朝廷のあり方」を維持すること自体に意味をみいだすものである以上、京都を掌握してこれまでどおりに政権運営を行う北朝が参仕すべき対象となるのは当然なのである（新田一郎 二〇〇一）。これに対して南朝側は、持明院統へ渡した神器は偽物で、後醍醐が吉野へ帯同したものが本物であると主張した（『神皇正統記』ほか）。実際に偽物を差し出す余裕があったとはいささか考えにくいのだが、そうでも説明しないと正当性が説明できなかったということであろうか（市澤哲 二〇一一）。

しかし、公家社会がそのようなものであったからこそ、幕府は南朝軍に京都を奪回されるわけにはいかなかった。結局のところ足利氏は、京都が南朝軍に襲撃されるという危機感が喫緊のものではなくなった後も、京都を離れることはなかったのである。

後醍醐の崩御と足利尊氏

有力武将を相次いで失った南朝は戦線の再編を図り、東国に北畠親房を送り込むなどの動きをみせる。ところが、暦応二年（一三三九）八月十六日、当の後醍醐《ごだいご》天皇が世を去ってしまうこととなる。京都から脱出して三年も経たないうちのことである。死の前日に、位を子息の義良親王（後村上《ごむらかみ》天皇）に譲っていたという。

その報を聞いた京都の尊氏・直義兄弟については「柳営《りゅうえい》（尊氏）・武衛《ぶえい》（直義）両将軍、哀傷・恐怖甚《はなは》だ深きなり」（「天龍寺造営記」）と記されており、哀傷とともに恐怖を覚えていたらしい。当時、怨恨を持ったまま亡くなった人物の霊は、怨霊となって生き残った人々に祟りをなすと考えられていた。天皇家では保元《ほうげん》の乱で敗者となった崇徳《すとく》上皇や承久《じょうきゅう》の乱で配流された後鳥羽《ごとば》上皇などが有名だが、後醍醐もそのように怨霊化することが怖れられたのである。

後醍醐については、百箇日の仏事を等持寺《とうじじ》で行った際に尊氏が奉った願文《がんもん》が伝わっているが、その願文のなかには

> 倩《つらつら》微《び》質《しつ》の鷹揚《ようよう》を顧みるに、先皇（後醍醐）の鴻漸《こうぜん》より起こるものか。温柔《おんじゅう》の叡旨《えいし》、猶《なお》耳《じ》底《てい》に留まるがごとく、攀慕《はんぼ》の愁腸《しゅうちょう》、心端に尽くしがたし。恩恵無窮にして、報謝何ぞ疎かにせん。

という文章が含まれている（「金沢蠹余残編」）。これについて村田正志は「かような供養願文の性質として美辞麗句に富み、したがつてかなり難しい一文であるが、ありし日の天恩を奉謝し、追慕の真情は明らかなところである。これを天皇に背いた尊氏のそら言と解するのは、あまりに酷であり、やはり尊氏が真心から天皇を追慕し、供養した文かと思われる」と述べ、尊氏の後醍醐への「追慕」が「真情」だったとしている（村田正志 一九六九）。後醍醐から離反して後世には「逆賊」とされる尊氏だったが、みずからを引き立ててくれた後醍醐を追慕する気持ちは強かったようである。前掲の清水寺《きよみずでら》への願文などにみえる尊氏のナイーブな側面はこの点と関連づけてはじめて説明できるため、最近では中村直勝などの系譜を引くこうした説を取る論者が増えつつあるようである（中村直勝 一九五三など）。

図32　天龍寺法堂

天龍寺は、後醍醐の菩提を弔うため，尊氏・直義が夢窓疎石を開山に迎えて創建した寺院である．

天龍寺の造営と供養

後醍醐の死を悼む尊氏は、七七忌（四十九日）ののち、新たに寺院を造立して後醍醐の菩提を弔うことを決定した。目を付けられたのが、後嵯峨《ごさが》以来大覚寺《だいかくじ》統《とう》に伝領されていた院御所、亀山殿《かめやまどの》の地（京都市右京区）である。高師直・細川和氏《ほそかわかずうじ》らの造営担当者を定め、夢窓疎石《むそうそせき》を開山に迎えることも決定し、北朝からも勅許を獲得。寺号は、当初年号を取って「霊亀山暦応資聖禅寺《れいきさんりやくおうしせいぜんじ》」（暦応寺）とされたが、ほどなく山号はそのままで「天龍資聖禅寺」（天龍寺）と改められた。造営は康永元年（一三四二）に入ると本格化し始め、仏殿が翌年八月に完成（「天龍寺造営記」「夢窓国師語録」）。まだ惣門・山門《さんもん》などは仮のものが造られていただけだったが、康永四年八月二十九日に供養法会が行われた。

この天龍寺供養は、新たな安定と繁栄の時代が到来したことを示すもので、「天下の壮観」といわれた（『園太暦』康永四年八月二十九日条）。建久六年（一一九五）の東大寺《とうだいじ》供養の例にならったものとされているが（西山美香 二〇〇四）、東大寺供養の際の源頼朝《みなもとのよりとも》が警固《けいご》の手配をするのみで、後鳥羽天皇の出《しゅつ》御《ぎょ》する供養法会に参列すらしていなかった点には注意が必要である（久野修義 一九九九）。今回の天龍寺供養では基本的に尊氏・直義が供養の儀式を主催しており、東大寺供養時の頼朝とは実際の役割がまったく異なっているのだが、にもかかわらず「東大寺供養の先例を踏襲している」と強調されている点が特徴的である。

とくに注目を集めたのが尊氏・直義の行列である。実際の政務と同様に高師直・師泰、上杉朝定・重能《しげよし》といった被官《ひかん》上層がその中心（「布衣《ほい》」というグループ）に並んでいる点がまず特徴として挙げられるが、全体に東国御家人と思われる人々を数多く配しており、足利将軍家のもとで、鎌倉幕府的な秩序のようなものが現出していることを、盛大に示す意図があったものと推察される（山田徹 二〇一〇）。後醍醐の菩提を弔う寺院の供養儀礼がこのように幕府の体制成立を顕示する場になっていたわけであり、もし後醍醐の怨霊などというものが本当にいたとすれば、怒髪天を衝いて荒ぶったことであろう。

2 足利直義と高師直

続いて、当該期の政権構造について述べよう。鎌倉幕府を模した部分の大きいこの時期の政権構造については、尊氏・直義兄弟によって権限が分割されていたことが注目されてきた（佐藤進一 一九九〇）が、実際はどのようなものだったのだろうか。

また、この時期の政権構造の問題は、引き続く幕府の内紛、すなわち観応の擾乱の発生と密接に関

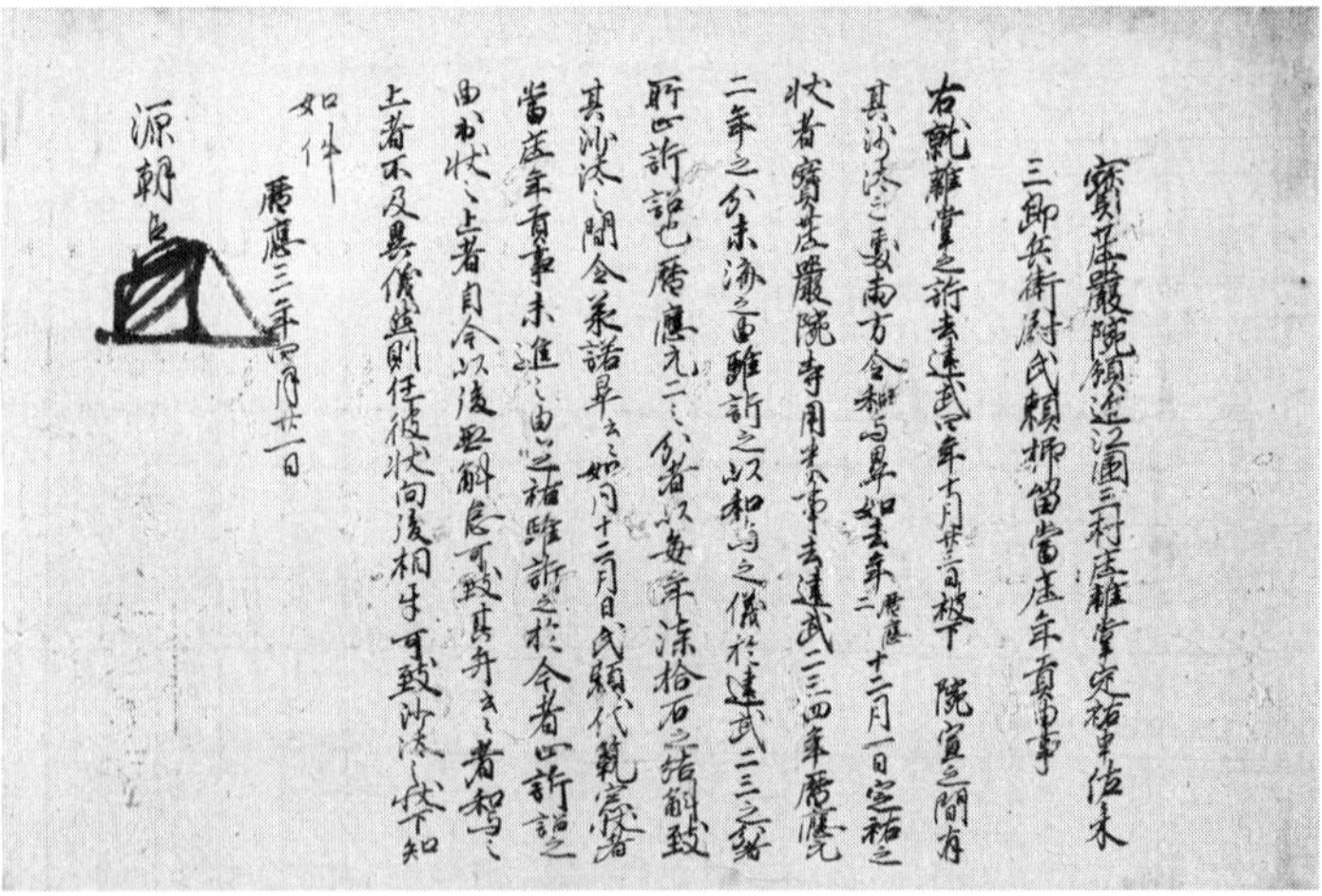

図 33　足利直義下知状　関西学院大学図書館所蔵

直義が裁許を行った下知状．27 頁の関東下知状（図 8）に似た形式だが，署名の位置など，いくつかの点で違いもみられる．

係しているといわれてきた。観応の擾乱とは、尊氏・直義兄弟の争いに端を発すると要約されることもあるが、実際は足利直義と高師直の対立に端を発するものであり、師直の位置づけも重要である。本節では、そのような諸点について述べていきたい。

足利直義の政務

まず尊氏・直義兄弟と幕府の政務の問題について、実態面を簡単におさえておこう。尊氏・直義は、「両殿」「両将」「両所」などと並び呼称されていたが、幕府の政務という面でいえば、それは明らかに直義を中心とする構成になっていた。

直義は、鎌倉幕府以来の評定を主宰していたのみならず、訴訟機関である引付の運営も主導していた。先にも述べたように建武五年（一三三八）八月以降は、鎌倉幕府のもとで作成されていたような裁許状を、自分自身の署名で発給していた。むろん直義は将軍の弟であるため、「鎌倉殿仰《おおせ》によりて執達件《しったつくだん》のごとし」というような、臣下が主君の仰せを受けたことを示す文言は含まれておらず、その点では従来とは異なっている。

しかし、鎌倉幕府のもとでこうした訴訟対応が政務における重要な要素だったことは先に述べたところであり、そうした重要部分を直義が担っていたことは注目に値する。直義は「天下執権人」と呼ばれており（『園太暦』康永三年九月二十三日条）、直義のもとで開かれる評定や引付には、前代以来の足利氏被官である高・上杉両氏や一部の足利一門をはじめとして、鎌倉幕府以来の二階堂・長井・問注所・摂津・宇都宮・佐々木といった評定衆各氏、そして鎌倉・六波羅で活躍していた奉行人たちが政務を下支えして活動していた。

足利尊氏と所領宛行

その一方で、尊氏が行っていたのは、所領の宛行《あてがい》（付与）と寄進、そして守護職の補任《ぶにん》である。すなわち、土地を中心に、新たに権利を付与する行為が尊氏のもとに残されていたといえる。

これらのうち中核的な機能といえる所領宛行は、尊氏が文書の袖（右側）に花押《かおう》を据えた、下文《くだしぶみ》と呼ばれる文書（袖判《そではん》下文）によって行われていた。それは源頼朝から摂家将軍にかけての鎌倉幕府将軍が使用していた文書形式であるから、尊氏の役割の前提に、鎌倉幕府の将軍があったのは間違いないところである。ただし、摂家将軍の時代の袖判下文は安堵《あんど》の用途で使われることが多かったが、その機能は直義に委ねられており、尊氏の管轄ではない。そういった諸点を考慮すると、やはり源氏将軍、とくに源頼朝が意識されていたのであろう。

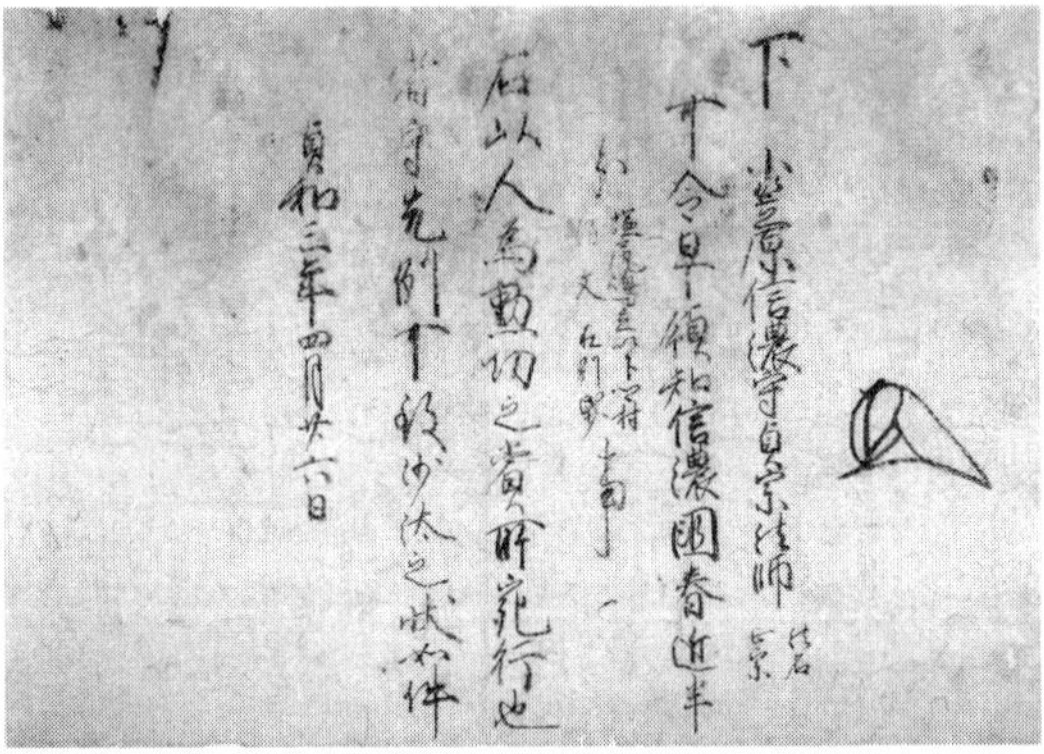

図34　足利尊氏袖判下文（「小笠原文書」）　東京大学史料編纂所所蔵
尊氏が小笠原貞宗に所領宛行を行った下文．25頁の頼朝のもの（図7）と似た形式である．

加えて注意すべきなのが、鎌倉幕府の将軍は三位への昇進に伴って下文の様式を家政機関である政所の発給する政所下文《まんどころ》（政所職員の署名・花押のみで将軍の花押はない）に切り替えるのが普通だったのに対して、尊氏が三位以上であるにもかかわらず袖判下文の様式を使用し続けていたことである。これについては建久三年（一一九二）に頼朝が政所下文に切り替えた際、有力御家人が頼朝直々の花押がないことに不満を表明した、という記事が参考になる（『吾妻鏡』建久三年八月五日条）。

政所下文のほうが格の高い文書であるにもかかわらず不満が表明された背景には、そもそも「御家人」という存在が、その名のとおり頼朝という個人との主従関係を重視するものだったこと、言い換えれば、幕府という組織が本来、鎌倉殿／将軍という特定の人物との直接的主従関係をアイデンティティの中核に据えた組織であったことと関係するものと思われる。この点は、尊氏を《朝廷の命を受けた「将軍」》として前面に押し出すことで政権を奪取した初期室町幕府にとっても、同様に重要であった。おそらくは、将軍尊氏のもとに下文の発給という機能が残されたこと自体も、そのようなある意味象徴的な部分――たとえば佐藤進一は、「武士政権の首長の生命ともいうべきもの」と表現している（佐藤進一 一九九〇）――を担保するためだったのではないかと考えられる。

以上のようなこの兄弟の役割分担は、組織の形式上のトップで、ある意味象徴的な存在だった将軍尊氏と、実際に政務の中心となった直義ということで、それぞれ鎌倉幕府の将軍・執権をモデルにしているものといえる（佐藤進一 一九六五、新田一郎 二〇〇一、桃崎有一郎 二〇一〇a）。ただし、細かくみると頼朝をモデルにする尊氏と執権政治をモデルにする直義で、意識する「鎌倉幕府らしさ」に時期的なズレがある点には、注目しておく必要がある。過去が意識される場合でも、それはあくまで部分的な要素が個別的に意識されるものであり、その個別的要素どうしの整合性は必ずしも気にされない。このあたりには、当時の人々の過去へのまなざしの特徴が、よくあらわれているように思われる。

直義の政務をどう評価するか？

さて、このように尊氏がほとんど政務に関与せず、直義に任せている状態だった点をめぐり、尊氏の政務への消極性や、やる気のなさが強調されることがある。

しかし、以上のようにその役割分担が鎌倉幕府の将軍・執権の関係をモデルにしていることを考慮するならば、逆に将軍自身やその子弟がみずから政治を行うべきであるという発想があったかどうかのほうを疑っておく必要があろう（吉田賢司 二〇一七）。むしろ、直義が将軍の弟であるにもかかわらず、自身を執権的な存在だと位置づけ、積極的に政務の中心を担ったことのほうが、当時の感覚からいえば「新たな事態」なのである。

このように鎌倉幕府を模倣した政治を行っている直義は、旧来の荘園領主の権益を擁護する側面を持つため、前時代の秩序の代表であるかのように認識されることもあった。また、場合によっては、時代に合わないような理想主義的な側面が強調されたり、鎌倉・東国への志向性が強調されたりすることもあった。

ところが、先にみてきたように直義は、後醍醐に対して厳しい態度を取るような面も有しており、近年では権威に盲従するのではなく、現実的な目的のためには手段を選ばない側面が強調されるようになってきた。また、鎌倉幕府的な要素を重視しているとはいっても、貞和五年（一三四九）に失脚し、殺害された側近二人のうち、上杉重能《うえすぎしげよし》は京都の南東にある勧修寺《かじゅうじ》の別当を務める「宮津入道道兎」（「上杉系図」、宮道氏か）という人物の子で、母方の上杉名字を名乗った人物である。畠山直宗《ただむね》も、足利一門のなかでは珍しく、鎌倉時代から在京人として京都に駐留していたことが確認される家柄の出身であり、意外にも直義の側近には、京都関係者が重要な位置にいるのである。

以上のような点を考慮するならば、直義の政務をどう評価すべきか、あらためて問われるべきであろう。そこで注目されるのが、のちに直義と死闘を繰り広げる高師直である。

執事、高師直

高氏《こうし》とは、高階氏《たかしなし》の流れを汲み、鎌倉時代に足利氏に仕えた一族であり、師直の曽祖父である重氏《しげうじ》の代から足利氏の執事を務めていたといわれている。人名と紛らわしいため、以下では亀田俊和にならい高一族と表記しておこう（亀田俊和 二〇一六a）。

執事というのは家政機関を取りまとめる人物の役職で、鎌倉幕府下ではいわゆる執権も当初はそう呼ばれ（五味文彦　一九九〇）、北条得宗《とくそう》家内部でも実務面の最高責任者を指していた（細川重男　二〇〇〇。高校日本史の教科書などでは内管領《うちかんれい》と呼称されている地位である）。建武政権期には、師直が尊氏の命を受けて足利家領に文書を出していることが確認されており、この段階から師直が執事の職にあったと考えて間違いない。

注目されるのは、尊氏が建武政権から離反して以降、所領問題に関連して土地の渡付《わたしつけ》を命じる際に、基本的に師直が尊氏の命を受ける奉書《ほうしょ》の形式で文書が出されていたことであり、幕府が成立したのちも建武四年（一三三七）七月ごろまではその形式のものが多数を占めていたことである（岩元修一　一九八三）。そののち一般的な濫妨停止命令などは引付頭人《ひきつけとうにん》へと移管され、師直の奉書の機能は尊氏が恩賞を与えるために発給した下文を受けて渡付を命じる施行《しぎょう》（亀田俊和　二〇一三）を中心とするものに限定されていったが、幕府制度が未整備な当初の段階で執事師直が所領に関する雑多な訴訟を多く引き受けていた点は、やはり軽視できない。

かつて師直父で執事だった高師重が足利家領内部における裁判にかかわっていたこと（田中奈保　二〇〇五）を考慮すると、これはきわめて自然なことだったといえようが、鎌倉幕府下で北条氏が評定・引付などの制度を運営しながら処理していた案件の多くが、当初師直のもとで処理されていたという点は非常に大きな意味を持つのである。

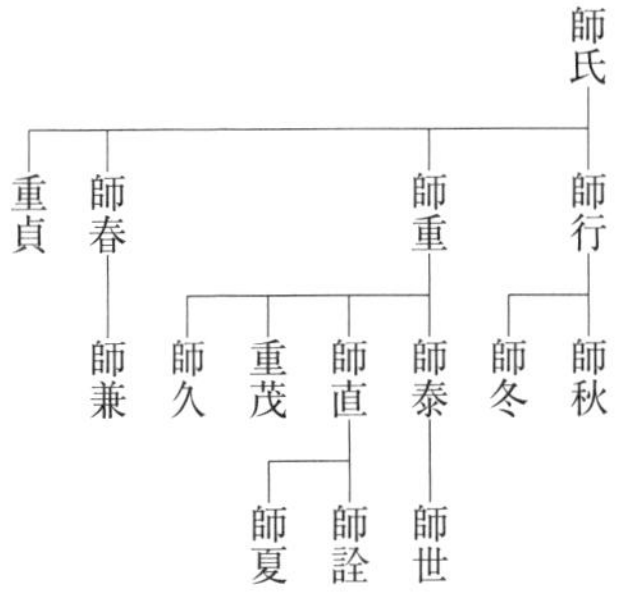

図35　高一族系図

また、少なくとも暦応四年（一三四一）九月までは、北朝からの幕府への命令が師直あてになっていたことが知られている（岩元修一　一九八三）。鎌倉時代には朝廷からの命令は（関東申次《もうしつぎ》を経由して）六波羅探題か関東の執権に伝えられていた（森茂暁　一九九一）が、執事師直がそのような地位に相当すると北朝側に理解されていたのである。ほか、朝廷で除目（諸官職の任命）が行われた際に、その概要を記した「聞書《ききがき》」と呼ばれる文書が幕府に回送されることになっていたが、それも康永元年（一三四二）五月までは、基本的に師直のもとに回送されていたのだという（『師守記』康永元年五月三十日条）。

建武政権下で関東を掌握していた足利氏は、源氏という要素のほか、親王を擁立する点など北条氏的な要素も有していたが、戦乱を勝ち抜く過程で「将軍」の立場を強調するようになり、そののち尊氏は実際に征夷大将軍に任官した。要は、そのような過程を経て足利氏が改めて将軍家として位置づけられるようになったときに、その足利氏家政の中核にあった執事高師直が、鎌倉幕府の北条氏のような役割を担う存在と認識されえた、ということなのである。

だとすれば、保元の乱以降室町幕府の成立までの武家政治の歴史について、足利氏周辺の武士が語ったとされる『保暦間記《ほうりやくかんき》』という書物に「征夷将軍ニハ左兵衛督源尊氏、武家ノ執権ハ武蔵守高階師直、如此《かくのごとく》成テ天下ノ事ヲ行ケリ」とあるが、これも荒唐無稽な認識と即断してしまうべきではないのであろう。師直・師泰兄弟が早い段階で北条氏ゆかりの武蔵守・越後守に相次いで任命されたことも、そうした文脈のなかで位置づけることが可能である（なお、同じく北条氏ゆかりの相模守は、建武政権期以来、直義が在職を続けていた）。

また、尊氏に近しい三宝院賢俊《さんぼういんけんしゅん》という醍醐寺《だいごじ》の高僧の日記をみると、そのうち暦応五年の日記では、賢俊が尊氏・直義とその一家以外に、師直のためにも密教修法《しゅほう》を行っていることがわかるが、この点にも当初の師直が、一臣下に埋没しえない高い政治的地位を有していたことが暗示されているように思われる（「賢俊僧正日記」。一方、賢俊の貞和二年の日記ではそのような記事がみえない）。

直義の意図とは？

直義が中心となって幕府制度を確立させていく過程は、こうした師直の位置づけを相対的に低下させながら進行した（岩元修一 一九八三、亀田俊和 二〇一五・二〇一七）。引付が次第に機能し始めたのち、先述のように建武五年（一三三八）八月には直義が署判《しょはん》する裁許状も発給されるようになっており、ここまでの間に直義は自己を中心とする評定の運営を成立させたものと考えられる。対朝廷の問題は少し遅れるが、除目《じもく》聞書は康永元年（一三四二）五月より直義に進上されるように変更された。北朝から幕府への命令も、遅くとも貞和二年（一三四六）までに直義あてに変更された。

この過程を考慮すると、直義が鎌倉幕府的な組織を志向した点も、師直ではなく自分こそが北条氏的な存在だと示す意図からだったと、理解しておくべきであろう。鎌倉幕府を武家政権の歴史的前例とする見方は当該期には至極当然のものだったが、そうしたなかで直義は、頼朝の弟（範頼《のりより》・全成《ぜんじょう》・義《よし》経《つね》）や子孫（頼家《よりいえ》・実朝《さねとも》・公暁《くぎょう》・一幡《いちまん》）たちが不幸な死を遂げていたことも意識していたのかもしれない。そうだったとすれば、自身が北条氏的な存在だと示すことは、直義にとって、現実的で重要な政治課題だったということになろう。

このような権力を確立するにあたって鍵となったのは、旧鎌倉幕府の評定衆・奉行人各氏を組織することだったが、それと並んで直義が重視していたと思われるのが北朝との関係である。足利将軍家歴代の参内・院参を検討した石原比伊呂によると、直義は北朝の光厳上皇のもとに頻繁に出入りして蜜月関係を形成しており（石原比伊呂 二〇一五）、康永三年（一三四四）九月には三位に叙せられ公卿に列した。おそらく暦応・康永年間（一三三八―四五）を通じて進められたこうした努力の結果、直義は京都の社会のなかで、「天下執権人」としての立場を確立していったのである。

興国四年（一三四三、北朝康永二年）七月ごろ、関東で南朝軍を率いて抗戦していた北畠親房は、陸奥白河の結城氏《ゆうきし》に「直義・師直不和、已《すで》に相剋に及ぶ」という情報をもたらした（「相楽結城文書」）。一般的にこうした記述は、敵の混乱をことさらに喧伝する戦略であることを疑うべきだろうが、以上のような幕府成立後数年間の動きを考慮すると、両者の対立が実際に存在していた可能性も簡単には否定できまい。

高一族と軍事

ただし、このように中央政治での主導性を確保した直義にも、どうしても克服しえない弱点があった。高一族の活躍が目立つ、軍事である。

高一族と軍事との関係は、次のような二つの側面を持っていた。

第一が、高師直・師泰らが足利尊氏・直義の最も近くに従軍しているケースを、多く確認できることである（亀田俊和 二〇一五）。たとえば『梅松論《ばいしょうろん》』は、足利軍が九州に落ち延びたのちに再起する際の記述で、海路を進む尊氏の軍には師直、陸路を進む直義の軍には師泰の名前を、従う人々の筆頭に挙げている。こうした側面は、師泰が侍所頭人として確認できる建武二年（一三三五）にまで遡り、そのような役割は師直が恩賞方という組織で恩賞付与を管掌していくことにも関連するものと思われる。

そして第二が、室町幕府にとって重要な局面で、もしくは幕府の最も警戒する敵を討伐する際に、師直・師泰・師冬など、高一族の誰かが出陣していることである。『梅松論』は、建武二年十一月の建武政権への離反の際、直義が高師泰を大将として迎撃のために派遣したと記しているが、そうした面は実際にその後確認され、たとえば建武四年正～三月の金ケ崎城攻めに師泰が、そして建武五年正月以降の北畠顕家迎撃に師泰・師冬、次いで師直が派遣された点は前節で述べた。また、幕府軍制が整備されて地方での戦争を守護に任せる傾向が次第に強まるなか、その後も高一族には、暦応三年（一三四〇）に越前に重貞《しげさだ》（師直・師泰らの叔父）が派遣された（堀川康史 二〇一四）ように、近隣の守護職を持たないにもかかわらず派遣される事例がある点も注目される。

こうした諸側面を統合的に理解する際に鍵となるのが、建武五年の北畠顕家西上の際に師泰・師冬に従って出撃し、伊勢・大和を転戦した小早川氏平《こばやかわうじひら》の軍忠状《ぐんちゅうじょう》である（「小早川家文書」、石川匡伸 二〇〇三）。この軍忠状ではその際に氏平が挙げた軍功の証人として、波多野朝道《はたのともみち》・曽我師助《そがもろすけ》・島津時久《しまづときひさ》・宇津木師重《うつきもろしげ》の四人が挙げられているが、実は、ここに挙げられた諸人のうち、波多野は六波羅評定衆家の出身の人物、曽我・宇津木は尊氏の馬廻《うままわり》で、島津時久（島津氏当主貞久の弟で、有力庶家新納《にいろ》氏《し》の祖にあたる）も早い段階から「当参奉公」（足利氏への直接奉公、「薩藩旧記雑録」）を行っていたことが知られ、小早川氏平本人も含めて全員が足利氏のもとに直接奉公していたことがわかる、もしくは推定される人物なのである。

つまり、高一族は、自身の被官や分国の武士たちだけでなく、そのような足利軍の中枢部隊とでもいうべき軍勢を率いていた（これを佐藤進一 一九六五・新田一郎 二〇〇一などは「直轄軍」と表現している）のであり、普段は足利氏の側にありながら重要な局面で出陣していた背景を考えるには、この点が鍵となる。

もちろん、この建武五年の戦役には河内・和泉・讃岐・土佐守護細川顕氏《ほそかわあきうじ》や、安芸守護武田信武《たけだのぶたけ》などの個別の軍も活動しているのだが、そのようななかで、特定の守護に動員されたわけではなく、個別的に遠国から駆けつけた陸奥の石河光俊《いしかわみつとし》・岡本良円《おかもとりようえん》などが直接師直の軍勢に属している点も注目される（「石河文書」「岡本文書」）。「「中央」への意識」の強いこの段階ではこのように守護の動員とは別に直接参陣してくる武士たちも多かったが、そうした武士たちにとって、足利軍の中枢部隊を率いる高一族に属することは自然な選択肢だったものと思われ、だからこそ彼らのもとには自身の被官や、日常的に足利氏に「当参奉公」していた御家人以外にも、多くの軍勢が集まったのである。

建武五年五月末以降の八幡《はちまん》包囲戦で、土岐《とき》氏一族の頼春《よりはる》や幕府評定衆の二階堂行朝《にかいどうゆきとも》らが上杉氏の指揮下にあったと思われること（「天野文書」）などを考慮すると、そうした中枢部隊の一部を他氏のもとに運用しようとする動きがあった可能性も想定されるが、それにしても高一族の活躍は群を抜いている。それを考慮すると、鎌倉時代以来足利氏家政の中心にあり、室町幕府成立後にも足利軍の中枢にあり続けていた高一族の軍事上の存在感は、決して軽視しえないものであったと考えざるをえまい。

高一族の存在感

高一族の存在感は、別の点からも確認できる。たとえば、偏諱《へんき》である。鎌倉時代の後半には、元服時などに北条得宗家から名前の一字をもらう事例が増加しており、たとえば足利高氏・斯波高経・佐々木京極高氏《きょうごくたかうじ》（導誉《どうよ》）・佐々木塩冶《えんや》高貞《たかさだ》など、本書で触れた範囲内だけでも北条高時《ほうじょうたかとき》から一字を拝領しているケースは多いが、同様に「師」字を名乗る人名が、この時期それなりに確認できるのである。

足利一門では、細川和氏・頼春の弟で淡路守護となった師氏、鎮西管領一色範氏《ちんぜいかんれいいっしきのりうじ》の子息と思われる師光《もろみつ》という人物が確認される（「忌宮神社文書」「龍造寺文書」）ほか、後年に直義・直冬《ただふゆ》に呼応して奮迅の働きをする山名時氏《やまなときうじ》の嫡男も、初め師氏、のち師義と名乗った。そのほかの守護家に視野を広げると、九州の雄島津氏ではのちに薩摩守護職を受け継いだ三男は師久といったし、関東の佐竹氏《さたけし》でも尊氏に直接仕えた庶子が師義と名乗っている。摂津守護赤松氏《あかまつし》の庶子にも師則という人物があり、尊氏近習《きんじゅう》にも、曽我師助・和泉師忠・宇津木師重などといった人物が確認されている。

同様の事例は地方武士にも確認され、安芸国吉田荘《よしだのしょう》（広島県安芸高田市）地頭であった毛利時親《もうりときちか》の曾孫は、すでに建武政権下の建武元年（一三三四）に高師泰のもとで名前の一字（偏諱）をもらい、師親《もろちか》と名乗っており（毛利元就《もとなり》の六代前の先祖にあたる人物である）、そののち尊氏の上洛戦でも師泰《もろやす》の指揮下に入っていたとのことである（「毛利家文書」）。

以上のようにみてくると、武士たちのなかで高一族の存在が大きなものであったことがわかるだろう。政権の中枢を掌握する直義のアキレス腱はこうした点にあったものと思われ、その後の展開を考慮すると、直義が兄の庶子直冬を養子にして掌中に収めたのも、この問題への切り札だったのではないかと推測されるところである。

3　初期室町幕府と京都

建武政権に引き続いて室町幕府が京都に置かれ、多くの武士が京都の内外に居住したことには、いくつかの大きな論点があるが、ここではまず、少し時期を遡りながら主要人物の邸宅について、とくに二つのエリアに注目しながら確認しておこう（以下、川上貢 二〇〇二、細川武稔 二〇一〇aによる部分が大きい）。

二条〜三条周辺

まず注目したいのが、二条〜三条周辺のエリアである（図36）。

第二章にも登場したが、後醍醐天皇の内裏は、東は京極（現寺町通）、南は二条、西は富小路《とみのこうじ》（現麩屋町通）、北は冷泉《れいぜい》（現夷川通）に囲まれる一町の区画にあった二条富小路殿である。実はこの二条周辺には、鎌倉時代後期の内裏・院御所が集中していたが（近藤成一 二〇一六）、この二条富小路殿もその一つである。この地には本来西園寺家《さいおんじけ》の所有する邸宅があったが、それが持明院統の手に帰し、その地に花園《はなぞの》天皇のために幕府が内裏を造営した。ところが、完成の翌年には花園天皇が退位を余儀なくされ、代わって後醍醐が入ることとなったのである。後醍醐の政治を批判する有名な「二条河原の落書《らくしょ》」は、まさにこの内裏から至近の河原に置かれた。

建武政権期の足利尊氏の邸宅については、『太平記』『梅松論』などの記述から二条高倉周辺にあったとされており、これが本当だとすれば、後醍醐の内裏にきわめて近い場所に居宅を構えていたことになる。この尊氏邸は建武三年（一三三六）に焼けたことが知られており（『長興宿禰記』文明八年十一月十三日条）、建武三年正月に戦火によって二条富小路殿が焼亡した（『皇代略記』）際のことではないかと推測されている。

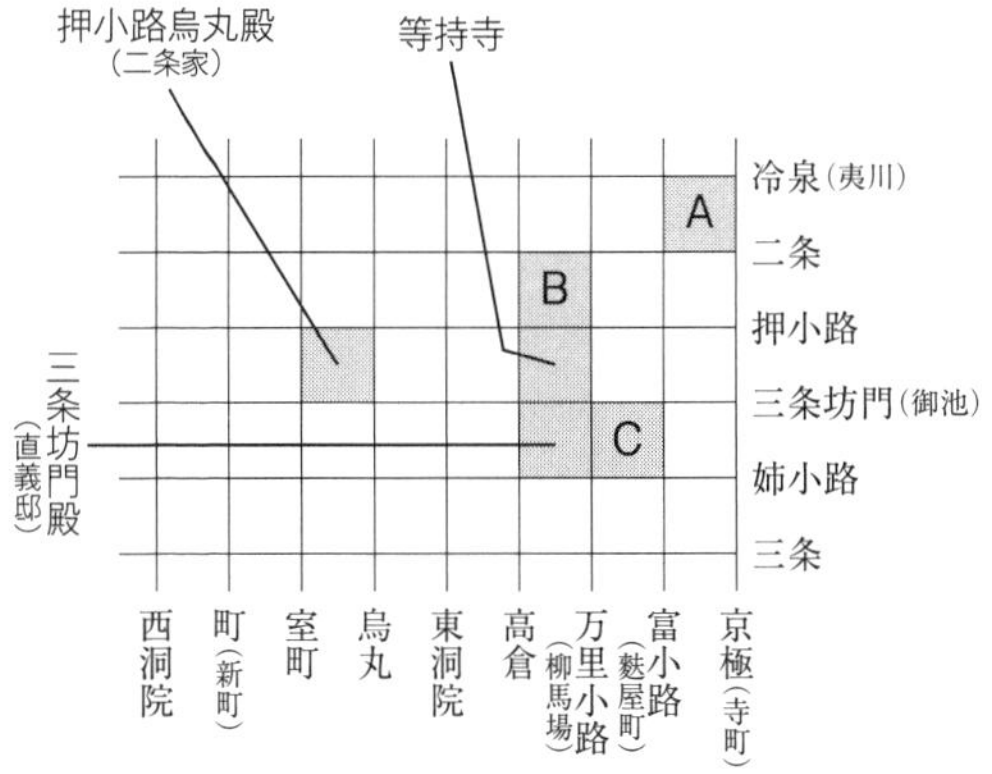

図36　二条〜三条周辺地図（推定を含む）
Aは後醍醐天皇時代の内裏
Bは建武政権期の尊氏邸推定地
Cはのちに義詮邸の三条坊門殿が置かれた地

足利直義邸

室町幕府開創後、足利直義の邸宅が置かれたのもこのエリアの付近であった。

建武五年（一三三八）三月に光明天皇が直義邸に御幸《ごこう》したが、その際の記録には「三条坊門万里小路《までのこうじ》第」（『園太暦』など）とある。元来中院《なかのいん》家《け》の邸宅で（『中院一品記』暦応元年十二月二十九日条）、「三条坊門高倉」と表示されることもある。そのため、三条坊門小路（現在の御池通）に面し、万里小路・高倉小路の中間にあったと考えられ、一般的には三条坊門小路の南側の区画に比定されている（細川武稔 二〇一〇a）。ただし、直義が「三条殿」と呼ばれていたことを考慮すると、もう一つ南側の区画にも敷地が広がり、三条大路に面していた可能性もあるかもしれない（八木聖弥　一九九九）。

前述のように幕府の政務は基本的に直義によって行われた。この邸宅で注目されるのは、一度火災にあって再建が行われた際、直義が公家廷臣の碩学である洞院公賢《とういんきんかた》に、南向きの門を構築してよいかどうかを尋ねている点である。当時の貴族邸宅では、寝殿の南側に池を含む庭があり、邸宅の正門は東か西のどちらかにあるのが普通であったが、幕府儀礼で必要なため、鎌倉幕府の将軍邸に準じて建築したいとのことであった（『園太暦』康永四年正月十五日条）。実際に南門が造営されたかどうかは不明だが、この直義邸が鎌倉幕府の将軍邸に比すべき事実上の幕府政庁である点がよく示されていよう。この直義邸のすぐ北側には等持寺と呼ばれる寺院が構築され、足利氏の追善仏事が行われた。

この三条坊門殿は、のちに京都がたびたび陥落した際に焼けてしまったのか、使用されなくなってしまうが、こののちも足利尊氏が二条万里小路の邸宅に居住していたことがわかるほか、下って貞治四年（一三六五）には足利義詮《あしかがよしあきら》が本来の直義邸の一つ東側の区画に新邸を造営しており、この二条〜三条地域は引き続いて武家政治の重要拠点であり続けることとなる。

一条周辺

この二条〜三条周辺と並んで注目されるのが、一条大路周辺のエリアである（図37）。現在でいえば京都市営地下鉄烏丸線今出《いまで》川《がわ》駅の周辺だが、ここでとくに説明しておきたいのが、平安京の外側にあたる一条以北の地域に、平安末〜鎌倉初期以来、公家廷臣たちの邸宅が多数設けられていたという点である。

たとえば、頼朝の姉婿で京都守護を務めた一条能保《いちじょうよしやす》が一条殿と呼ばれる広大な邸宅を構築していたが、その邸宅には能保の娘を娶った九条良経《くじょうよしつね》・西園寺公経《さいおんじきんつね》の二人が相次いで入居し、最終的に良経孫の実経から始まる一条家（能保の一条家とは別の、摂関家の一条家である）に相伝《そうでん》された（山岡瞳 二〇一七）。一方、西園寺家はその東側に一条今出川殿と呼ばれる邸宅を構築したが、それを契機にこの近辺には西園寺家関係者の邸宅が並ぶこととなる（なお、当時の「今出川」とは、この地域を南へ流れる川、そしてその側を通る南北方向の路である。現在の今出川通は東西の通であるため、混同しないよう注意が必要である）。

加えて、その一条殿から少し北にあった持明院家の私宅が承久の乱後に院御所となり、持明院統に相伝されたことも重要である。持明院統という名称も、まさにこの邸宅に由来する。貴族の日記から、室町小路に東門があること、南側は毘沙門堂《びしゃもんどう》大路、ないしは持明院大路と呼ばれる道（現在の上立売《かみだちうり》通《どおり》）に接していたことなどがわかるため、室町上立売の北西のエリアに比定されている。同志社大学新町キャンパスのすぐ北側にあたる。

いわゆる正中《しょうちゅう》の変が発覚した際に、持明院統の後伏見《ごふしみ》上皇は父伏見の追善仏事のために北山の衣笠殿という邸宅（現在の立命館大学衣笠キャンパスの周辺である）にいたが、このとき後伏見に対して早く持明院殿に戻るよう勧める人があったらしい。これに対して「この事によりて忩《いそ》ぎ出京するは、物忩《ぶっそう》に似たり。還りて然るべからざるか」と花園上皇は記している（『花園天皇日記』元亨四年九月二十三日条）。この場合の「出京」は「京都から出る」という意味ではなく、「京都へ出て行く」という意味で、「このことによって急いで京都に戻るのは物騒であり、かえってよくないのでは」という訳になるだろう

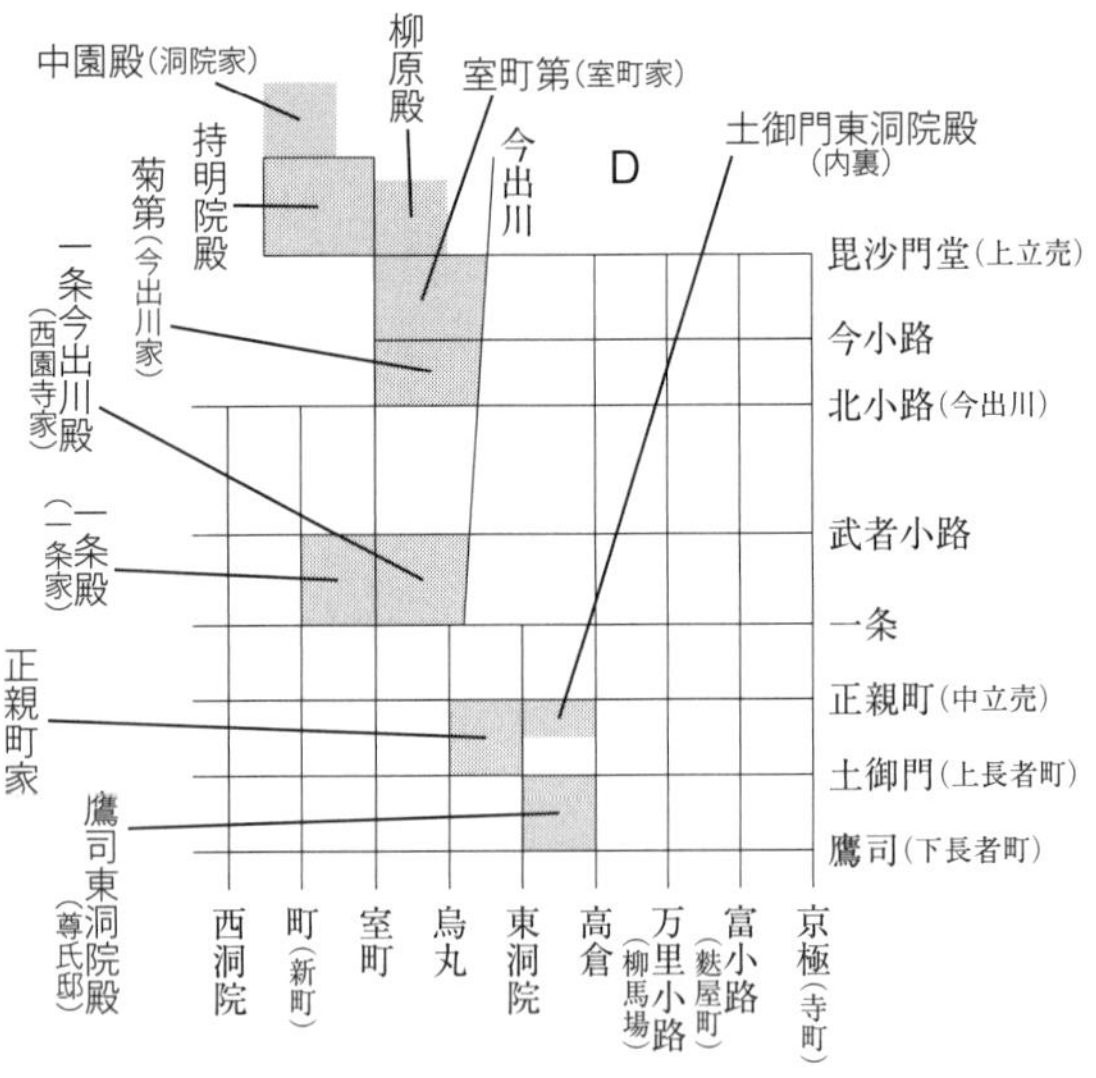

図 37　一条周辺地図（推定を含む）
のちにDとその南側の区画に相国寺が置かれた.

が、ここから持明院殿が、平安京外であったにもかかわらず、事実上京内と認識されていることがわかる。同様の点は、後の時代の室町将軍邸（室町殿）にも確認できる（桃崎有一郎 二〇一六）。一条以北のこの地域は、そのように認識されうる地域であった。

土御門東洞院内裏

光明天皇践祚によって北朝が成立し、光厳上皇の院政が始まっても、院御所は持明院殿が使用されたが、内裏は二条富小路殿ではなく、東は高倉、南は土御門、西は東洞院、北は正親町《おおぎまち》という区画の北半にあった土御門東洞院殿《つちみかどひがしのとういんどの》に置かれた。

この邸宅は、後白河《ごしらかわ》の集積した所領群である長講堂《ちょうこうどう》領を相伝した皇女、宣陽門《せんようもん》院《いん》が住んでいた場所である。長講堂（六条にあった後白河の御願寺）に火事などの非常事態が生じた際にも後白河の追善仏事を行えるように、敷地の南側に新長講堂と呼ばれる堂舎を建てていたため、内裏としては手狭であったが、持明院殿から近いこと、長講堂領を継承した持明院統にとって縁が深いことなどから、内裏に選ばれたものと考えられる。

図38　京 都 御 所

土御門東洞院殿は，江戸時代にも内裏として使用され続けた．写真は現在の京都御所の紫宸殿．

この内裏は、応永九年（一四〇二）に義満《よしみつ》が再建した際に一町規模とされ、江戸時代にもさらに拡張されながら、明治維新まで内裏として使用される。現代の京都にあるいわゆる「京都御所」とは、まさに南北朝時代のこの内裏に由来するものである。

足利尊氏邸

初期の足利尊氏邸については史料が少ないが、細川武稔によると、尊氏は暦応三年（一三四〇）ごろに「常在光院下御所」に居住していたのだという（細川武稔 二〇一〇a）。常在光寺《じょうざいこうじ》（常在光院ともいう）とは足利将軍家の氏寺的な寺院の一つで、現在の知恩院《ちおんいん》（京都市東山区）の経蔵《きょうぞう》の位置にあったとされている。そのため、「下御所」はそれより低い場所の平坦地にあったものと思われる。政権樹立直後の尊氏は、京内に住んでいなかったのである。

しかしそののち、尊氏邸は京内に移動する。新邸がみえるのは、康永三年（一三四四）五月なので、少なくともそれ以前に移動したものと思われる。場所は、先にみた内裏の真南の区画で、本来花山院《かざんいん》家《け》庶流の鷹司家《たかつかさけ》（摂関家の鷹司家とは別の家）の邸宅があった地である（鷹司東洞院殿《たかつかさひがしのとういんどの》）。この康永三年から四年にかけての時期は、足利直義が公卿に列して直義下文の様式が変化する、引付が改組される、天龍寺《てんりゅうじ》が完成して供養法会が行われるなど、初期室町幕府の体制確立を考えるうえで重要な時期とみなされている。そうした動向の一環として、《朝廷の命を受けた「将軍」》尊氏を、内裏を守護する存在として改めて位置づけなおすことになったのではないかと推測される。

ただし、みずからの権力確立のために北朝を必要とする直義が頻繁に院御所に出入りしていたのに対し、尊氏が積極的に参内・院参した徴証はないとのことである（石原比伊呂 二〇一五）。

また、尊氏・直義らが光厳上皇から詠歌を求められる場合があり、その場合に尊氏らは持明院統が代々重視してきた京極派（必ずしも伝統的な表現にこだわらず「心のおこる所のまゝに」詠むことを重視する）に合わせて歌を詠んでいたが、実際の尊氏自身の志向は後醍醐周辺で盛んだった伝統的な二条派の歌風にあったのだといい、あくまで京極派の歌には表面的に合わせていただけだったのだという（小川剛生 二〇〇八など）。音楽においても、尊氏は自邸で毎月行っていた天神講《てんじんこう》では、自身で笙《しょう》の演奏を行っている（三島暁子 二〇一二）が、今のところ光厳のもとで演奏している史料はみいだせていない。光厳のほうは、尊氏室の赤橋登子にゆかりのある直仁《なおひと》親王を春宮にするなどして、尊氏との関係を深めようしていたとされるが（家永遵嗣 二〇一六）、尊氏自身の心理のうえでは、北朝朝廷に対して、かつて重用してくれた後醍醐ほどの親近感を持っていなかった可能性が高そうである。

このように公家廷臣の邸宅が密集する地域に尊氏の邸宅が置かれたことは興味深いが、それと同様にこの周辺で邸宅が検出される有力な人物が二人いる。

高師直・師泰の邸宅

そのうちの一人が、執事高師直である。彼の邸宅については、尊氏の邸宅が焼けた際に彼の「一条執事宿所」に行ったという『師守記《もろもりき》』貞和五年（一三四九）三月十四日条が最も確実な史料で、少なくとも一条にあったことは確実である。『太平記』には、護良《もりよし》親王の母民部卿三位《みんぶのきょうさんみ》が居住していた一条今出川の邸宅を没収して、師直が立派な邸宅を建造したことが描かれているが、一条今出川といえば、先に触れた西園寺家の大邸宅があった付近で、現在の烏丸《からすま》一条付近にあたる。西園寺公宗《きんむね》が後醍醐により誅殺されたことは第二章で述べたとおりで、それによって公宗邸もしくはその周辺の邸宅が没収されて民部卿三位へ与えられ、それが師直によって接収されたのかもしれないが、詳細は不明である。

また、同様に詳しいことはわからないが、康永三年正月十六日に正親町小路の町・西洞院間で火事が起こった際に、師直の兄弟にあたる高師泰の家が火元だったことが記されている（『師守記』同日条）。正親町小路とは一条の一つ南で現在の中立売通にあたり、町・西洞院間というと現在は京都市立新町小学校や京都ブライトンホテルのある一角である。師泰の家も、それほど遠くない場所にあったのである。

同時期の武士たちの邸宅についてはあまり情報が多くないが、わかる範囲でいえば、北から二条京極に吉良満義、六角東洞院に佐々木六角氏頼《ろっかくうじより》、錦小路《にしきのこうじ》堀河に細川顕氏、五条坊門京極に仁木義長《にっきよしなが》（五条坊門小路は現在の仏光寺通《ぶっこうじ》）、樋口東洞院に斯波高経（樋口小路は現在の万寿寺通《まんじゅじ》）、七条東洞院に石塔頼房《いしどうよりふさ》という状況で、基本的に二条～三条よりも南側で検出されており（桃崎有一郎・松井直人 二〇一六）、そうしたなか、この師直・師泰兄弟の邸宅が尊氏邸とともに一条周辺にあったことは注目される。検出されていないだけかもしれないが、前節で触れた高一族の特殊な性格を念頭に置くと、興味深いところである。

京都で活動する武士たち

京都に政権が置かれたことを受け、多くの武士たちが京都で確認できるようになる。もちろん、これまでにも六波羅関係者や在京人は常駐しており、また大番のために御家人が京上することもあったが、それでも政権が京都に置かれたことは大きい。各地の守護職を有するような大物たちをはじめ、今までよりも多くの人々が京都に居住し、また京都で活動したのであった。

このように多くの武士たちが新たに京都に参入したことは、それまで京都に存在し続けていた公家・寺社の関係者と、同じ都市空間で活動し、さまざまな意味で日常的に接触しうる環境になったことを意味する（新田一郎 二〇〇一）。武士のなかには朝廷や寺社の存在や、公家社会の礼節体系の問題（桃崎有一郎 二〇一〇b）などを意識したこともない者もいただろうが、京都に来た以上は否が応にも何らかのかたちで意識せざるをえなかったはずである。

一方、公家・寺社の側からすれば、新たな異分子たちとどのように関係を取り結んでいくかが問題となった。この時期には、佐々木京極高氏・秀綱父子が延暦寺《えんりやくじ》の門跡《もんぜき》の一つだった妙法院《みょうほういん》に放火・狼《ろう》藉《ぜき》した事件や、美濃守護土岐頼遠が樋口東洞院で光厳上皇の牛車に対して矢を放つ狼藉を行った事件などが有名だが、これらも大きくみれば多くの武士たちが京都に集住してくるなかでのトラブルであったといってよい（ただし、土岐氏は代々在京人であった。そのため、頼遠の狼藉は確信犯であったものと思われ、たちが悪い）。

しかし、武士たちはトラブルを起こすのみではなかった。辻浩和は、在京する武士たちが、祇園社《ぎおんしゃ》執行《しぎょう》の顕詮《けんせん》という僧侶の、四条坊門（現在の蛸薬師《たこやくし》通）にあった邸宅を借りて住んでいたことを明らかにしている（辻浩和 二〇一四）。また、武士の邸宅について検討した松井直人も、多くの武士たちが、旧来からの公家・寺社勢力と関係を取り結びながら京都での生活を営んでいたことを指摘している（松井直人 二〇一五）。

歌人としての活動も興味深い。高師直・重茂、上杉重能、細川和氏・頼春・顕氏、長井広秀（高冬兄）、二階堂行朝・成藤《しげふじ》、宇都宮貞泰《さだやす》（蓮智《れんち》）らをはじめとする武家歌人たちが、尊氏も傾倒した二条派の地下歌人グループ（頓阿《とんあ》・兼好《けんこう》など）と交流していたのだという（井上宗雄 一九六五など）。

このように、幕府関係者と朝廷・寺社の関係者が交流を深めたことで、北野社の禅浄（禅陽）が高師直と深い関係にあるとされる（『園太暦』観応二年正月二十七日条）ように、幕府内の特定の有力者と深い所縁を構築する事例も確認できるようになる。もちろん、これまでにも、鎌倉幕府関係者と京都の人々が個別的な関係を結ぶことがあったのはいうまでもないが、室町幕府が京都に置かれ、多くの武士たちが京都に居住したことで、より日常的に関係を深めることが可能になった点は大きい。本来、南朝と対抗するために仕方なく京都に政権を置いた室町幕府も、このの ち長い目でみれば、次第にこのような京都の社会に縛られていくことになるのである。

4　初期室町幕府と社会

本書の随所で強調してきたとおり、初期室町幕府はさまざまな点で鎌倉幕府をモデルとしていたが、実のところ社会との関係という点では建武政権の影響を強く受けている部分もあった。

次の、康永四年（一三四五）十月に出された幕府文書をみてほしい（「東寺文書」、図39）。

東寺雑掌《とうじざつしょう》光信申す、播磨国矢野庄内例名《れいみょう》内重藤名《しげふじみょう》のこと。重申状《じゅうもうしじょう》・具書《ぐしょ》かくのごとし。吉河孫太郎・今津三位房・飽間《あくま》十郎入道以下の輩、濫妨《らんぼう》すと云々。早速かの妨げを止め、雑掌に沙汰し付け、請取状《うけとりじょう》を執り進《まい》らせ、起請《きしょう》の詞《ことば》を載せ、注《しる》し申さるべし。使節難渋せしめば、罪科に処すべきの由、法を定められおわんぬ。更に緩怠あるべからずの状、仰せによりて執達《しったつ》すること件《くだん》のごとし。

康永四年十月十八日　伊豆守（上杉重能）（花押）

赤松次郎入道殿（則村、円心）

これは、旧来の引付を受け継いでこの時期設置されていた内談方《ないだんかた》という組織の、三人いる頭人《とうにん》（長官）のうちの一人、上杉重能が足利氏の命を受ける体裁で発給した文書で、宛先の「赤松次郎入道」が播磨守護の赤松則村《あかまつのりむら》である。

内容を直訳すると、「東寺雑掌が申している播磨国矢野荘《やののしょう》（兵庫県相生市）のなかの重藤名という権益について。二度目の訴状とその証拠文書は、このとおりである（実際にこの文書に添付されている）。吉河孫太郎・今津三位房・飽間十郎入道などの者たちが、みだりに東寺の知行を妨げているとのことである。すぐさまこの妨げを止めさせ、重藤名を東寺雑掌に渡し付けて雑掌から受取状をもらい、（このような内容を実行したことについて）誓約の文言を載せて（幕府に）報告せよ。使節が怠けるようなら罪に問うという法を定めたところである。決して怠けることがないように」といった感じになるのだが、この文書には、室町幕府が建武政権から、二つの点を受け継いだことが示されている。

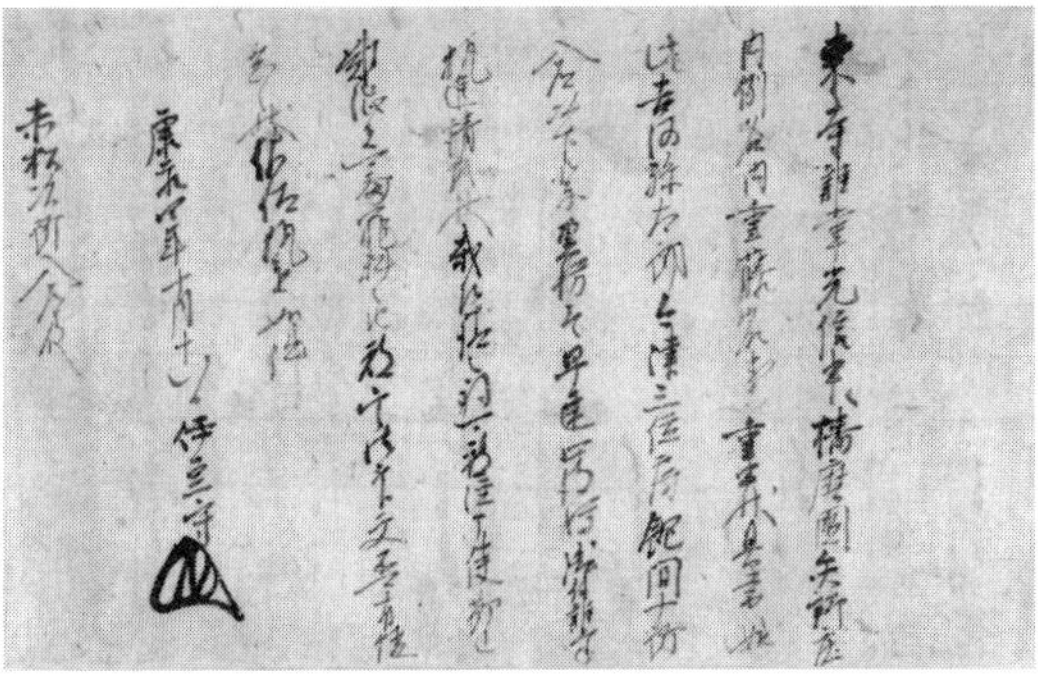

図39　内談方頭人奉書（「東寺文書」）　東寺所蔵

雑訴決断所牒のように，土地の渡付を命じている．奉者の伊豆守上杉重能は，直義の側近．

土地の渡付

第一が、所領関係の紛争を受けて幕府が、土地・権益の渡付（沙汰付）を命じているという点である。先ほど挙げたのは、所領の紛争に関する提訴を受けてのものだが、近年亀田俊和が注目しているように、所領宛行の下文の内容を伝達して渡付を命じる施行状《しぎょうじょう》にも同様の文言がみられる（亀田俊和 二〇一三）。これまでにも触れてきたように、鎌倉時代には土地の渡付を直接的に命じるケースは（一部の例外はあるものの）さほど多くなかったが、建武政権では、命令を貫徹するためにこのような命令書を雑訴決断所に出させていた。室町幕府は、この点では鎌倉幕府のやり方に立ち戻ることなく、建武政権のあり方を継承したのである。

この変化は鎌倉後期に顕著にみえていた、別の問題ともかかわってくる（以下、山田徹 二〇一七）。先に挙げた矢野荘重藤名のケースで名指しされている吉河孫太郎は、東寺側から「悪党」と認識されていたが（「学衆方評定引付」康永三年八月十一日条）、それにもかかわらず先の奉書では土地の渡付が命じられているのみで、彼らの捕縛・処罰はとくに求められていない。このように、幅広く所領の渡付を命じる文書が一般化した室町幕府のもとでは、荘園領主側が「悪党」訴訟という形式をとる必要がなくなり、結果として「悪党」訴訟があまり目立たなくなってしまうのである。

もちろんこの初期室町幕府の時期にも、暦応四年に東寺領備後国因島《いんのしま》（広島県尾道市）に乱入した「悪党」の事例（「浄土寺文書」）のように、悪党追捕《ついぶ》命令が完全になくなったわけではなく、寺社本所側からの訴えがあれば幕府側も対応したようなのだが、それでも鎌倉後期ほど「悪党」追捕がみえないのは、訴えを出す側にとって、所領や権益の確保こそが何よりも重要であり、「悪党」の処罰というのが本来二次的なものだったためなのであろう。

これまで、「悪党」が史料上みえなくなっていく理由についてはさまざまな説が提起されてきたが、それは以上のような幕府訴訟制度の変化と関連させてはじめて、理解できる問題なのである。

一国担当者としての守護

室町幕府が建武政権から受け継いだ第二の点は、一国ごとに設置されていた守護に使節遵行を任せたことである。もちろん、鎌倉幕府下でも早い段階から一国ごとに守護が置かれており、謀叛人・殺害人の検断《けんだん》や大番役《おおばんやく》の催促などといった役割を果たしていた。ところが、鎌倉幕府下では、訴訟事務から悪党追捕までさまざまな命令が伝達・執行される際に、守護以外の人物が使者に任命されて派遣されることも多く、守護を経由した命令執行の比率はそれほど大きなものではなかった。

それに対して初期室町幕府では、建武政権でのあり方を継承して守護を一国ごとの命令伝達・執行者とする傾向を強めた。もちろん守護不設置の国などを中心に個別に使者を任命するケースもある程度検出されているのも事実なのであるが、それでも守護を経由する命令伝達・執行の傾向が全般に強まったことは間違いない（外岡慎一郎 二〇一五）。軍事面だけでなく、このように行政面での役割を獲得することで、守護は一国担当者としての存在感を増すこととなったのである。

ただし、このように権力を拡大したかにみえる守護という役職は、この初期室町幕府のもとでは必ずしも望まれていたものではなかったらしい。たとえば、足利一門のなかで最も名門とされた吉良満義・満貞《みつさだ》父子は、一切守護職を有していない。また、尊氏側近の細川和氏も、次弟頼春が阿波、末弟師氏が淡路、従兄弟顕氏が讃岐・土佐・河内などの守護として確認できるのに対して、自身は禅律方《ぜんりつかた》頭人《とうにん》など京都での役職には就いているものの、守護職を有していたことは確認できない。先にその権勢を強調した高師直も、上総・武蔵などの守護として短期間確認できるだけである。

このように、政権中枢で重要な役割を果たしている人物でも、守護職を有さないケースが多々あった背景には、守護という職が軍事的な責務を負うもので、何かあればまず現地に下向して対応せねばならなかった点があるのであろう。これまでの研究では、守護を交代しているケースについて、地域支配に「失敗」したと評価されることも多かったが、こうした説は当該期に守護職を有した人々それぞれのスタンスをみきわめながら再考される必要があるのである。

以上のような点で初期室町幕府は鎌倉幕府段階とは異なるかたちで社会に臨んだが、そうしたなかで後年の室町幕府との違いとして注目したいのが、幕府支配の全国的性格である。

全国政権としての意識

足利軍は、一色範氏・畠山直顕《はたけやまただあき》らを九州に残したうえで東上し、京都を回復して幕府を樹立したのちには建武四年（一三三七）に陸奥に石塔義房《いしどうよしふさ》を派遣するなど、全国へと軍勢を派遣した。そののちも、暦応二年（一三三九）に関東に高師冬を、康永四年に陸奥に吉良貞家《きらさだいえ》・畠山高国《はたけやまたかくに》を派遣していることなどに、幕府支配を全国的に形成しようとする動きをみてとれよう。実際に現地に派遣された人々は必ずしも遠国での活動を歓迎していなかった（山田徹 二〇〇七）ようだが、そのこと自体が、幕府を中心とした全国支配の一環として、「中央から派遣されている」という意識の強さを裏づけている。

そのような幕府の全国政権としての意識は、別の政策にもあらわれている。

その一つとして注目したいのが、元弘以来の戦没者の鎮魂のため、一国ごとに塔と寺院を指定する利生塔《りしょうとう》・安国寺《あんこくじ》の制度である（松尾剛次 二〇〇三など）。この二者のうち、確認できるのは塔のほうが早く、建武五年（一三三八）五月十七日、つまり北畠顕家との決戦の直前に和泉国久米田寺《くめだでら》（大阪府岸和田市）を「六十六基之随一」に指定しているのが初見で、同寺には翌年八月十八日に仏舎利《ぶつしゃり》が納められた（「久米田寺文書」）。同じ日に奉納された河内国教興寺《きょうこうじ》（大阪府八尾市）・薩摩国泰平寺《たいへいじ》（鹿児島県薩摩川内市）などが比較的早い事例で、以後順次指定されていったものと思われる（「教興寺文書」「薩藩旧記雑録」）。一方、寺院のほうの設定がわかるのは、暦応二、三年以降のことで、おそらくは天龍寺建立と関連する事業と考えるべきなのであろう。こののち、康永四年二月六日に、寺院に安国寺、塔に利生塔という通号が決められたが、このころまでには双方ともに指定が終わっていたと推定されている。ちなみに、山城国の利生塔は八坂《やさか》法観寺《ほうかんじ》（京都市東山区、いわゆる「八坂の塔」。現存の塔は永享十二年（一四四〇）の造営である）にあり、安

図 40　八坂の塔（法観寺五重塔）
山城国利生塔といわれる．現在の塔は，永享 12 年（1440）に足利義教が再建したものである．

国寺は四条大宮にあった。

この利生塔・安国寺設置については、源頼朝が建久八年（一一九七）に行った八万四千塔供養の事業を意識し、再現しようとしたものだとする指摘（西山美香 二〇〇四）などが非常に興味深いが、それとともに本書で注目したいのが、それらが六十六ヵ国二島という日本全土に、同じように設置されたと思われることである。このような発想は奈良時代の聖武《しょうむ》天皇の国分寺にも遡るといわれるが（辻善之助 一九一九）、鎌倉後期に「異国降伏」祈禱に関連して一宮・国分寺の興行が命じられたこと（海津一朗 二〇〇四など）が直近の前例だろう。外敵の侵略を受けた時期だからこそ、日本全土という枠組みが強く意識されるようになったわけだが、そうした志向が初期室町幕府のもとでの鎮魂事業にも続いていたのである。

ところが、このように室町幕府が強く意識していた全国的性格を根本からゆるがす大事件が発生する。いわゆる、観応の擾乱である。

コラム5　足利一門

建武《けんむ》政権ののちに樹立された初期室町幕府を理解するためには、足利尊氏《あしかがたかうじ》・直義《ただよし》兄弟間の権限配分などいくつかの複雑な要素について考える必要があるのだが、この政権を分析する際の難しさはそれだけでない。筆者が最も難しさを感じるのが、とにかく「関係者が多い」ことである。観応《かんのう》の擾乱《じょうらん》以後の幕府政治が守護職《しゅごしき》を集積した数氏の動向を中心に描くことができるのに対して、この時期の守護職は足利一門をはじめとするかなり幅広い人々に分散しているし、そもそも守護職を持たない重要人物も少なくない。そのような事情で、関係者が非常に多数にのぼるのである。本書は実に多くの人物が登場するため、なかなかそれらをすべて追うのは大変だろうが、ここでは足利一門について、若干の整理を行っておくことにしたい（山田徹 二〇二〇）。

源氏の流れを引く足利氏は、鎌倉時代にも北条氏と代々縁戚を結びながら生き延び、北条氏に次ぐ家格を確保していた。その分流の人々は、大きく分けて名門グループと非名門グループに二分できる。

前者として真っ先に挙げられるのが、足利将軍家の庶兄の流れである吉良《きら》・斯波《しば》・渋川《しぶかわ》三氏であろう。この三氏は、足利将軍家に準じて実際に「足利」と呼称されることもある家柄で、基本

図41　足利氏一門系図（抄）

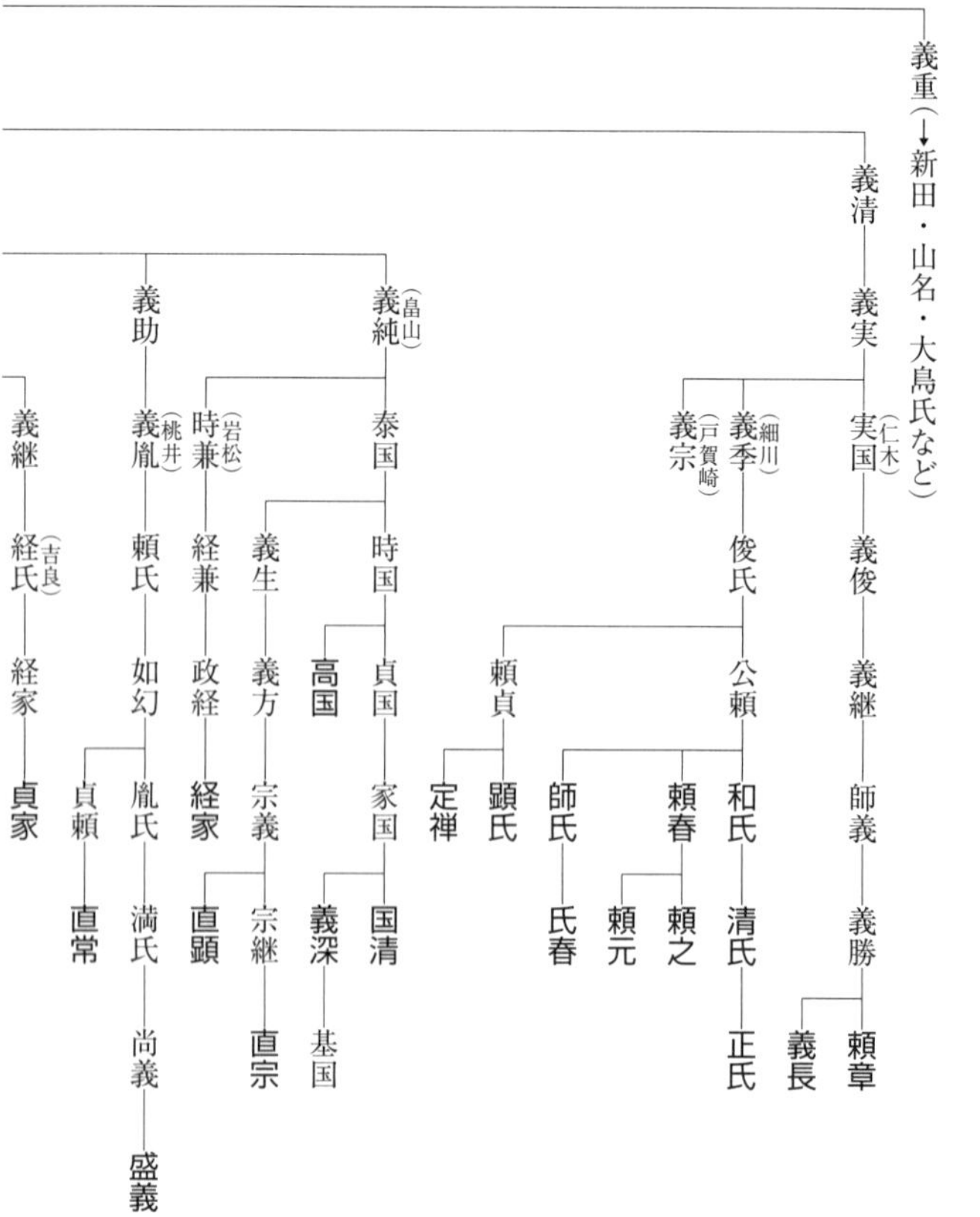

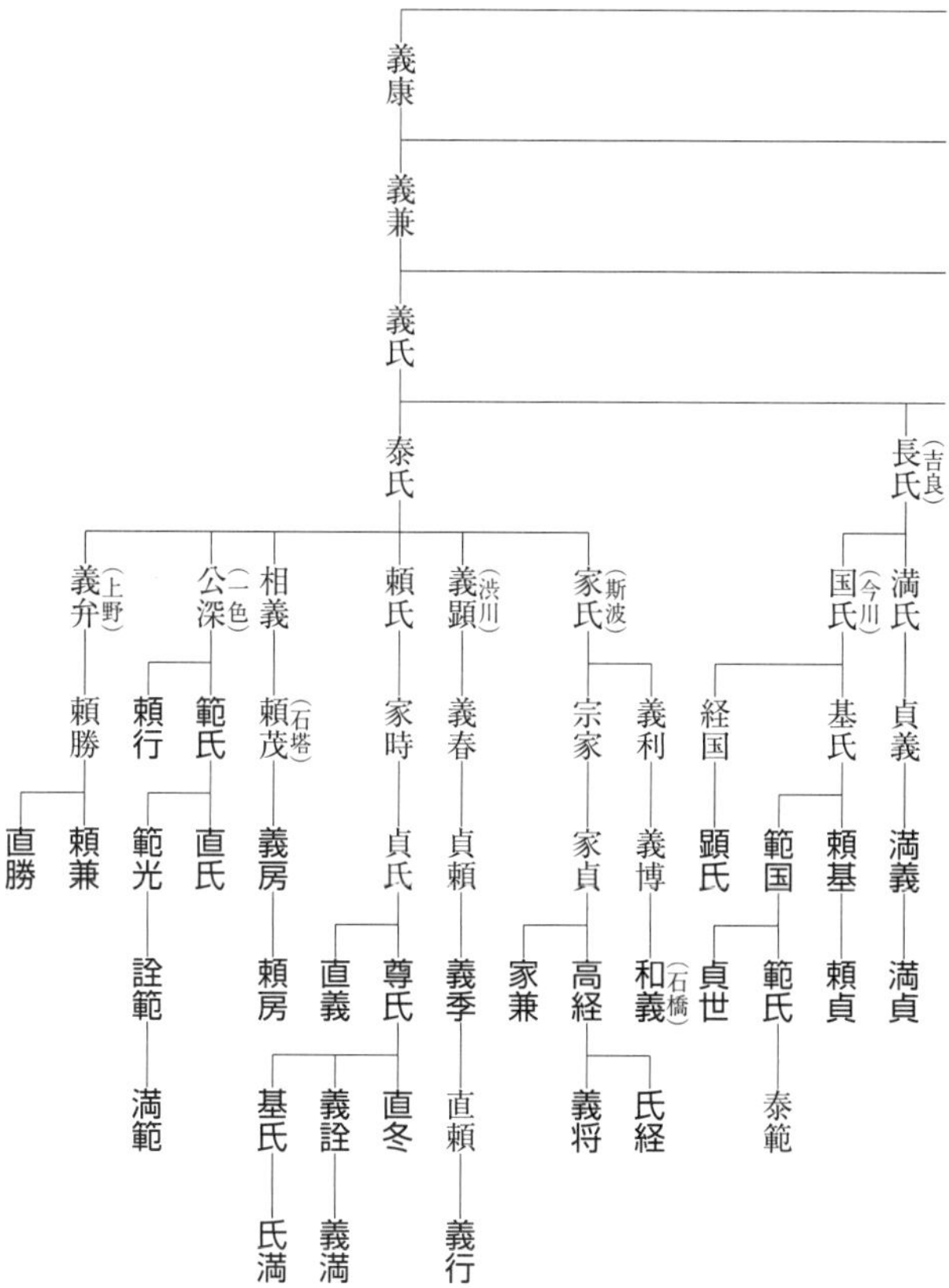

太字は本書の登場人物。一部に推定を含む。このほか、当該期の山名氏については二四五頁図65の系図を参照。

的には官職名で呼ばれた。三氏嫡流のほか、吉良庶家の吉良貞家《さだいえ》や斯波庶家の石橋和義《いしばしかずよし》らも同様の扱いを受けており、この人々が足利一門のなかの名門グループを構成していたと考えてよい。このほか、諸々の要素を考慮するに、早い段階から独立した御家人として存在していた畠山氏嫡流家なども名門に数えてよかろう。

この名門グループの人々は、足利氏が京都を占領した建武三年（一三三六）後半に、畿内近国各地に派遣されており、この地域での優勢を確立するための働きを求められていた模様である。ただし、このなかにも斯波高経《たかつね》や畠山国清《くにきよ》のように最前線で敵と対峙することを厭《いと》わない人物はいたものの、それをよしとしない人物もいたらしい。吉良満義《みつよし》・貞家や石橋和義などは引付頭人《ひきつけとうにん》に就任しており、彼らはどちらかというと中央で要職に就こうとする志向が強かったようである。

ところが、康永三年（一三四四）に足利直義のもと、高《こう》・上杉両氏を中心とする体制が確立した際には、このグループがそうした役職から排除されており、注目される。また、そうしたなかで開催された康永四年の天龍寺《てんりゅうじ》供養では、一門筆頭格吉良氏の嫡男であった満貞《みつさだ》が、高一族のなかの庶流に過ぎない高師兼《もろかね》と並んで行列に加わっている。観応の擾乱時に満貞は積極的に直義に呼応しているが、このような扱いがその背景にあったのではないかと推測される。

また、非名門グループのほうには、桃井《もものい》氏以下、惣領家《そうりょうけ》から直接分岐した一色《いっしき》・石塔《いしどう》・上野三氏、吉良庶家の今川氏、畠山庶家の義生《よしなり》流のほか、早い段階で分かれた新田系の山名・大島両氏、義清《よしきよ》流の仁木《にっき》・細川両氏などが含まれているが、こうしたなかでとくに注意が必要なのが、仁木・細川両氏を含む、義清流の諸氏である。

義清の子息の代で仁木・細川・戸賀崎《へがさき》という家名を名乗った義清流の人々は、本領が狭隘と思われること、そして一族が吉良・斯波・渋川の名門三氏に散りがかり的に仕えていることなどから、本来足利一門のなかでも最も零細で、扱いの低い存在だったと考えられる。ところが、それに対して初期室町幕府においては、細川氏では和氏《かずうじ》・頼春《よりはる》・師氏《もろうじ》兄弟とその従兄弟の顕氏《あきうじ》兄弟、仁木氏では仁木頼章《よりあき》・義長《よしなが》兄弟らが明らかに重用されており、むしろ高・上杉両氏や先の名門グループに次ぐような地位を与えられている。

一見すると相反するようにみえるこの二点を考慮するならば、おそらくは義清流のなかで早い段階から足利惣領家に仕え、尊氏側近となっていた一部の人々が、高・上杉両氏のような被官《ひかん》中枢に準じるかたちで重用されたのではないかと考えられる。

観応の擾乱時にはこのグループのうち、細川清氏《きようじ》（和氏《かずうじ》子）や仁木頼章・義長兄弟が、尊氏が追い詰められた際にも行動をともにしており、逆にその人々のなかで真っ先に敵側についた細川顕氏の行動は、「もたいなく」（もってのほかのことと）思われていたようである。一方で、非名門グループのそれ以外の人々のなかからは、畠山直宗《ただむね》・石塔頼房《よりふさ》・桃井直常《ただつね》・上野直勝《ただかつ》などのように、直義に積極的に与した人物を輩出している。観応の擾乱の背景には、このような一門のなかの立場の違いが影響している可能性が高い。

以上のような整理も、もちろん大雑把なものに過ぎないが、当該期の政治構造や観応の擾乱に至る過程を分析するには、尊氏・直義の権限配分や師直《もろなお》の政治的位置などのみではなく、このように主要人物の動向全体を構造的に検討することが重要である。まだまだ議論が不十分な点も多いが、今後、さらに検討を進めていく必要があろう。

五　観応の擾乱

1　師直・直義の相剋

貞和五年（一三四九）八月に高師直《こうもろなお》が足利直義《あしかがただよし》を失脚させて以降、いわゆる観応《かんのう》の擾乱《じょうらん》と呼ばれる室町幕府の内訌《ないこう》が生じ、政局は混迷の時代に入る。このような紛争が起こる前提については第四章でも述べたが、本章ではその具体的な展開について、「なぜそうなったのか」を意識しながら述べていきたい（以下、佐藤進一 一九六五、林屋辰三郎 一九九一、森茂暁 二〇〇七、亀田俊和 二〇一七など）。

時期は、第一に高師直と足利直義が対立の度を深めて抗争し、最終的に高師直らが殺害される段階、第二に足利尊氏《たかうじ》・義詮《よしあきら》父子と直義の間が決裂して抗争し、最終的に足利直義が敗北して没するまでの段階、そして第三にそのような混乱のなかで南朝勢力が勢いを盛り返して、京都が三度陥落の憂き目をみた段階という、三つの段階に分ける。そして最後に、そうした内訌のもたらした状況について、整理を加えたい。

貞和の南朝征討

貞和三年（一三四七）八月、讃岐・河内・和泉守護細川顕氏《ほそかわあきうじ》、紀伊守護畠山国清《はたけやまくにきよ》を中心とする軍が編成され、南朝追討のため派遣された。不明な点も多いが、近江守護佐々木六角氏頼《ろっかくうじより》をはじめとする複数ヵ国の軍勢を動員した大規模な追討だったらしい。

ところが、顕氏らは天王寺《てんのうじ》・堺《さかい》へと進出したのち、九月十七日に河内国藤井寺《ふじいでら》（大阪府藤井寺市）・教興寺《きょうこうじ》（同八尾市）付近で楠木正行《くすのきまさつら》（正成《まさしげ》長男）と戦って大敗した。そののち、伯耆・丹波・丹後守護山名《やまな》時氏《ときうじ》らが追加派遣されたが、十一月二十六日、顕氏・時氏らは住吉（大阪市住吉区）・天王寺で再び大敗を喫し、時氏の弟兼義もこのとき戦死した。このときの出征は直義の意図だったのか、高一族がかかわっていない点が特徴的だったが、ものの見事に失敗に終わったのである。

早くも十一月晦日には、高師泰《もろやす》が下向することを和泉の日根野氏《ひねのし》に告げており、十二月、師直・師泰は「一万余騎」（「貞和四年記」）を引き連れて河内に向かった。出兵の主導権は高一族へと移り、河内・和泉の守護職も師泰へ移ったと考えられている。

明けて貞和四年の正月五日には早速、師直らは河内国四条《しじょう》（大阪府大東市・四條畷市）で楠木正行を討つ戦果を挙げた。続いて南進して河内国東条（大阪府河南町・千早赤阪村など）、大和国平田荘《ひらたのしょう》（奈良県葛城市・大和高田市など）に進み、さらには吉野を陥落させたが、進軍途中に河内国の太子廟《たいしびょう》（大阪府太子町、叡福寺《えいふくじ》）が、そして吉野陥落時には金峯山寺《きんぷせんじ》が戦火にかかったという。二十八日に吉野入りした師直は、河内に師泰を残して二月十三日には京都に戻った。後村上《ごむらかみ》天皇の還京こそ叶わなかったとはいえ、南朝に大きな打撃を与えたのは間違いない。

師直・師泰兄弟が大戦果を挙げたことで、直義・師直の両者の勢力均衡に変化が訪れたものか、同年六月には、直義側近の大高重成《だいこうしげなり》・粟飯原清胤《あいはらきよたね》両名が出仕停止の処分を受けており、このころより、両者の対立が次第に先鋭化していった模様である。

師直が戻って二ヵ月が経った四月、今度は南朝軍討伐のために、尊氏の庶子足利直冬《ただふゆ》を紀伊へ派遣することが決定する。直冬は尊氏の庶子だが、母の身分の低さもあって父から冷遇され、叔父の直義が猶子としていた人物である。直冬の出立は六月だが、このころに直義が諸方へ下した御判御教書《ごはんみぎようしよ》によると、追討の院宣《いんぜん》が光厳《こうごん》上皇から出されていたようである。ただ、直冬は八月に紀伊で戦闘を行った際に多くの被害を受けていたようで、戦果は皆無ではなかったのかもしれないが、師直・師泰のそれに比べれば、及ぶべくもなかったものと思われる（森茂暁 二〇〇七）。事態は、急速に緊迫の度合いを増していった。

貞和の政変

貞和五年（一三四九）四月、直冬が「八箇国」――備後・備中・安芸・周防・長門・出雲・因幡（石見か）・伯耆の「成敗」を行うために下向し、さしあたって備後に座した。

この措置は新たな広域機関の創出ということになろうが、南朝勢力がとくに懸案になっていたのであればともかく、幕府の全国支配という観点からいえば必然性をさほど感じられない措置であり、幕府の内訌が表出したものである可能性が高い。中国地方は高一族に所属する人物が相対的に多いと目される地域でもあるため、そうした地域を高一族から切り離すことが目的だったのではないかと推測されるが、だとすればかなり露骨な措置であり、焦った直義が次第に強引な手段に出るようになっていったものと思われる。

そうした流れを受けてであろうか。閏六月二日に騒ぎがあったらしい。『園太暦《えんたいりゃく》』には、直義と師直の対立によって兵火が生じるだろうという噂がかけめぐり、これにより都の人々が右往左往していることが記される。十五日には高師直が執事を罷免され、代わって高師世が執事とされた。師世は師泰の子息で師直からしても甥であり、単に高一族内で執事が交代したのみともいえるが、師直の失脚を狙った動きは明白だったものと思われる。

この動きを挑戦と受け取った師直は河内に駐在していた師泰を呼び戻し、八月十三日、直義を討とうとした。そうした動きを察知した直義は、兄尊氏の邸宅に逃げ込んだ。

尊氏邸と、師直の陣した法成寺《ほうじょうじ》（京都市上京区）には、それぞれ在京の諸将が集まったという。『太《たい》平記《へいき》』には双方へ参じた人物の名が示されているが、古態本にさえ内容の違いがあり、どこまで信頼してよいのかはわからない。ただ、「天下武士千葉・宇都宮以下大略師直に属し、大納言兄弟方大略無人、師直勢の半分に及ばず」（『園太暦』貞和五年八月十四日条）、「諸大名等多く法成寺に馳せ群がる」（『師守記』同日条）、「将軍一族諸大名、大略師直の手に属しおわんぬ」（「東寺王代記」）などの記述を考慮すると、圧倒的に師直方が優勢だったのは確実である。

その背景には、第四章で確認したように、足利将軍家の家政の中枢を担う高一族の存在感の大きさがあったのだが、やはり注目されるのは、最前線に駐留していた師泰が実際に軍を率いて入京したことである。当時の人々が目先の状況に左右されていたことについてはこれまでにもたびたび触れてきたが、このときも高兄弟の率いる大軍勢をみて師直方に参じた人物が多かったのではないかと推測されるところである。

そして翌十四日には師直らが尊氏邸を囲み、師直失脚の首謀者であった上杉重能《うえすぎしげよし》・畠山直宗《はたけやまただむね》の配流と、足利直義による政務の停止、そして尊氏嫡男で関東にあった義詮の上洛という条件を呑ませた。このとき配流された二人は、最終的に配流先で殺害された。

こののち、夢窓疎石《むそうそせき》によって調停がなされ、八月二十一日までに師直の執事復帰が決定された。この措置自体は直義の政務継続のもとでのことであったが、十月には鎌倉から尊氏嫡男の義詮が上洛し、直義に代わって三条坊門殿《さんじょうぼうもんどの》に入ることとなる。この邸宅が直義の政務の場であったことを考慮すると、これは義詮が直義に代わる地位に就くことを示している。十二月八日に直義は出家しているが、『師守記』には「政務にいろわざる仁なり」(政務に関係していない人物である)、「東寺王代記」には「師直の鬱憤なお散らざるのゆえなり」(師直の怒りがまだ治まらないためである)と記されており、政務から外された直義が師直によって出家させられた、ということのようである。要するにこの政局は、師直の全面的勝利に終わったのである。

しかし、政局はまだ終わらない。以後、二度の決裂を経て、全国的な大混乱につながっていくのである。

直義の反撃と師直の死

そうしたなかで問題となったのが、足利直冬である。直冬は、中央での政変を受けて中国地方から九州へ逃れていたが、この前後に「両殿(尊氏・直義)の御意《みこころ》を息《やす》め奉らんがため、打ち立つところなり」と述べて、軍勢を募っていた。あたかも尊氏の意を受けているかのように喧伝し続けたのは、中央—地方の情報格差を利用した戦略といえよう。地方に駐屯している人物が軍勢を率いて上京してくると脅威になりうる、という点は、河内から立ち戻って直義を失脚に追い込んだ師泰の事例を考えても明らかである。尊氏は直冬討伐を決意し、翌観応元年(一三五〇)三月、高師泰を向かわせた。

ところが半年後の十月に、事態は動いた。九州に落ち延びた直冬が少弐・大友両氏を味方につけ、その勢力を日に日に増大させていったのである。両氏の京都代官はそれぞれ逐電《ちくでん》したが、時を同じくして越中守護桃井直常《もものいただつね》の嫡男も京都から脱出し、呼応する動きをみせている。そして尊氏・師直が直冬討伐の準備を整えていた十月二十六日の夜、足利直義自身も京都を脱出し、大和へと向かった。

緊迫した状況下、尊氏と師直は本来予定していた直冬討伐に出発したが、十一月に入ると、直義に呼応する動きがさらに広がる。関東では上杉氏が呼応し、能登へは桃井直常が侵入した。伊勢守護石塔頼房《いしどうよりふさ》は蜂起ののち近江・摂津へと進軍しており、このほか上野直勝《うえのただかつ》や儀賀《ぎが》・高山・大原一族も近江での軍事活動がみえる。吉良満貞《きらみつさだ》が直義に合流したという噂も流れていた。そして、世人に最も衝撃を与えたと思われるのが、京都にいた細川顕氏が離反して直義に味方したこと、そして河内国石川城に駐屯していた紀伊・和泉・河内守護の畠山国清が、十一月二十一日に直義を自城に迎え入れたこと

表4　観応の擾乱以前に在京が確認・推定される主な人物と守護分国

高・上杉両氏	高　師直●	武蔵？
	高　師泰●	尾張
	高　師夏●	——
	高　師世●	——
	高　師秋	——（元伊勢）
	高　師兼●	三河
	南　宗継●	備中
	大高重成	——
	上杉朝定	——（元丹後）
	上杉朝房	但馬
足利一門	吉良満義	——
	吉良満貞○	——
	斯波高経	越前
	石橋和義	——
	仁木頼章●	—— （元丹波など）
	仁木義長●	—— （元伊勢など）
	細川清氏●	——
	細川顕氏○	讃岐 （＋元河内など）
	細川頼春	阿波・伊予？
	細川氏春	淡路
足利一門	桃井盛義	能登
	今川頼貞	因幡？（元但馬）
	今川範国	駿河・遠江
	石塔頼房○	伊勢
	上野頼兼	——（元石見）
	上野直勝○	——
	山名時氏	伯耆・丹波・ 丹後・若狭
評定衆家	二階堂行朝	——
	二階堂時綱	——
	二階堂成藤	——
	長井広秀	——
	佐々木京極高氏●	出雲
	宇都宮貞泰	——
	問注所顕行	——
その他	武田信武	安芸・甲斐
	小笠原政長	信濃
	土岐頼康●	美濃
	赤松範資	摂津・播磨
	千葉貞胤	下総・伊賀？
	佐々木六角氏頼	近江

＊守護分国については観応元年初頭（正～3月ごろ）の状況を示した．直義に当初から呼応した人物（このほかに畠山国清が紀伊・和泉・河内，桃井直常が越中の守護としてそれぞれ在国している）に○を，最後まで尊氏・義詮のもとに残った人物に●を付した．なお，千葉貞胤は翌年に没し，観応の擾乱時には子の氏胤が活動している．

である。

細川顕氏は、初期室町幕府で最も重用された人物の一人であり、貞和三年の戦役では派遣の中心人物とされていた。しかし、それに失敗したために河内・和泉守護職を師泰に奪われており、このことを契機に反師直・師泰へ傾斜していったとされている（阪田雄一　一九八二）。おそらくこのとき、守護職だけでなく所領も没収されたのではないかと推測される。

一方の国清は、師泰が京都に戻る際に河内国に残していた（その際に和泉・河内両国守護も国清に委ねられたと考えられている）人物で、『太平記』にも「無二の将軍方」とされている。これ以前に諸将が尊氏方と直義方に完全に二分されていたわけではないのでこの記載をそのまま受け取るわけにはいかないが、どちらにしても師泰から信頼されていたからこそ、最前線を預けられたのであろう。にもかかわらず、彼は直義方として行動したのである。

ただ国清は後年の動向をみても、必ずしも特別に直義との関係が深かったわけではなさそうであり、彼の動きは直義の南朝降伏の噂が流れたこととの関連で考えるべきだろう。直義が南朝に降り、南朝方が勢いづいて攻勢に出た場合、最初に攻撃目標になるのは最前線の国清である。そのことを念頭に置き、彼は直義への協力を選んだのではないか。

直義は実際に十一月二十三日付けで南朝から降伏を認められたが、この段階で尊氏は、高師直と伯耆・丹波・丹後・若狭守護山名時氏、備中守護南宗継《みなみむねつぐ》といった中国筋の守護と石橋和義《いしばしかずよし》・赤松則祐《あかまつそくゆう》（則村《のりむら》三男）らを率いて直冬追討へ向かっており、京都では義詮が仁木《にっき》頼章《よりあき》・義長《よしなが》兄弟や佐々木京極高《きょうごくた》氏《かうじ》らに支えられつつ留守を守っていた。また、分国が戦場となり、反乱勢力に対峙せねばならなかった摂津・播磨守護赤松範資《のりすけ》（則村長男）や近江守護佐々木六角氏頼らも、結果的に尊氏・師直方として戦っていた。

しかし、尊氏・師直が直義討伐を優先して京都へと踵を返したのち、明けて観応二年（一三五一）正月に入ると、桃井直常の率いる北陸勢が近江へ到着し、直義派の軍事的優勢が明確となる。そしてこのころから石清水八幡宮《いわしみずはちまんぐう》に入った直義のもとに、多くの人々が投降し始めるのである。「観応二年日次記」や『園太暦』によると、足利一門・譜代では斯波高経《しばたかつね》・今川範国《いまがわのりくに》や上杉朝定《うえすぎともさだ》・朝房《ともふさ》、評定衆では二階堂行朝《にかいどうゆきとも》・時綱《ときつな》（行諲《ぎょういん》）、外様守護では千葉氏胤《ちばうじたね》・小笠原政長《おがさわらまさなが》（貞宗《さだむね》子）などが雪崩をうって直義に投じたことがわかる。そしてあろうことか、尊氏の先鋒となっていた山名時氏や、近江で直義派の討伐にあたっていた佐々木六角氏頼、高師直の被官の最有力者であった薬師寺公義《やくしじきんよし》らも直義に降ってしまった。このほか、直義の使者としてみえる宇都宮貞泰・長井広秀・問注所顕行らや、顕氏の従兄弟にあたる細川頼春《ほそかわよりはる》も、このころまでに直義方に転じていた。

図42　師直塚（兵庫県伊丹市）
伊丹市教育委員会提供
伊丹市内の地に置かれているが，史料にみえる内容からすると，どちらかというと殺害地は西宮市内のほうが可能性が高いだろうか．

尊氏・師直は一旦京都に進軍して義詮とともに桃

井直常勢と激突したが、結局京都を維持できずに丹波へ逃れた。続いて播磨へ退いた尊氏・師直は、石見・備後より戻ってきた師泰らと合流して再起を図った。しかし、播磨・摂津・丹波で戦闘が続くなか、尊氏・師直は細川顕氏・畠山国清・石塔頼房・小笠原政長らの諸将によって次第に追いつめられ、摂津国打出浜《うちでのはま》（兵庫県芦屋市）の合戦で敗北したのち、ついに講和を結ぶこととなった。条件は、高師直・師泰の出家であった。

二月二十六日。尊氏は兵庫を発し、京都へ向かった。だが、師直・師夏《もろなつ》父子と師泰・師世《もろよ》父子、師《もろ》兼《かね》（師直・師泰従兄弟）らの一党は、上杉重季《うえすぎしげすえ》（前年に殺害された重能《しげよし》の子）らによって、武庫川のあたり（兵庫県西宮市・尼崎市・伊丹市周辺）で殺害された。関東にいた師冬も前月中旬に殺害されており、権勢をほしいままにしていた師直・師泰の関係者は、いともあっけなく滅んでしまったのである。

直義はなぜ逆転勝利できたか？

今度は、直義による大勝利であった。つい先ほどまで、初期室町幕府における高師直の権勢の大きさを説いてきただけに、ここでなぜ直義が勝利したかという点は、改めて説明しておく必要があるだろう。

最大の要因は、地方にいた軍勢を味方につけた点にあった。畿内近国では、南朝勢力との最前線で軍を率いて駐屯していた畠山国清が直義についたことが最も大きかったと思われるが、さらに重要なのは、北陸にいた桃井直常や、関東の上杉勢が呼応して京都に上洛してきたことである。

ここまで何度か述べてきたように、長途疾駆する軍勢に「勢いがある」とみなされれば、その軍勢は肥大化していくのがこの時代の特徴であった。一大事と認識して京都に向かおうとする北陸・東国の武士のなかには、対立構図すら理解しないまま、桃井・上杉氏に従って上洛した者もあっただろうが、そのような武士たちによって、結果的に直義方の軍勢が膨張したのである。

そのように考えてみると、西国に出陣していた尊氏・師直軍にもその方面の軍勢を糾合する余地がありそうに思われるかもしれないが、九州では直冬が猛威を振るい、四国方面では一旦讃岐に戻った細川顕氏が兵を集めていた。尊氏・師直の軍勢が勢いを増すのは、難しい状況だったといわねばならない。

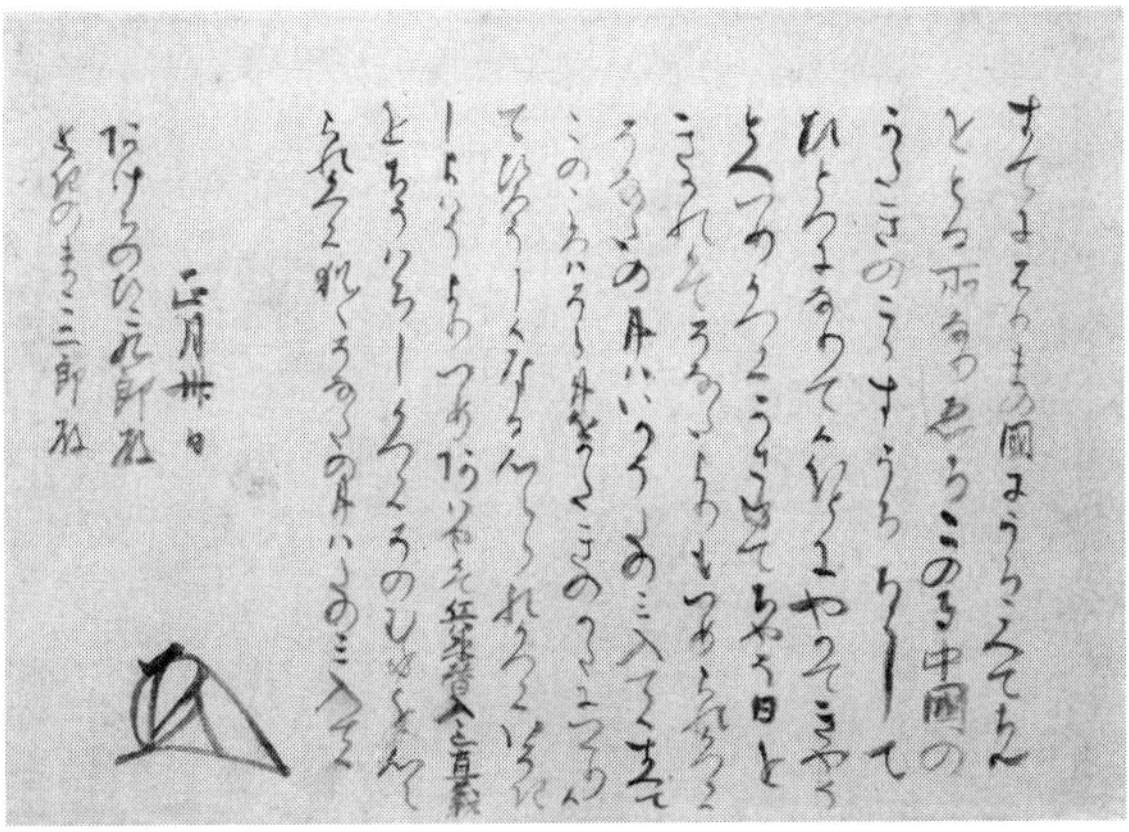

図 43　足利尊氏書状（「土岐文書」）　個人蔵・群馬県立博物館寄託

尊氏が美濃の土岐明智頼重に出した書状で，直義を「ちうハち」（誅伐）すると述べている．

この点が直義の勝因だったが、もう一つ注意しておきたいのが、この対立があくまで「直義による師直・師泰の誅伐」であり、兄尊氏を打倒するものではなかったことである。石清水八幡宮に陣を構えていた直義が、川向かいの山崎を通って京都へ戻る尊氏・師直軍を見過ごしていることが注目されているが（亀田俊和 二〇一六b）、たしかに直義もこの段階では、自身が陣頭に立つことで、兄尊氏との決裂を天下に印象づけることは避けたかったのではないか。ちょうど京都から続々と降人《こうにん》が来ていた時期でもある。尊氏を現実に追いつめていても、あくまで細川・石塔・桃井らに責任転嫁できるように考えていたのかもしれない。

なお、一方の尊氏にとっては、先に師直が直義を追い込んだ際に直義を自邸に迎え入れたように、今度は成り行き上、師直とともに行動する結果になっただけであり、おそらく当初は、あくまでも直義と師直の紛争という認識のもと、あえて追いつめられた側に味方することで両者の決裂を回避しようとしていたと推測される。

ところが、観応二年（一三五一）正月末に尊氏が美濃の土岐明智《あけち》頼重（頼康従兄弟）らに出した自筆書状には、直義を「ちうはち（誅伐）」することを明確に示しており（「土岐文書」、図43）、この段階では直義を敵視しているようである。講和直後の二月二十二日には、尊氏の留守邸（鷹司東洞院殿）の寝殿に放火があり、焼失してしまった（『園太暦』）。すでにこれ以前に散々破壊されていたというから、直義の主張が「師直・師泰の誅伐」であり、建前では兄尊氏を打倒するものではなかったとしても、尊氏の権威を蔑《ないがし》ろにする方向に進んでいたことは間違いない。こののち、尊氏と直義の関係が急速に悪化し、次第に兄弟の相剋という図式が明確化していき、室町幕府の内部抗争は第二段階に入るのである。

2 尊氏・直義の相剋

兄弟対立の明確化

観応二年（一三五一）二月二十七日、尊氏は入京した。尊氏・直義の折衝により、師直らを殺害した上杉重季を流罪にすること、将軍尊氏に従った武士四十二人にまず恩賞を与えることなどが決定したという。また、直義が起請文《きしょうもん》を出したことも判明している（「麻生文書」、図44）。直義がこの段階で、兄尊氏を立て続ける意志を持ち合わせていたのは間違いないようである。

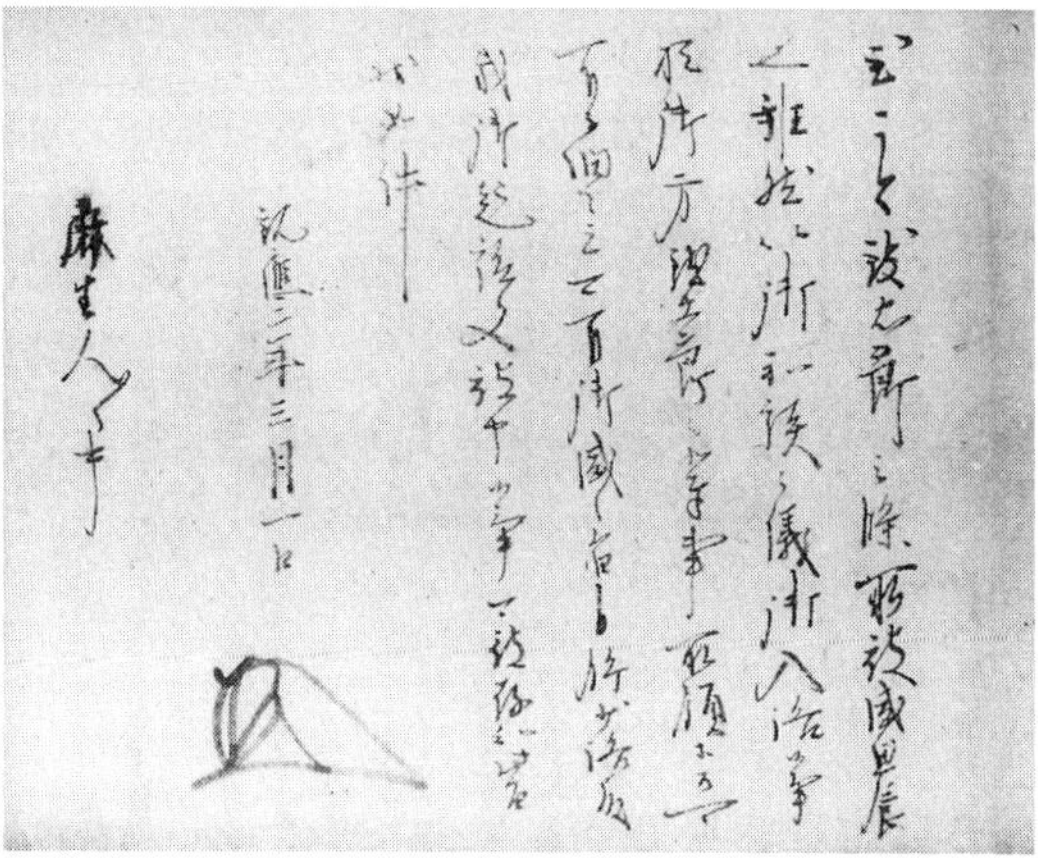

図44　足利尊氏書状（「麻生文書」）　個人蔵

尊氏が筑前の麻生氏に,「「尊氏に尽くした武士の所領は安堵する」という内容の起請文を直義が提出した」ことを伝えている.

しかし、一ヵ月後の四月二日に尊氏に忠節を尽くした佐々木京極高氏、仁木頼章・義長兄弟、土岐《とき》頼康《よりやす》（頼遠甥）、細川《ほそかわ》清氏《きようじ》（和氏子）らを罪に問わないことが改めて議題となっていること（「観応二年日次記」）、流罪になったはずの上杉重季を備後守護として確認できることなどを考慮すると、交渉は必ずしもうまく進んでいなかった可能性が高い。実際のところ、高師直・師泰らの分国が直義関係者に配分されたほか、佐々木京極高氏の出雲守護職なども没収されており、最後まで尊氏の身辺にあった人々に不利益があったことは間違いなさそうである。決して少なくはなかったと推定される高一族の所領も、直義支持者を中心に配分しようとする動きがあった可能性が高い。

政務については、義詮が三条坊門殿で行い、直義が補佐するという合意だったが、直義が同邸に同居しようとして、結局実現しなかったのだという。義詮が拒絶したのである（亀田俊和 二〇一七b）。五人の引付頭人《ひきつけとうにん》には、以前に経験のある石橋和義のほか、直義に呼応した畠山国清・細川顕氏・石塔頼房・桃井直常の四人が加えられたが、そのようなかで義詮は直義に主導権を握られることを警戒したのである。こうして尊氏・義詮と直義との間の対立が、次第に明確化していく。

このような状況下では、先に大勝を収めた直義のほうが優勢に思えるかもしれないが、必ずしもそうではない。先の分裂で直義はあくまで「師直・師泰の誅伐」を呼びかけたことで勝利したのであり、彼のもとに集った軍勢は、尊氏との対立を前提にした「直義派」ではなかった。したがって、尊氏との対立が明確化してしまうと前提条件がまったく異なるものとなり、先の分裂で最終的に直義に投じた有力諸将や、地方から詳しい事情を知らずに上京してきた武士たちが、次も直義に味方する保証はまったくなかったのである。しかし、この兄弟の対立は、すでに貴族の日記に記されるほど都じゅうに知れわたっていた。

決裂　観応二年（一三五一）七月に入ると直義の孤立が伝えられ、同月九日には直義が政務を辞退するといいだして騒動となった。折しも播磨で赤松則祐が護良親王の遺児を擁して蜂起したため、義詮は討伐へ向かうこととし、尊氏は同じく佐々木京極高氏を討つためと称して近江へ出兵した。するとこれに前後して、仁木頼章・義長兄弟、細川頼春・清氏、佐々木京極秀綱、土岐頼康、赤松貞範（則村次男）、今川頼貞らが相次いで京都から脱出した。守護職を持つ人物こそ少ないが、京都に比較的近い地域に拠点を持っている勢力が多く、これだけの人々が周辺で蜂起すると、直義方にとっては十分に脅威となる。

尊氏・義詮が先手を打ったのは先の直義の動きを模倣したものだが、まさに以前の敗北を教訓にしたのであろう。さらに重要なのは京都からみて東西の要地である近江・摂津に向けて、尊氏・義詮自身がそれぞれ出陣していることである。そもそもの赤松・佐々木京極両氏の蜂起も尊氏・義詮に通じてのものだったといわれているが、ともかくもそのように尊氏・義詮自身が出陣することによって、政権内の詳しい対立構図がわからないままとりあえず京都に向かっていた地方武士を、みずからの味方に組み込むことができるのは大きな利点なのである。先に京都を脱出して兵を集めたほうが有利になりやすい、というのは皮肉なものだが、これはたしかに有効な一手であった。

そうなると直義の選択肢は狭まる。自派の勢力の強い北陸方面に落ち延びて、遠方の味方（関東の上杉憲顕《うえすぎのりあき》や九州の足利直冬）と連絡を取りつつ、兵が到着するのを待つしかない。決断は早かった。直義は七月三〇日の夜に桃井・上杉両氏をはじめとする諸人を率い、鴨川《かもがわ》の河原から北へ向かい、大原路を経て北国へ向かった。

このとき直義と行動をともにした人々の名は、「観応二年日次記」に明記されている。公卿層では、直義のもとで禅律方頭人《ぜんりつかた》を務めていた藤原有範《ふじわらのありのり》とその従兄弟の言範《ときのり》。足利一門では斯波高経、吉良満貞、畠山国清、桃井直常、上野頼兼・直勝兄弟、山名時氏。高・上杉両氏からは高師秋父子、上杉朝定・朝房らの名がみえる。評定衆家については、長井広秀をはじめ数名の名を確認できるが、二階堂行朝・時綱・成藤、問注所顕行、宇都宮貞泰ら主要人物の多くは意外にもその名をみせない。

先の分裂で当初から直義に属していた人々のうち、細川顕氏のみは京都に残ることを選択しており、この点は、先の直義への協力が、尊氏への反逆というよりも、あくまで師直・師泰への反感によるものだったことを暗示している。また、分裂以前に直義側近と認識されていた大高重成も同道しておらず、彼も同様だった可能性がある。

先の分裂時に、後から情勢をみて直義方に投じた人々の去就はさまざまで、斯波高経、山名時氏、上杉朝定・朝房らのように直義と行動をともにする人物もいたが、今川範国・小笠原政長・千葉氏胤など、そうでない人々も多い。結局、大半の人々にとっては、決裂の時ごとに状況をみて、身の振り方を判断するのが一般的なのである。この前後のすべての諸将に「尊氏派」「直義派」というレッテルを貼ろうとすると、かえって理解が難しくなるため注意が必要である。

さてこののち、京都に残った細川顕氏を通じて一旦は講和が図られたが、これも結局は決裂、九月十二日に近江国八相山《やあいやま》（滋賀県長浜市）で合戦があり、尊氏・義詮が勝利した。こののちも細川顕氏・畠山国清の仲介により再度和平が図られ、尊氏・直義が錦織興福寺《にしこおりこうふくじ》（長浜市）で対面するに至る。しかしこの動きも成就せず、直義は十月八日に再び没落し、北陸経由で関東を目指した。そして直義は、十一月十五日に鎌倉に入ったのである。

南朝との交渉

観応二年（一三五一）八月〜十月ごろ、尊氏・義詮は直義と交渉を行う一方で、南朝との交渉も進めていたが、これも先に直義が取った戦略の模倣とみられる。全般には尊氏・義詮方が優勢だったとはいえ、地方には直義に呼応する勢力はあったため、直義が南朝と連携して抵抗する道を絶つための措置だったのであろう。当初は法勝寺《ほっしょうじ》の恵鎮《えちん》（元後醍醐《ごだいご》側近の僧侶で、『太平記』の作者とされる人物でもある）を通じて交渉しようとしていた。しかし、それに対しては南朝側が強い拒絶の意を示す。

南朝方が厳しい姿勢を示した理由は、単にこのとき南朝の中心にいた北畠親房《きたばたけちかふさ》の「高氏（尊氏）嫌い」だけが原因ではなかった。先に南朝に降伏したはずの足利直義は、北朝年号を使用し続け、入京後は当然のように北朝に出入りしており、そののち直義は北畠親房との交渉を進めるなかで、「所詮天下の大（太）平を御庶幾《しょき》あらば、旧如く武家の計《はからい》申さるゝ旨に任せて御入洛あらば、先皇（後醍醐）の御継嗣断絶せずして、祚を無窮に伝《つたえ》しめ給《たまう》べき者乎」（「吉野御事書案」）と発言している。意訳すれば「天下太平を願っておられるのであれば、以前のように幕府の計らうとおりに京都に戻っていただければ、先皇のご子孫も断絶することなく皇位を継承していただけることでしょう」といったところであろう。両統迭立を念頭に置いての発言だった可能性が高く、南朝側が怒るのも仕方ないところであった。

そののち尊氏・義詮は、護良親王の遺児を奉じるなど、南朝とのパイプを持つ赤松則祐を通じて交渉を試みる。南朝側の窓口は中院具忠《なかのいんともただ》とその叔父の忠雲《ちゅううん》という僧侶で、正平六年（一三五一）十月二十四日付で降伏を認める綸旨《りんじ》と、直義追討を命じる綸旨がそれぞれ出され、京都にもたらされた。し

図45　赤松則祐像　宝林寺所蔵
則祐は護良の遺児を奉じるなど独自の動きをみせていたが，尊氏・義詮と南朝の間の媒介となった．

かし、それには条件があった。「公家のこと、一円南方御沙汰《ごさた》あるべし」（朝廷のことはすべて南朝が取りはからう）という条件である（『園太暦』同年十一月五日条）。要するに、南朝のみを正統な王権として認め、北朝擁立を放棄するという選択である。

この交渉は義詮・佐々木京極高氏・赤松則祐らが進めていたもので、尊氏はこの条件に不満を覚えていたらしいが、結局これに従った。尊氏・義詮はともに南朝の求めるとおり、十一月九日・十日ごろから南朝の正平年号を使用し始めたことが確認できる。

このような南朝からの要求を受け入れたかたちでの講和を、南朝年号から「正平の一統」と呼んでいる。たしかに二年前まで鎌倉にいた義詮にとって、北朝への義理はあまりなかったのかもしれないが、それにしても極端な選択であった。何としてでも叔父直義を追討したいという強い気持ちがあったものと推察されるが、この選択は直後に室町幕府を深刻な危機に陥れることとなる。

直義の死

南朝との交渉にも日処がついた十一月四日、尊氏は直義を討つため、京都を発した。師直亡きあとの側近筆頭となっていた仁木頼章・義長兄弟（頼章は師直後継の執事に任命されていた）、和睦交渉決裂ののち直義のもとを去り、尊氏に帰参していた畠山国清、東国武士の千葉氏胤・武田信武、評定衆の二階堂行朝などを引き連れての出陣であった。

第三章でも述べたとおり、尊氏は、中先代《なかせんだい》の乱で鎌倉が陥落した際にすぐさま出陣し、そののち後醍醐からの討伐を受けた際にも討伐軍が関東に接近したまさにその時に出陣の決意を固めており、鎌倉を中心とする関東の支配に強いこだわりを持っていた。この出陣も、そのようなこれまでのあり方の延長線上に理解すべきであろう。

尊氏軍は東海道を進軍し、駿河・伊豆・相模での激戦を経て、年が明けた正平七年（一三五二）正月五日に鎌倉に入った。中先代の乱の時には半月ほどで鎌倉を攻略しているのに対し、このときはおよそ二ヵ月かかっており、その激戦のさまをみてとれる。

尊氏が鎌倉に入ってからさらに二ヵ月が経とうとする二月二十六日、直義が逝去した。あまりにもタイミングのよすぎる死について、『太平記』などは尊氏による毒殺としているが、確証はないようで、死因は不明といわざるをえない。本書では直義について、どちらかといえば既往の秩序や歴史意識をも意図的に利用しながら権力確立を図ろうとする側面を強調してきたが、その直義の命運もついに尽きたのであった。

直義没の報に接した洞院公賢《とういんきんかた》は「若《も》しくは天下静謐《せいひつ》の基《もとい》たるべくんば神妙か。ただし毎事凡慮《ぼんりよ》更に測りがたきものなり」（これが天下が治まる基礎となればよいのだが……。ただ、（今後の状況については）何にしても凡人にはまったく予測できないところである）と述べている（『園太暦』同年閏二月七日条）。ここには平和を願う気持ちと、さらなる混乱への危惧の両方をみてとれるが、残念なことに、事態は彼の危惧する方向へと進んでいくこととなるのである。

3　三度の京都失陥

直義死後、戦乱が収まったかというと、そうではなかった。以後も、以下のように三度にわたって京都を失陥するなど、尊氏・義詮らにとっての危難がさらにうち続いた。

第一次京都失陥　―南朝の反撃―

直義の没した正平七年（一三五二）二月末、義詮が留守を守る京都では、和睦したはずの南朝との関係に問題が生じたようで、合戦の風聞が流れていた。伊勢国司の北畠顕能《きたばたけあきよし》、千種顕経《ちくさあきつね》（忠顕子）、楠木正儀《くすのきまさのり》（正成子）らが迫った閏二月二十日、七条大宮で戦端が開かれたが、主要武将の一人細川頼春が討死するなどして義詮は敗北し、近江へ落ちのびることとなった。これに前後して鎌倉へも新田《にった》義宗《よしむね》・義興《よしおき》兄弟（ともに義貞子）が襲撃をかけており、尊氏も鎌倉を一時明け渡していた。南朝は、建武の内乱で命を失った人々の近親者の活躍によって、京都・鎌倉占領という大戦果を挙げたのである。

義詮は四宮河原（京都市山科区）から近江へ逃れ、石山寺《いしやまでら》（滋賀県大津市）を経て、佐々木京極高氏の所領である甲良荘《こうらのしょう》のなかの四十九院宿《しじゅうくいんのしゅく》（同豊郷町）まで下った。そしてそこで美濃・尾張の土岐頼康など東海方面の軍を集めて上京、一ヵ月も経たない三月十五日に京都を奪還した。そののち石清水八幡宮が南朝軍の拠点とされていたためにまたもや戦場となり、別当寺の極楽寺《ごくらくじ》などを灰燼《かいじん》としつつ、五月十一日に陥落。先に南朝から京都へ派遣されていた中院具忠《なかのいんともただ》や、後醍醐側近の数少ない生き残りであった四条隆資《しじょうたかすけ》も討ち取られた。

八幡《はちまん》攻めに、土岐頼康以下、細川顕氏・清氏、赤松則祐らが参戦していたことは確実で、先に直義とともに没落していた斯波高経や、山名時氏の嫡男師義《もろよし》も従軍しているようである。義詮が尊氏の支援なしに短期間で京都を回復することができたのは、直義とともに離反した人々と南朝軍との間での連携が、本格的なものになっていなかったためである。そのために義詮は、九死に一生を得たのである。

天皇がいない!?

このようにして義詮は京都を奪還したが、そのときに問題となったのが、天皇の問題であった。実は、南朝軍が京都を占領した直後の閏二月二十一日、北朝の光厳・光明《こうみょう》・崇光《すこう》の三人と春宮《とうぐう》（皇太子）直仁《なおひと》親王を八幡に連れ去っており、翌三月には楠木氏の本拠地たる河内国東条にまで移していたのである。義詮は京都を奪還したものの、擁立すべき上皇・天皇を失ってしまったのである。

問題はもう一つあった。実は、前年の観応二年（一三五一）十二月二十三日、北朝が持っていた三種の神器を南朝に接収されていたのである。

南朝は本物の神器を持っていると主張していたはずだが、南朝から京都へ派遣されていた中院具忠は「件の三種、正物においては皆《みな》南方（後村上）御所御所帯なり。京都に御坐《ましま》すは虚器の条、勿論なり」（三種の神器の本物は南朝にあり、京都にあるのが偽物なのはもちろんである）としながらも、「然《しか》れども先皇（後醍醐）神器に擬

図46 『太平記絵巻』第十巻 茨宮即位事（部分） 埼玉県立歴史と民俗の博物館所蔵

して渡し献ぜらるるの上、一両代宝として用いられおわんぬ。その儀を改められざるの条、然るべからざるの間、今渡さるべし」（後醍醐が神器に擬して渡し、それを北朝が用いてきた以上は、それを改めなければならないのだ）などと説明し、神器接収をすぐさま実行に移した（『園太暦』同年十二月二十二日条）。

天皇を新たに擁立する――すなわち践祚《せんそ》を行うためには神器が必要であり、それを欠く場合には上皇の命という形式を必要とするのが先例であった（ほかならぬ光厳・光明の践祚もこの形式であった（今谷明 二〇〇〇））。しかし、今回はその両方を欠く。南朝の手を逃れた弥仁《いやひと》（光厳の第三皇子）を践祚させる方針は六月までに決まったが、先例を重視する公家社会のこと、それをどのように正当化するのかという点は、決して小さい問題ではない。幕府は光厳側近の勧修寺経顕《かんしゅうじつねあき》・四条隆《しじょうたか》蔭《かげ》や関白二条良基《にじょうよしもと》と連絡を取り、光厳の実母である西園寺寧子（広義門院《こうぎもんいん》）の意向を確認しつつ検討を進め、何と六世紀に「群臣義立」によって践祚した継体《けいたい》天皇を先例とすることに決定。八月十七日に践祚を執り行ったのである。

幕府はこれによって新たに後光厳《ごこうごん》天皇を擁立することを得たが、苦し紛れの策であり、「新儀」とみなされた。また南朝側も、後光厳を「偽主」として強く非難したのである。

文和元年（一三五二）末、また戦況が動き出す。十月に吉良満貞・石塔頼房が摂津国に乱入したが、彼らの発した文書には南朝の正平年号が使われている。直義に与《くみ》して離反した人々が、南朝と呼応し始めたのである。吉良満貞は、直義・義詮が経歴した左馬頭《さまのかみ》という官職に南朝から任じられており（松島周一 二〇一四）、南朝から足利家嫡流と認定されていた可能性がある（谷口雄太 二〇一三）。

第二次京都失陥
―南朝勢力と旧直義勢力の呼応―

十一月に入ると伯耆の山名時氏も反幕姿勢を明白にしつつ、出雲・因幡・美作に勢力を拡大していた（「東京国立博物館所蔵文書」）。翌文和二年三月ごろに九州から中国地方に再び移動した足利直冬も、五月ごろから南朝の正平年号を使用する動きをみせ、再起しつつあった（瀬野精一郎 二〇〇五）。こうした動向に対して尊氏・義詮側は、仁木義長《にっきよしなが》らを関東から京都に戻すなどして対応したが、五月に入るとさらに反幕勢力の強盛が語られている。

山名氏が山陰より丹波へ、吉良・石塔両氏が摂津より八幡へ、また南朝の四条隆俊《しじょうたかとし》（先に戦没した隆資の子）らが宇治《うじ》へ進軍し、京都へ迫りつつあった六月六日、義詮は今回は後光厳天皇を守ることを最優先して比叡山《ひえいざん》へ逃し、そののち自身も退いた。河内の楠木正儀らも迫るなか、九日に神楽岡《かぐらおか》・吉田河原周辺で戦闘を行ったというが、大敗したのち後光厳を擁して坂本から西近江を経由し、琵琶湖を渡って美濃に落ち延びた。義詮は垂井宿《たるいのしゅく》（岐阜県垂井町）、後光厳は土岐頼康の本拠である美濃国小

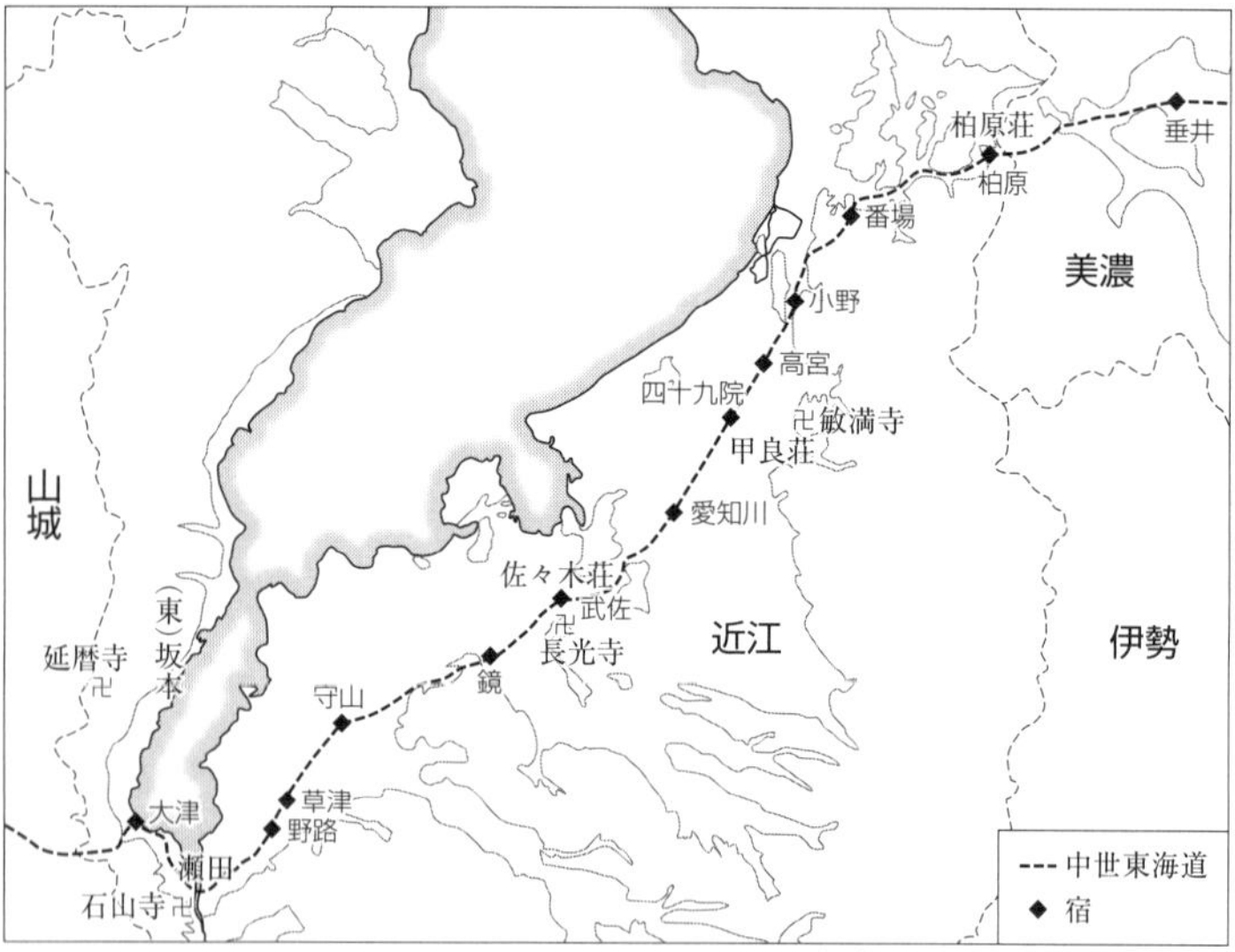

図47　中世東海道と近江国の宿《しゅく》

尊氏・義詮はたびたび近江に逃れ,「宿」と呼ばれる交通の要衝で兵を集めた.

島荘（同揖斐川町）に落ち着いている。

前回の失陥は南朝勢力のみを敵としたものだったが、今回は旧直義派をも明確に敵にまわしており、義詮はさらに切迫した状況に陥っていた。何より後光厳の身柄を敵に奪われてはならないという緊張が大きな制約となっていたと思われ、湖南—湖東の街道沿いを通れなかったことや、その間、高師詮《こうもろあきら》（師直庶長子）や佐々木京極秀綱などの有力な諸将が戦死していることも、状況の厳しさを物語っている。

そうしたなかで今回最も大きかったのは、関東が安定しており、尊氏、もしくはその子息基氏《もとうじ》が関東の軍勢を率いて上洛するという噂が立っていた点だろう。美濃の義詮のもとへは東海方面や越前斯波《しば》氏のもとから援軍が駆けつけているが、尊氏の上洛が取り沙汰されること自体に大きな意味があったと考えられる。佐々木京極・六角両氏を先鋒とする軍勢は、備前の石橋和義や松田氏、播磨の赤松則祐らと呼応しつつ、京都へと進軍。七月二十三、二十四日に南朝と吉良・石塔・山名の連合軍は京都から落ち延びることとなった。

また、そののち関東の尊氏は、後光厳の要請を受けて上洛を決断。七月二十九日に鎌倉を発った尊氏は、仁木頼章や関東の軍勢を率いて上洛の途につき、九月三日には垂井に到着して後光厳に謁する。そして京都から戻ってきた義詮とともに後光厳に供奉《ぐぶ》し、九月十七日に近江国大覚寺《だいかくじ》（滋賀県彦根市）、十八日に敏満寺《びんまんじ》（同多賀町）、十九日に長光寺《ちょうこうじ》（同近江八幡市）、二十日に石山寺へと進み、二十一日に還京を果たしたのである。こののち後光厳は、十二月二十七日に即位。翌三年の十月二十八日には大嘗《だいじょう》会《え》の御禊《ごけい》を行っている。

第三次京都失陥
—京内外の激戦—

中国地方へと再び活動拠点を移していた足利直冬は、文和三年（一三五四）五月ごろから上洛の動きをみせていた（「吉川家文書」）が、それほど急な進軍はなしえず、義詮がこれに対応して出陣したのは十月になってからであった。ところが、この隙を突き、北陸で勢力を拡大した桃井直常が上洛してきたのを受けて、尊氏は十二月二十四日、後光厳を擁して佐々木六角氏の勢力圏であった近江国武《む》佐宿《さのしゅく》（滋賀県近江八幡市）へ退いたのである。

翌文和四年正月十六日に桃井直常の軍勢が京都に入って以降、足利直冬・山名時氏・石塔頼房・楠木正儀などの面々も続き、越前の斯波高経もこのときは嫡男の氏頼を桃井に同道させていた。今回は足利直冬・山名時氏と桃井直常が連携しての大軍事行動であったが、後光厳を連れての逃避行も今回は武佐までしか行っていないことからみて、第一次・第二次の失陥に比べると、尊氏・義詮にだいぶ余裕があるように見受けられる。尊氏に率いられて多くの関東武士が在京していたことが、大きかったのであろう。また、尊氏のもとへは主に東海方面から、義詮のもとへは山陽・四国方面から武士たちが駆けつけ、敵を挟撃するかたちとなっていた。

このような情勢下では、京都で迎え撃つ側はすぐさま没落することが多いが、今回は違った。尊氏から疎まれ、九州・中国地方で転戦を続けてきた直冬が、尊氏・義詮と決戦を強く望んだためなのだろう、直冬は東寺に、桃井直常は八条北・堀河西の戒光寺《かいこうじ》に立て籠もって抵抗を試みたのである。

そのため、今回の戦いは、京都の市街にも大きな被害を与えた。洞院公賢は、娘婿一条経通《いちじょうつねみち》の一条殿が戦火にかかったことを惜しみ、洛中で大饗《だいきょう》のような儀礼を行えるような邸宅が、花山院《かざんいん》（花山院兼定邸）以外になくなってしまったことを歎いている（『園太暦』同年二月十三日条）。とくに幕府軍が総攻撃をかけた三月十二日には、七条の西洞院～大宮あたりを中心に激戦が繰り広げられ、「京中所々焼亡」（「建武三年以来記」）したのだといい、六条以南の民衆の住居に大きな被害があったことも確認されている（「学衆方評定引付」同年四月二日条）。

しかし激戦の結果、直冬らは没落し、再び京都は尊氏・義詮の手に落ちた。こののち、直冬は再び中国地方に落ち延びたが、以後勢力を弱めていくこととなるのである。

公家社会の混乱

このように三度も京都を失陥するなか、右往左往したのは武士たちのみではない。実際に戦う武士たち以上に混乱のさなかにあったのが、公家廷臣たちである。

無理もない。それまで自身が仕えてきた北朝が突然否定され、上皇・天皇が南朝によって廃されて、河内国東条、次いで金剛寺《こんごうじ》（河内長野市）に遷されてしまい、南朝勢力もほどなく京都から去った。代わって京都では後光厳天皇が践祚したが、先例のない手続でのことで正当性に疑問符が付けられていたため、廷臣たちは後光厳への協力を躊躇した（松永和浩 二〇一三）。洞院公賢が「凡そ践祚の儀ありといえども、政道といい、公務といい、執行するに人なし。天下滅亡す」と述べている（『園太暦』文和元年九月十二日条）とおり、後光厳に尽くそうとする動きは本当に希薄で、両統迭立以降のどの天皇よりも、求心力に問題のある天皇だったといわねばなるまい。

図 48　後光厳天皇像（天子摂関御影天子巻別巻）
宮内庁三の丸尚蔵館所蔵
急遽践祚した後光厳は求心力が低く，その前途はなかなか多難であった．

第二次失陥時に後光厳は比叡山に逃れ、続いて美濃国小島まで落ち延びたが、その際に直接供奉したのは、公卿は西園寺《さいおんじ》実俊《さねとし》・万里小路《までのこうじ》仲房《なかふさ》の二人に過ぎず、殿上人《てんじょうびと》も四条（鷲尾《わしのお》）隆右《たかすけ》・日野《ひの》時光《ときみつ》（資名子）という限られた面々であった（『園太暦』文和二年六月十四日条、以下『園太暦』）。この背景には、南朝の後村上《ごむらかみ》とともに光厳・光明・崇光らが京都に戻ってくるという噂があったことも大きかったようで、光厳の側近たちや後光厳の擁立に関わった人々も含め、京都に残るという選択をする人物がほとんどだったのが現実であった。

そうしたなかで入京した南朝の吉田宗房《よしだむねふさ》（定房子《さだふさ》）の動きも混乱を呼んだ。宗房が伝えた後村上天皇の内意は、一旦比叡山の後光厳のもとに駆けつけた人物は（それ以後美濃へ同行していなくても）親類に至るまで厳しく処罰する、去年後光厳が践祚した際に出仕した人物も官職を解く、などといった厳しい措置だったのである。結局、真っ先に処罰された二条良基をはじめとして、幾人かの公卿が後光厳のもとへ駆けつけることとなった。

こうした南朝側の強硬姿勢を受け、後光厳側も還幸に参上しない者の所領を没収すると宣言することで、何とか求心力を保とうとした（小川剛生 二〇〇〇・市澤哲 二〇一一）。南朝と後光厳による厳罰の応酬は続く第三次失陥の際にもみられ、前関白で洞院公賢の女婿だった一条経通は、後光厳の厳罰主義に対して「建武以来未だ承らず候つ」（建武以来このような話は聞いたことがない）と驚き、両朝が対立するなかでの辛酸を歎いている（『園太暦』文和四年四月十六日条）。

以後、後光厳は、関白二条良基らの上層公卿や前代以来の勧修寺経顕・四条隆蔭の老臣コンビをはじめ、万里小路仲房・中御門宣明《なかみかどのぶあき》・日野時光・四条隆家《たかいえ》（隆蔭子）・日野忠光（資明子）らを中心にしながら議定や記録所などを運営しており、かたちのうえではかろうじて鎌倉時代以来の体裁を保ちながら政務運営を行っていく（森茂暁 一九八四）。しかし、求心力が弱い後光厳の前途は、なかなか多難なものであった。

4　戦乱の深化

このように、異例づくしの事態をもたらした観応の擾乱は、元弘・建武期の戦乱などとは比べものにならないような大きなインパクトを諸方面に与え、新しい事態を引き起こした。室町時代とは、この観応の擾乱以降に生じた状況に対応するなかで形成されたものであるといえ、そのような意味ではこの時期の戦乱は、十四世紀のターニングポイントになったといっても過言ではない。本節では、観応の擾乱以降の内乱がどのような意味でターニングポイントだったのか、という点についてとくに述べてみたい。

戦乱の変質

本章で述べてきた観応・文和の戦乱は、先の元弘・建武の戦乱とだいぶ位相が変化してきているのだが、そうした変化として第一に挙げられるのは、戦乱が現地化するかたちで長期化していることである。

「中央」への意識が強い十四世紀前半の元弘・建武ごろの戦乱をみると、とにかく何かあれば京都に軍勢が集まってしまい、大混乱が生じていた。また、足利軍や北畠軍などの遠征に大軍勢が従い、列島を大きく縦断するようなケースがあるのも特徴的であった。しかしそういったなかで、足利軍は各地に派遣した守護・大将にある程度の権限を委ねることを選択し、それによって政権を樹立した。また、観応の擾乱時にも、中央の諸将が各地に散らばって兵を集めるという戦略が採用され、実際に

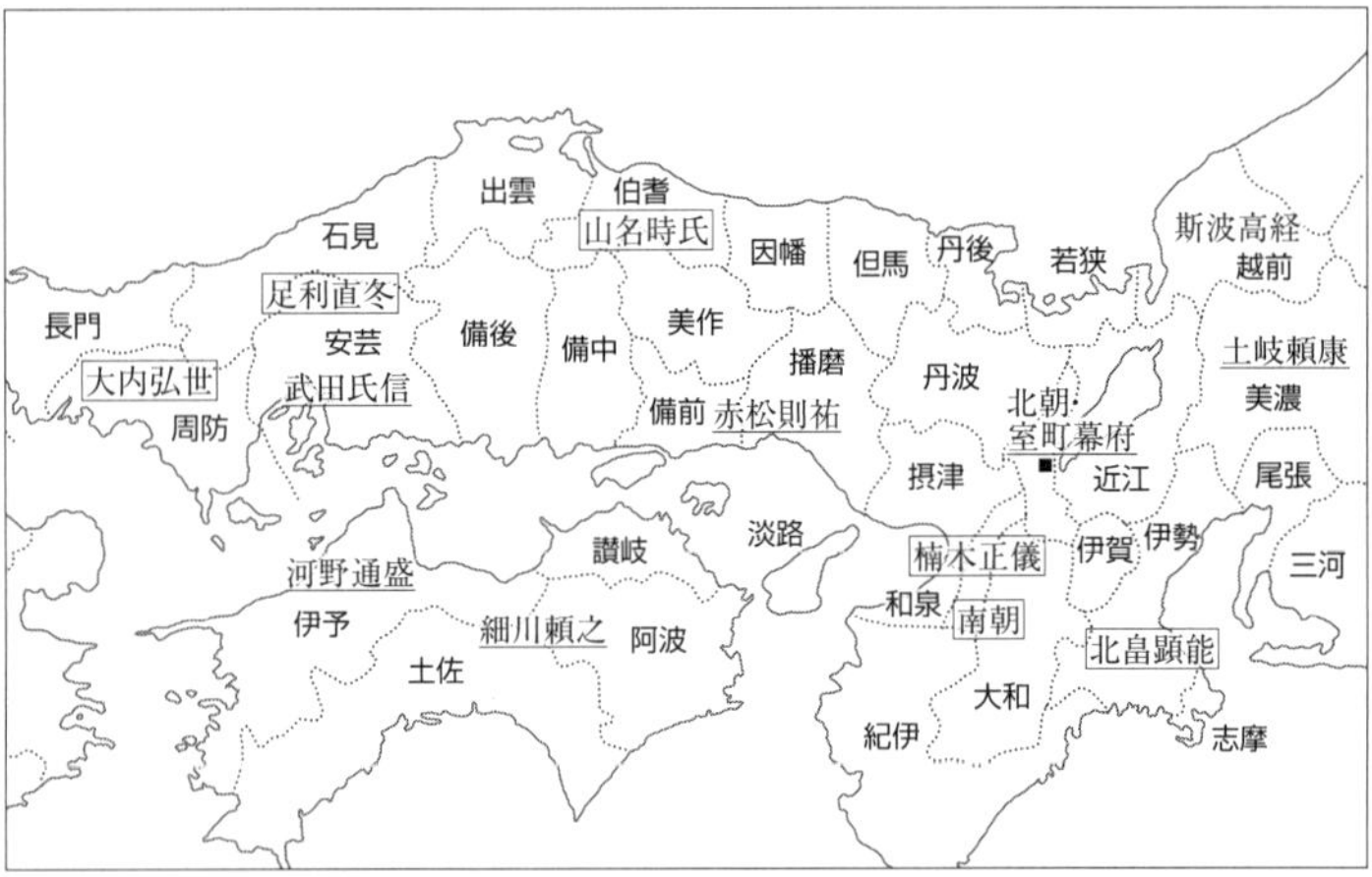

図49　1350年代の畿内近国とその周辺地域

室町幕府方の勢力は＿＿＿＿，南朝方の勢力は□で示した．斯波高経のように一時的に南朝方として行動する人物もいた．

それが功を奏した。

このようにして尊氏方にしても直義方にしても、現地で兵を集めるというあり方が当たり前になっていくにつれ、戦乱の主たるステージは各地域に移ることとなる。動員を受ける武士たちも、中央の動向よりも現地で所領を維持する方向に意識を向けるのが一般的となり、現地における勢力関係に神経を尖らせるようになったのである。このような意味で、観応以降の戦乱は、中央との関係で進展してきた元弘・建武の戦乱とはまったく異なるものとなったのだが、そうなってくると、それぞれの地域でどの勢力が現地を掌握するのか、という地域ごとの事情が一層重要になってくるのである。

この時期の勢力配置をおおまかに確認しておこう（図49）。京都の南方には、南伊勢の北畠顕能《きたばたけあきよし》と河内・和泉の楠木正儀を両翼とする南朝があり、観応の擾乱で室町幕府が分裂した隙を突いて勢力を拡大。大阪平野の淀川《よどがわ》よりも南側（河内・和泉のほか、摂津国闕郡《かけぐん》と呼ばれる地域（おおよそ都島区・東成区・中央区・西区以南の大阪市域）を含む）や紀伊などから、北朝・室町幕府方の影響力をほぼ排除することに成功している。

幕府からの離反組では、文和元年（一三五二）に離反して伯耆・出雲・因幡・美作四ヵ国を占領した山名時氏や、正平七―十三年（一三五二―五八）ごろに順次周防・長門両国を支配下に置いた大内弘《おおうちひろ》世《よ》（藤井崇 二〇一三）などが最有力であり、足利直冬と連携しつつ割拠していた。中国地方は、常陸親王を名乗る南朝の皇子の活動もみられ、とくに反幕勢力が強い地域だったが、幕府側は四国の軍を率いた細川頼之《ほそかわよりゆき》を中国管領とし、播磨の赤松則祐らとともに対抗させようとしていた。

このほか特記されるのが九州である。直冬に続いて鎮西管領《ちんぜいかんれい》一色範氏《いっしきのりうじ》・直氏《ただうじ》父子をも排除した南朝征西将軍の懐良《かねよし》親王が勢力を伸ばしており、以後しばらくの間、南朝方が強い状況が続くこととなる。以北陸方面にも、越後・上野の新田氏《にったし》や上杉憲顕、越中の桃井直常などの反幕勢力が存在していた。以上のほか、幕府から次々に送り込まれた石塔・畠山・吉良・石橋などの各氏が覇を競った陸奥のような地域もあり、まさに全国で戦乱が生じていたというのが、偽らざるところであった。

室町幕府の分権化

こうしたなかで室町幕府は、実のところ京都周辺を維持しつつ畿南の南朝勢力と対峙するのが精一杯であった。

そのような室町幕府が、全国レベルで戦争を有利に運んでいくためには、否応なく各地域における幕府方の勢力に、大きく分権を進める必要がある。たとえば、尊氏が自身で下向してまで維持しようとした関東には義詮弟の基氏が置かれ、関東執事畠山国清に補佐させたが、次第にこの鎌倉府のもとに諸権限が委ねられていくこととなる（角田朋彦 一九九五）。

各国守護の裁量しうる範囲も、大きく広がった。それまでにも幕府は、現地で戦争を進める大将・守護が、所領を付与したり「兵粮料所《ひょうろうりょうしょ》」（兵粮を拠出するための所領）という名目で預け置いたりすることをある程度認めていたが、実際には戦乱が終われば大将・守護は京都に戻ってくるのが普通であった。そのため、そのような戦地での配分は限定的で、室町幕府の恩賞方と呼ばれる組織で行われる恩賞配分の意味が大きかった。

しかし、観応の擾乱以降のこの時期には、現地化して膠着した戦乱がとにかく終わらなかったため、現地駐留を続ける守護も多かった。そうなってくると、現地で軍勢に所領を配分することが格段に増加していくことになる。また、そのように「現地で勝手に配分された所領」が、なし崩し的にそのまま定着してしまうことも、珍しいことではなくなってしまうのである。

寺社本所領

こうした動きが進展していくにつれて、危機に瀕することになったのが、京都にいる公家廷臣や、有力寺院・神社の所領である。これを当時の法制用語で、「寺社本所領《じしゃほんじょりょう》」と呼んでいる。本所とは、その所領の本来の荘園領主という意味を持つ言葉である。

寺社本所領が武士によって押領《おうりょう》（無理やり領有）されることはそれまでにもあったが、戦乱状況を前提としたこの時期の状況は深刻で、とくに幕府の勢威が直接及ばない遠国では、所領を維持できる望みは少なかった。そうしたなか、京都に所在する幕府は、公家廷臣や寺社からの訴えを受け付けつつ、寺社本所領を回復させるよう命令を出していた。

本来、直義執政下の室町幕府では、引付と呼ばれる機関で審議を行い、その結果必要に応じて評定に上程し、裁許を行うという鎌倉時代以来の手続が継承されていた。ところが、観応二年（一三五一）六月以降足利義詮《あしかがよしあきら》は、戦乱によって寺社本所領関係の訴えが激増したことを背景にしてなのだろう、そのようにして裁許状《さいきょじょう》を発給することではなく、寺社本所の所領・権益に関する渡付命令（一三八頁に掲げた内談方頭人奉書《ないだんかたとうにんほうしょ》のような命令）を、みずからの名で次々に出すことを重視するようになるのである（図50、山家浩樹　一九八五など）。

ただ、戦争への勝利が最優先事項である以上、このように寺社本所領を回復させようとする動きは現地で戦いを続ける守護やその旗下の武士たちによって無視されることも多く、なかなかうまくいくものではなかった。何せ、戦をするには兵粮が必要なのである。

そのようなか、とくに京都周辺の諸国で実施されたのが半済《はんぜい》である。戦争を遂行するために、寺社本所領（の土地ないしは年貢）を軍勢に一時預けることにな

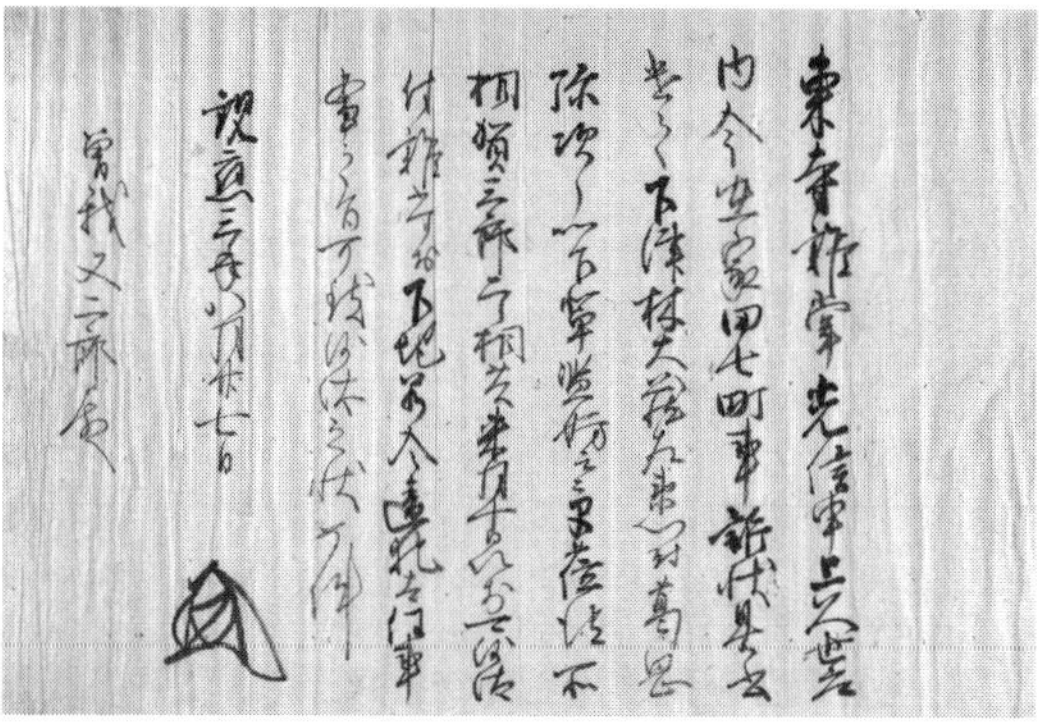

図50　足利義詮御判御教書　京都府立京都学・歴彩館
東寺百合文書 WEB より
義詮が東寺領山城国上久世荘内の田地について，渡付を命じたもの．

るのは仕方ないが、その全体を渡してしまうのではなく、半分を寺社本所のもとに確保しようというのである。

　しかし、このような命令を幕府が出しても、この段階の寺社本所領をめぐる状況は、依然として厳しいままであった。将軍尊氏の信頼が厚かった三宝院賢俊《さんぼういんけんしゅん》関係の所領のリストが残されているが、これをみると知行できている所領は、せいぜい畿内近国の北半分（山城・摂津・播磨・丹波・若狭・近江）に東海方面の諸国が若干加わる程度で、そもそも味方であるはずの幕府側の勢力が押領している所領も多かった。尊氏の信頼の厚い人物で、この程度なのである。当該期の厳しい状況が、よくわかることと思う（山田徹　二〇一五b）。

守護役

　畿内近国で、かろうじて維持できていた寺社本所領も、苦難の連続であった。たとえばこの時代の荘園領主として著名な東寺は、山城国の諸荘園以外に、播磨国矢野荘例名《やののしょうれいみょう》・若狭国太良荘《たらのしょう》（福井県小浜市）・丹波国大山荘《おおやまのしょう》（兵庫県丹波篠山市）などの数ヵ所をかろうじて維持するに留まっており、たとえば矢野荘例名では、現地に力を持つ寺田氏の基盤を継承した飽間光泰《あくまみつやす》という人物の押妨《おうぼう》が続いていた。また、東寺内部も一枚岩ではなく、宝厳院深源《ほうごんいんしんげん》という有力僧が矢野荘別名・那波《なば》浦の地頭であった海老名《えびな》景知《かげとも》の力を借りて、矢野荘例名を占拠しようと試みたこともあった。若狭国太良荘も佐野・松田・河崎などといった武士たちの濫妨に悩まされ続け、文和四年（一三五五）には守護から半済とされてしまう（この場合は、半分を守護方に奪われるという意味）など、苦難が続いた（網野善彦　一九七八b）。

そして、さらに東寺の荘園経営を苦しめたのが、守護《しゅご》役《やく》と呼ばれる新たな賦課である。それまで、寺社本所領に対して幕府や守護から何らかの賦課が課せられることは、異国警固番役など例外的なものに限られていた。しかし、この観応以後の臨戦体制が続くなかで、出陣するためとか、城郭を構築するためとかいう口実を付けて、物資や人夫を拠出するよう守護から命じられることが次第に一般的になっていくのである（伊藤俊一　二〇一〇）。第一章では、鎌倉幕府が荘郷の領主にかかわりなく賦課を命じるような立場を確立できていなかったことについて述べたが、戦乱という非常事態への対応のなかで、このような「制約」がまったく気にされなくなるのである。このことにより、地域における守護（とその関係者）の存在感が大きなものとなるのだが、結果的にはそれだけでなく、このの␂ち武家政権の性格自体にも大きな変化がもたらされることとなるのである。

図51　等持院方丈（本堂）

尊氏は，洛外の等持院に葬られた．洛中にあった等持寺が仏事を行う寺，等持院が墓の置かれる寺としてそれぞれ機能した．のち，等持寺の機能は相国寺に移った．

尊氏の死

観応の擾乱にあえて勝者というものがいたとするのであれば、それは尊氏だったはずである。実際に文和四年（一三五五）以降は反尊氏派の人々の動きも一段落しているのだが、それにしてももたらされた混乱はひとかたのものではなく、どうみても、むしろ失ったもののほうが大きかったといわねばならない。尊氏自身の体調も次第に悪化に向かったようで、義詮への権限委譲が進められていった（高柳光寿 一九五五、渡邊正男 二〇〇八、森茂暁 二〇一七）。

延文三年（一三五八）二月十二日、観応の擾乱によって失脚し、死没した足利直義に従二位の贈位が行われた。「武家（足利尊氏）俄《にわか》に申し行う」（尊氏が突然執り行った）（『後深心院関白記』）と記されることから考えると、やはり彼も弟のことが気になっていたのであろう。

尊氏は、その年の四月三十日、二条万里小路殿で没した。五十四歳であった。近衛道嗣《このえみちつぎ》（基嗣子）の日記では、死因は「腫物」「蚊触《かぶれ》」と記されている。遺体は、等持院《とうじいん》（京都市北区）に葬られた。

この室町幕府の創業者が没したのち、百日を少し越えた八月二十二日には、入れ替わるように嫡孫が生を享けた。その嫡孫こそが、この混乱を収め、室町幕府の第二の創業者といえるような立場になってゆくのだが、それにはまだ三十年以上の時間が必要であった。

コラム6　右往左往する公家廷臣

本章で何度も強調してきた通り、観応二年（一三五一）冬に義詮《よしあきら》が南朝と結んで北朝擁立を放棄したことは、公家廷臣たちにとって本当に衝撃の出来事だった。

これを受けて多くの廷臣が南朝に参仕した（森 二〇〇五）。洞院公泰《とういんきんやす》・実守《さねもり》兄弟（公賢《きんかた》・公敏《きんとし》弟）、中院親光《なかのいんちかみつ》（具光《ともみつ》兄）、二条為明《にじょうためあき》・為忠《ためただ》（為藤《ためふじ》子息）、西園寺実長《さねなが》（公重《きんしげ》子息）など元来後醍醐《ごだいご》と関係が深かった一族の人物が動いたほか、中院通冬や冷泉定親のように、本来持明院統《じみょういんとう》に近い立場だった人々のなかにも見切りをつけて積極的に南朝に投じた人々があり、そのまま南朝に定着した人物も少なくなかった（四六～五一頁の図13～20の▲を参照）。

一方で、本来南朝と近しい一族だったはずなのに、うまく南朝に出仕できなかった人々もいた。その筆頭として挙げられるのが、二条良基《よしもと》である。五摂家のなかで基盤の弱い二条家は後醍醐に接近しており、元弘《げんこう》の変の際に道平《みちひら》が関与を疑われたことについては第一章で述べた。ところが、道平の弟で良基の叔父にあたる師基《もろもと》が南朝に投じたのに対し、良基は京都に留まって北朝に仕え、関白に任じられていた。在任は五年以上にわたっており、南朝の覚えは悪かったようだ。

また、後醍醐が正中《しょうちゅう》の変で窮地に陥った際に弁明を行った祖父宣房《のぶふさ》、後醍醐側近として元弘の変で捕らえられ、配流先で殺害された季房《すえふさ》を父に持つ万里小路仲房《までのこうじなかふさ》も、南朝にいち早く参じたものの、不興を買って空しく上洛している（『園太暦』観応二年十一月十二・十八日条）。しかし、彼は変わり身の早い人物だったようで、以後は二条良基らとともに、むしろ後光厳《ごこうごん》の擁立に積極的に動いている。

三人の光厳側近のうち、病床にあった日野資明《ひのすけあき》の動きも注目される。彼の嫡男であった次男の教光《のりみつ》はこれ以前に崇光《すこう》天皇の側近となっていたが、不参が咎《とが》められるとの噂を聞きつけ、資明は急遽、三男保光《やすみつ》を南朝に派遣しているのである（『園太暦』観応二年十一月二十五日条）。こののち、後光厳が即位すると四男の忠光《ただみつ》を出仕させており、以上から資明は、三人の子息を崇光・後村上《ごむらかみ》・後光厳に祗候《しこう》させ、一時的に三股をかけていることがわかる。資明自身が文和二年（一三五三）七月に没したのち、結局は三人とも北朝のもとで昇進するが、とくに後光厳からの厚い信頼を獲得した忠光が、兄たちを凌いで昇進していくこととなる。

求心力の低い後光厳を支えたのは、乳人子《めのとご》である日野宣子・時光《ときみつ》姉弟の周辺（宣子の夫、西園寺実俊《さねとし》を含む）や母方の正親町三条《おおぎまちさんじょう》一族（公秀《きんひで》・実継《さねつぐ》など）などに、以上に挙げた二条良基・万里小路仲房・日野忠光たちを加えたごく少数の人々であった。しかし、詳しくは次章に述べる通り、後光厳皇統の求心力への不安はその後も継続する。そうしたなかで、この人々のなかから足利義満《よしみつ》を公家社会に引き入れようとする人々があらわれてくるのである。

六　内乱収拾の糸口

1　足利義詮の執政

観応《かんのう》の擾乱《じょうらん》による混乱の直後にあたる時期、というと、およそ六十年ほどに及ぶ南北朝時代のなかでもとくに明瞭なイメージを持たれていない時期ではないかと思われる。しかし、こののち足利義満《あしかがよしみつ》が本格的に登場してくるのは一三七〇年代の後半であり、そこまでの間にはなお若干のタイムラグがあるといわねばならない。

このタイムラグの時期とは、ちょうど二代将軍義詮《よしあきら》の執政期と、彼の没後に幼少の義満を擁して管領細川頼之《ほそかわよりゆき》が政務を代行した時期に重なるのだが、実をいうとこの時期こそ、近年の研究で最も再評価が進んでいる時期である。本書では、この時期について一章を立て、幕府が直面していた問題は何だったのかなどに留意しながら述べていきたい。

義詮の南方親征

尊氏《たかうじ》の死後、跡を継承した足利義詮は、代替わりにあたって威信を示すべく、とある構想を描いていた。それは南朝勢力に対し、東国御家人たちをも動員するか

図52　足利義詮像　等持院所蔵
尊氏・直義と義満にはさまれた義詮の時期は，南北朝時代の帰趨をみきわめるうえで重要な時期である．

たちで討伐を加える、という構想である。

尊氏の没から一年半ほど経った延文四年（一三五九）十月、関東執事の畠山国清《はたけやまくにきよ》が東国兵を率いて西上、十一月六日には入京を果たす。そして、十二月十九日には義詮自身が大軍を率いて出征した。義詮の軍は摂津国尼《あまが》崎《さき》（兵庫県尼崎市）へ着陣する一方、細川清氏《ほそかわきようじ》・仁木義長《にっきよしなが》をはじめ、多くの将が従軍したようだが、なかでも戦果のめざましかったのは畠山国清兄弟の率いた関東の軍勢であった。畠山軍は河内へと向かい三月十七日には金剛《こんごう》寺《じ》を焼き、四月以降には紀伊へ進軍して諸城を陥れ、五月九日には河内東条の楠木氏《くすのきし》の本拠を攻略した。

この時期には、東国から大規模な軍勢を呼び寄せるのはなかなか大変なことだったが、それをわざわざ実行した点に、義詮のこだわりをみいだすことができる。かつて源頼朝《みなもとのよりとも》が鎌倉幕府成立の総仕上げの段階で、全国に大動員をかけて奥州藤原氏《おうしゅうふじわらし》の征伐を行ったことがよく知られている（入間田宣夫 一九七八、川合康 二〇〇四）が、実をいえばこの南朝征伐の直前には、尊氏ないしは義詮が土佐派の祖行光《ゆきみつ》に発注した「鎌倉右幕下《（源頼朝）》泰衡《やすひら》を征伐するの絵」（頼朝の藤原泰衡征伐に関する絵巻）が完成している（『後深心院関白記』延文四年五月十五日条、高岸輝 二〇〇四、高岸は尊氏の発注と理解している)。おそらくは義詮も代始めにそのような大動員をわざわざ行って、敵を討伐できることを天下にみせつけ、戦乱の世に終止符を打つためのデモンストレーションとするつもりだったのであろう。

実際、東国の大軍が上洛するという噂がかけめぐった段階で、中院通冬《なかのいんみちふゆ》・二条為忠《にじょうためただ》をはじめとする南朝の公卿・殿上人二十名ほどが北朝・幕府に降伏しており(『園太暦』延文四年十一月一日・四日条)、そのインパクトは非常に大きかったといってよい。

仁木・細川両氏の離反

このように意気込みが籠められた南朝征伐は、たしかにある程度の成功を収めたといってよいが、問題はその後であった。延文五年(一三六〇)七月、細川清氏らの諸将により、重鎮仁木義長を討とうとする動きが生じたが、その結果義長は分国伊勢へ没落し、あろうことか南朝へ降伏してしまう。また京都で政権の中心にいた執事細川清氏も諸将の反感を集め、翌康安元年(一三六一)九月には失脚して南朝方へ走った。さらに、関東へ戻っていた畠山国清兄弟も、十一月に足利基氏《あしかがもとうじ》の追討を受けている。

単に諸将の離反というのであれば、それ以前にも例はあったが、今回の離反は、高師直亡き後に尊氏を支え続けた仁木・細川両氏によるものである。畠山国清にしても、たしかに一時的に直義《ただよし》についたことがあったものの、それ以後は関東支配の中核を担っていた。そのようにして尊氏を支えてきた中核的人物たちが、彼の死後三年ほどのあいだに次々に離反・失脚してしまうことになったのである。元々諸将の不和が問題になっていたとはいえ、尊氏派の崩壊とでもいうべき、きわめて深刻な状況だった。

仁木義長・細川清氏の離反の影響は大きく、康安元年十二月、南朝軍と清氏らの攻撃を受けてまたもや京都を失陥することとなる。このときにはその月のうちに京都を奪回することに成功したが、その際に頼りになったのは、佐々木・土岐・赤松という非一門の三氏（佐々木六角氏頼《ろっかくうじより》・佐々木京極高氏《きょうごくたかうじ》・土岐頼康《ときよりやす》・赤松則祐《あかまつそくゆう》）だったのであり、そうした意味では、足利一門・被官を重視してきた幕府成立以来の方針の挫折とすらいえるところであった。義詮の初政は、こういった挫折を出発点とせねばならなかったのである。

旧直義派の帰参

みずからの支持基盤が早くも瓦解した義詮は、構想を根本的に転換させたようである。その最たるものが、離反組の積極的な取り込みである。

『後深心院関白記《ごしんしんいんかんぱくき》』康安二年（一三六二）七月二十二日条には、「武家の沙汰として、今日故入道左（足利直義）兵衛督の勧請《かんじょう》の事有り」とあって、足利直義《あしかがただよし》が天龍寺の傍らに勧請されたことが記されている。このことについては、疫病流行などの社会問題の解決を目指して、直義の怨霊の存在が強く意識され、その鎮魂のために行われた、という説が出されている（早島大祐 二〇一〇）が、旧直義派を取り込みながら政権を再構成していこうとする、義詮の試行錯誤の一環であったことは重要だろう（亀田俊和 二〇一六b）。

そのようななかで、幕政の中枢に迎え入れられたのが、越前の斯波《しば》高経《たかつね》・義将《よしゆき》父子であった。執事に就任したのは、すでに出家している高経自身ではなく四男義将だったが、就任時に義将はまだ十三歳であり、実際には高経が政務を掌握した。

この斯波高経は、足利一門の名門で、室町幕府開創直後から越前守護に配されていた人物だが、観応の擾乱時に一時直義に荷担して京都から脱したことがあり、また、文和三、四年（一三五四、五五）ごろにも反幕軍に呼応した履歴を持つ人物である。北陸に反幕勢力が強い時期に一時的に離反するのみで、義詮に協力している時期もあるため、生粋の直義派とはいえない点に注意が必要だが、それにしても越前に在国することが多く、要するに日和見《ひよりみ》的な人物といえる。そのような高経を幕政の中枢に据えたことは、これまでの経緯にとらわれず、復帰を歓迎するという義詮の意志を示すものだったと思われる。

実際、この前後から、離反していた人々が次々と、幕府へ帰参していることがわかる。直義に与して離反していた上杉憲顕《うえすぎのりあき》は、康安二年九月に義詮から書状を受け、同年十一月には越後守護に復帰している（「上杉家文書」「大友文書」）。山陰に割拠し、たびたび京都へ攻め込んでいた山名《やまな》時氏《ときうじ》は、貞治二年（一三六三）九月までに幕府に降り、翌三年には上洛した。また、同じく直冬《ただふゆ》に呼応し、周防・長門二カ国を実力で制圧した大内弘世《おおうちひろよ》も同じく貞治二年八～九月ごろに幕府へ降り、鎮西管領《ちんぜいかんれい》斯波《しば》氏経《うじつね》（高経次男）の支援にまわった。このほか、少し遅れて吉良《きら》満貞《みつさだ》・桃井直信《もものいただのぶ》（直常弟）・石塔頼房《いしどうよりふさ》や仁木義長・畠山義深《よしふか》（国清弟）についても帰参していることが順次確認でき、同族の細川頼之に討ち取られた細川清氏を除き、離反した勢力の多くが幕府に帰参していると考えてよい。

義詮はこのような復帰組も含めて幕府を再構成しようと考えていたと思われるが、そうしたなかで注目されるのが足利一門の重視である。正室幸子（渋川義季《しぶかわよしすえ》の娘）の実家渋川氏をとくに重視したほか、貞治五年に斯波高経が諸将からの反発を受けて失脚したのち、斯波分国のうち越前を畠山義深に、若狭を一色範光《いっしきのりみつ》に、越中を桃井直信に与えており、これに前後して一旦土岐頼康に付与されていた伊勢守護職も、仁木義長に返している。この人々のうち、畠山・桃井・仁木の三氏が復帰組であるほか、一色範光は父範氏や兄直氏とともに九州で南朝勢力に敗北し、京都に戻った人物であった。このように、義詮は足利一門に関しては「再チャレンジ」を認めるかたちでチャンスを与え、体制の再構築を目指したのであった。

このような義詮の融和策によって、ひとまず戦乱状況を脱し、軍事的な安定がもたらされたことは間違いない。南朝軍や離反勢力によって京都が陥落するようなことも、ひとまず康安元年が最後となった。

こののち義詮は貞治六年十二月七日に三十八歳で病没し、次いで管領細川頼之が翌応安元年（一三六八）に十一歳で元服した義満を補佐しながら政務を代行する体制に移行した（なお、本来執事と呼ばれていた役職が、おおよそこの頼之の時期を境に「管領」と呼称されるようになっている。以下、本書でもそのように表現する）が、この義詮期の後半から細川頼之執政期までの時期は、実のところ連続的に評価すべき点が多い。そういった諸点については次節にまとめて述べたいと考えているが、その前に、義詮段階とその没後で大きな変化が生じた二つの点について触れておくことにしたい。

南朝との講和の模索

一つ目が、南朝との講和の模索である。観応の擾乱時に一旦講和が行われたものの、それが南朝側の京都襲撃によって破られたことは第五章で述べた。そののち、たとえば延文五年（一三六〇）正月末ごろにも、摂津国尼崎に置かれた義詮の陣中で講和交渉が隠密に進められているという噂が流れていた（『後深心院関白記』延文五年正月晦日条）が、その交渉も実を結ばなかったようである。ところが、義詮の晩年には、それが一気に実現の直前まで進むこととなった。

はっきりとはしないが、講和ムードが明確になり始めたのは、貞治四年（一三六五）のことである（山田徹 二〇一三）。延文五年以来、最前線の摂津まで進出して住吉社《すみよししゃ》（大阪市住吉区）を行宮《あんぐう》にしていた南朝の後村上天皇《ごむらかみ》が貞治四年四月に四天王寺《してんのうじ》（同天王寺区）金堂の上棟を行った際、かつて南朝を代表して義詮と交渉していた僧侶、忠雲によって供養法会が行われた（『新葉和歌集』）が、このときそこに幕府関係者が出向き、馬を引く役目を務めている（『師守記』貞治四年四月二十六日条、以下『師守記』）。こうしたなか、貞治五年十一月には「南方御合体」（南朝との講和）がおおよそ定まったといわれている。

ところが、翌六年四月に南朝からの勅使葉室光資《はむろみつすけ》が実際に到来してみると、そううまくはいかなかった。様子を記す『師守記《もろもりき》』の該当箇所が虫損によって読みづらいため確たることはいえないが、どうも南朝側は、幕府が「降参」するという条件を当然のものと理解していたらしい。おそらくは正平の一統時と同じく、北朝擁立を放棄し、南朝を正統と認めることを求めていたものと思われる。これによって義詮は激怒し、交渉担当だった佐々木京極高氏に怒りをぶつけ、結局このときの講和も白紙となったのである。

このとき南朝側で講和に尽力していた楠木正儀《くすのきまさのり》が南朝内での立場を悪くし、北朝・幕府側に帰順したこともあって、続く細川頼之期は対南朝の講和を推進する動きはみえない。その正儀を先手としつつ、大阪平野の南部（河内・和泉）や紀伊国にかけての勢力図が、北朝・幕府側へと少しずつ塗り替えられていくことになるのである。

北朝天皇家の混乱

これと合わせて注目されるのが北朝天皇家との関係だが、この点については若干時系列を遡る必要がある。

擾乱時に光厳《こうごん》・光明《こうみょう》・崇光《すこう》らが連行されて急遽後光厳《ごこうごん》天皇が践祚《せんそ》したこと、異例の践祚であった後光厳の公家社会内部における求心力がきわめて低かったことなどを第五章で述べたが、延文二年（一三五七）に光厳・崇光両上皇が戻され、伏見《ふしみ》に入ったのちにも新たな混乱が生じた。両上皇は旧側近の四条隆蔭《しじょうたかかげ》・勧修寺経顕《かんしゅうじつねあき》以外誰にも会わないと強く言い張っており、かつて彼らを切り捨てる判断をした足利義詮や、後光厳擁立に深くかかわった二条良基《にじょうよしもと》らに対しての怒りが深かったものと推測される。

また、「当今《（後光厳）》と法皇《（光厳）》と御父子頗《すこぶ》る快からず」（『園太暦』延文三年八月十三日条）といわれているように、光厳・後光厳間もかなり悪化したらしい。背景には、後光厳が持明院統《じみょういんとう》歴代が重視してきた琵琶ではなく、足利尊氏《あしかがたかうじ》が習得していた笙《しょう》を学んだこと、持明院統周辺で築き上げてきた京極派の歌風ではなく、尊氏好みの二条派の歌風を重視したことなどが挙げられている（深津睦夫 二〇一四）。「詩歌に巧みに、糸竹《しちく》に妙なるは、幽玄の道、君臣是を重くす」(『徒然草』)などといわれるように、和歌・管絃などの芸能は公家社会において重要なたしなみであり、またこれらが盛んであるということは、天皇の治世を称賛する際の重要な要素であった。それなのに、持明院統が代々重視してきたアイデンティティとでもいうべき要素を後光厳があえて捨て去ったことに、光厳は我慢がならなかったのである。

持明院統の嫡流に代々相伝《そうでん》されてきた所領群、長講堂《ちょうこうどう》領のゆくえにも触れておこう。同領は後光厳擁立後も、後光厳に渡されず祖母西園寺寧子の手元に残されていたが、延文二年七月に彼女が没したのちには崇光上皇の手に帰したようで、毎年三月に長講堂で行われる御経供養の際には崇光が御幸《ごこう》を行っている。所領とはいうまでもなく経済基盤であったが、後光厳はそうした意味でも基盤の弱さに悩まなければならなかったのである。

以上の諸点を考慮するならば、光厳・崇光上皇の還御《かんぎょ》は、喜ばしいことかと思いきや、かえって後光厳の正当性に対する疑問を増大させ、北朝公家社会の混乱を呼ぶものであったといわねばなるまい。軍事的に終止劣勢だった南朝が幕府に太刀打ちすることは難しかったが、肝心のライバルである北朝に対しては、このような一連の措置によって深刻なダメージを与えることに成功していたのである。

後光厳・崇光と義詮

こうした状況下で、幕府側は、一貫して後光厳を支持し続けたとされており、たしかに後光厳のもとで開かれる諸儀礼と、そこに出仕する公家廷臣たちを支援していることが確認されるのは事実である(松永和浩 二〇一三)。

ただし、注意しておきたいのが、義詮の晩年に顕在化した動きである。『後愚昧記《ごぐまいき》』貞治六年(一

図53　『太平記絵巻』第十二巻　中殿御会事　国立歴史民俗博物館所蔵
後光厳の時代の栄華を演出するはずだった中殿御会に対して，義詮は無理難題をつけた．

三六七）正月一日条によれば、それまで伏見にいた崇光が、前年冬より京都北辺の菊第《きくてい》（今出川《いまでがわ》公直《きんなお》邸、一三〇頁図37）に遷っていたことがわかるのである。第四章でも述べたように、この邸宅のあった一条以北の地は、厳密にいえば平安京内ではないが、事実上の京内と意識されうるような地区であった。崇光の帰京を後光厳が積極的に進めたとも、幕府からの許可なく崇光が菊第に遷ったとも考えにくく、幕府側に動きがあったと考えざるをえない。おそらくは南朝との講和が本格的に視野に入る中で採用された、融和策の一環なのだろう。

一方で注目されるのが、貞治五年十月に内裏修理のため、後光厳が西園寺実俊の北山殿《きたやまどの》に方違行幸《かたたがえぎょうこう》を行うことになった際の記事である。時期も一ヵ月に及び、一時的に神鏡を遷すほどの行幸であったにもかかわらず、供奉《ぐぶ》した公卿は九条忠基《くじょうただもと》・四条隆家《しじょうたかいえ》・日野忠光《ひのただみつ》の三人に過ぎなかった。また、内裏への還御はたびたび延引したのち十一月四日に行われたが、これも供奉したのは公卿では四条隆家・中院通氏《なかのいんみちうじ》（通冬子）の二人だけであった。三条公忠《さんじょうきんただ》は「冷然以《もっ》ての外《ほか》か」と記しており、後光厳周辺から今まで以上に人が離れていることがわかるのである。これはおそらく、幕府が南朝との和平や崇光の復帰を進める姿勢をみせたことと関係があったと思われ、鎌倉後期の両統迭立のように、崇光・後光厳・後村上《ごむらかみ》三者の皇統が鼎立《ていりつ》する体制が想起された可能性もあるかもしれない。

こうしたなかでさらに注目されるのが、義詮自身にも後光厳を軽んじるような面がみえてくる点である。貞治六年三月に、後光厳が内裏で行う正式な和歌会、中殿《ちゅうでん》御会を開催した際に、参加予定だった義詮が自分の都合でプログラムを変更させたり、御製講師（天皇の和歌を披講する役）という重要な役の交代を直前になって求めたりするなど、無理難題をつけているのである（山田邦明 二〇〇七）。

この義詮とは、『太平記《たいへいき》』に「人の申事に付安き人」（他人の言に左右されやすい人）と書かれてしまって以降、評価があまり芳しくなく、佐藤進一の名著『南北朝の動乱』（佐藤進一 一九六五）のなかでも「何一つとりえのない」「凡愚」との烙印を押されていた人物であるが、最近では敵対していた勢力を取り込んでひとまずの平和を実現するような、現実的な判断と柔軟さが評価されつつあるところである（吉田賢司 二〇一七など）。

ただし、義詮が南朝に降伏するために北朝を切り捨てたように、これまでの経緯にとらわれずに敵対した人物を取り込むということは、これまで重視してきた人々を軽視したり、切り捨てたりすることでもあった。結果的にいえば、そのような彼の判断の結果もたらされた北朝の内部対立は、こののちの禍根となっていくのである。

2　貞治・応安という時代

貞治二、三年（一三六三、六四）ごろに山名氏をはじめとする離反勢力が幕政に復帰して以降は、少なくとも京都周辺の諸国にとって、久方ぶりの平和がもたらされた時期であった。こののち細川頼之の執政期にかけては、内乱からの再建がひとまず始まり、その後の義満政権の前提をかたちづくった時期として連続的に把握したほうがわかりやすいため、本節では、年号を取って貞治・応安期（一三六二—七五）というひと続きの時代として取り上げ、それがどのように次の時代の前提となっていくのかをみていきたい。

政情の安定化と大名たちの帰京

この時期の特徴としてまず強調したいのが、大名たちが帰京する動きである（山田徹 二〇〇七）。離反組の大物である山名時氏が貞治三年（一三六四）に上洛したことは先に述べた。貞治四年に尊氏の正室で義詮の母にあたる赤橋登子が没したが、その際には淡路守護の細川氏春《ほそかわうじはる》（師氏子）、仁木義長失脚以後に伊勢を与えられて義長や南朝の北畠顕能《きたばたけあきよし》と対峙していた土岐頼康、長らく播磨に在国して山陰の山名氏に対抗していた赤松則祐らが京都に駆けつけており、その仏事も在京する諸大名の負担によって執り行われた（『師守記』同年五月十日・十八日条）。

貞治六年九月には、四国の守護を兼ねる細川頼之も上洛しているが、たしかにこの前後から、京都での活動を確認できる人々が大きく増加しているのは確実であり、そうしたなかで興福寺《こうふくじ》僧は応安六年（一三七三）に、「守護等太略当時在京之輩」（守護はほとんど今は在京している者たちである）と記している（『後深心院関白記』同年正月二十一日条）。ほかにも、後年にいわゆる「奉公衆」としてみえてくる諸家の半分程度が、この時期から京都での活動を確認することができる（山田徹 二〇一〇）。このような諸点には、この時期の平和のあらわれをみてとることができよう。

ただし、この時期になると関東の有力武将の在京は基本的にみられなくなり、関東では、基氏《もとうじ》（貞治六年四月没）から氏満《うじみつ》（基氏の子）へと代替わりした鎌倉府の体制が、徐々にかたちづくられていくことになる。

また、観応の擾乱以降離反組の勢力が強かった中国地方も基本的には幕府に帰順したが、その一方で九州には征西将軍懐良《かねよし》親王のもと、南朝勢力が根強く残っていた。斯波氏経がなすすべなく京都に戻ったのち、貞治四年に義詮正室渋川幸子の甥渋川義行《よしゆき》、応安三年（一三七〇）に今川貞世《いまがわさだよ》（了俊《りょうしゅん》、範国子）が九州方面への大将に任命された際には、義行が備中・備後、貞世が備後・安芸の守護にそれぞれ任じられており、これらの国々の軍勢を九州討伐に充てることが意図されていたようである。幕府に帰伏した周防・長門の大内弘世が九州討伐の支援を期待されていたことを合わせて考えると、それまで反幕色の強かった中国地方西部は、対九州戦線の前線基地として位置づけられるようになったといってよいだろう。

以上のような背景から、守護が在京しているといっても、在京している人物が守護職を兼ねている地域はそれほど広くはなく、せいぜい東は遠江・三河、北は越中・能登、西は備中（応安三年以後、渋川義行は備中守護を兼ねたまま京都に戻った）あたりまでの範囲に四国が加わる程度に過ぎなかった。

寺社本所領の回復？

ひとまずの平和が訪れたことを受けて幕府では、十年を超える戦乱によって押領《おうりょう》が進んでいた寺社本所領《じしゃほんじょりょう》の回復をたびたび企図した（以下、山田徹 二〇一五b）。

かろうじて寺社本所領を維持することがある程度可能だった京都周辺の山城・摂津・丹波・播磨・若狭・近江などで再建に力が尽くされたのはもちろんだが、加えて注目されるのが、それまでの十年では所領維持が困難だった、それらよりも少し京都から離れた地域である。このような地域では、本来の権益の半分をとりあえず寺社本所に戻すという措置が国ごとに進められていたようで、備中・備後・遠江・越中などで実例を確認できる。

続く細川頼之も、そのような義詮の遺志を継ぐかたちで応安元年（一三六八）、いわゆる応安大法《たいほう》と呼ばれる措置を講じた。「応安の半済令」として有名なこの法では、禁裏《きんり》・仙洞料所《せんとうりょうしょ》（後光厳天皇・崇光上皇のための所領）や殿下渡領《でんかわたりりょう》（藤原氏の氏長者に受け継がれていく所領）や寺社一円仏神領などのとくに定めた所領についてはすべてを返付すること、それら以外の寺社本所領はさしあたり半分を返付することなどを定めている。

この応安大法は、権威づけのために後光厳天皇の綸旨をわざわざ獲得し、守護たちに厳命するなど、頼之の意気込みが強く籠められたものだが、この法令も、これ以前の類例と同様にあくまで一時的な寺社本所領回復キャンペーンの方針に過ぎず、その後の幕府の所領政策を縛るようなものでもなかった。この法の画期性が高く評価されることも多いが、こうした限界がある点には注意しておく必要がある。

とはいえ、以上のように寺社本所領回復のための措置がたびたび講じられたこともあって、寺社本所が所領・権益を何らかのかたちで回復していったのも事実である。そもそも現地の武士たちも一枚岩ではなく互いに競合する面を有しており、兵粮料所《ひょうろうりょうしょ》を知行するという権利もそれほど強いものではなかった。そうした点を背景にして、戦乱がひとまず終わり、守護が京都に戻ったような地域では、さまざまな人脈を駆使して所領からの収入を確保することも不可能ではなかったのである。

図54　細川頼之像　地蔵院所蔵
義満が若年の間，政務は管領細川頼之によって代行された．

ところがその一方で、東寺が周防国美和荘兼行《みわのしょうけんぎょう》方《かた》（山口県光市・田布施町）という寺領を回復しようとした際には、幕府からの命令を受けた守護大内弘世が「九州静謐《せいひつ》に属せざるの程は、国中所領のこと、公方より御綺《いろい》あるべからざるの由、御兼約《ごけんやく》」（九州の戦乱が治まるまでは、周防国の所領に関して幕府からは干渉しないと、かねてから約束していたはず）と述べて命令を拒絶しており注目される（「東寺百合文書」）。寺社領回復に関する幕府の命令が出されても、まだ戦乱への対応が続いている（と認識されている）地域において、それは必ずしも貫徹しなかったこと、幕府もそれを仕方ないと考えていたことをみてとれよう。

このような状況は、先にみた京都周辺の諸国とその外側の遠隔地諸国の間で、大きな地域差が生じていることを示している。第四章では、尊氏・直義期に幕府支配を全国的に形成しようとする動きがあったことについて指摘したが、観応の擾乱からの復興は軍事状況に制約されつつ地域限定的なかたちで、段階的にしか進んでいないのである（そのため、この時期の幕府法は、対象地域が明記されていなくても、即座に全国令とは理解できない）。こうしたこの時期の地域差の問題や幕府支配の非全国性の問題は、義満期以降の室町時代の支配体制の直接的な前提となるのだが、そのあたりに関してはまたのちに触れることにしたい。

大名間の緊張

このように貞治・応安期とは、地域限定的なかたちでさしあたりの安定がもたらされた時期であったが、京都の政権内部に目を向けると、大名たちの対立が深刻化していく時期でもあった。尊氏・直義の時期の守護職とは、必ずしも争奪の対象となるほどに望まれる役職ではなかったが、どうも十年の内乱の期間に大きく転換したらしい。

細川清氏が越前守護職に任じられることを望んでいる（『園太暦』延文二年六月十五日条）ように、守護職が権益として本格的に争奪の対象になっており、そうしたなか、若狭の石橋和義《いしばしかずよし》、丹波の仁木義尹《よしただ》（頼章子《よりあき》）、美作の赤松貞範らをはじめとして、備中の宮氏、備前の松田氏、但馬の長氏、越中の桃井《もものい》氏《し》、三河の新田大島氏、摂津の赤松七条氏など、多くの人物、家が守護職を失っていくこととなるのである。

こうした争いが有力大名間で表面化した場合には、幕政をもゆるがした。先に、執事仁木頼章の弟だった義長が兄の死後に細川清氏らの反感を買って失脚したこと、それからほどなく細川清氏も失脚したことなどを述べたが、この時期にも同様の事態は続き、貞治五年には斯波高経が失脚する貞治の政変が、そして少し下って康暦元年（一三七九）には細川頼之が失脚する康暦の政変が生じている。将軍に密着する立場を獲得して力を強めた人物が警戒され、反感を買って追い落とされる構図は観応の擾乱時の高師直《こうもろなお》以来、相変わらずのことだが、それはやはり同輩の有力者を駆逐しつつ将軍家を傀儡化し、幕府の実権を握った北条氏（とくに得宗家《とくそうけ》）が、武家政治の歴史的前例として大きな位置を占めていたことと無関係ではないのであろう。幕府の安定には、まだしばらくの時間が必要であった。

興福寺の強訴

加えて、対立関係を確認できるのが幕府内のみでなかった点にも、注意が必要であろう。とくにこの時期に顕著なのが、有力寺院の強訴である。かつて白河《しらかわ》上皇が延《えん》暦寺《りゃくじ》の「山法師《やまほうし》」を三不如意の一つに挙げたとされるように、延暦寺や興福寺の強訴はそれまでにも政権を悩ませてきたが、それが最も強勢を誇ったのが、この貞治・応安の時代であった。

たとえば、貞治三年（一三六四）十二月、興福寺の僧侶が神木を奉じて入京した。史料によって若干異なるが、その要求は、春日社《かすがしゃ》の造営と興福寺・春日社の所領回復に関するものだったらしい。これを受けて北朝・幕府は翌年二月、春日社造営のために棟別銭《むねべっせん》を諸国に賦課することを決定したが、結局この神木が帰座したのは、越前守護で同国河口荘《かわぐちのしょう》（福井県坂井市・あわら市）を押領しているとされていた斯波高経が失脚した後の、貞治五年八月のことであった。この間、実に二年近くもの間、京都に神木が居続けたことになる。

また興福寺は、応安四年（一三七一）にも強訴を行った。このときの当初の要求は一乗院実玄《いちじょういんじつげん》（近衛経忠子）・大乗院教信《だいじょういんきょうしん》（九条経教子）という二門跡《もんぜき》の悪行を訴えて罷免を求めるものだったが、北朝がすぐさま二人を罷免したにもかかわらず神木は在京を続け、三宝院光済《さんぼういんこうさい》（日野資明子）・覚王院宋縁《かくおういんそうえん》という二人の僧侶の配流を求めるなど、要求をエスカレートさせていく。光済とは後光厳の側近僧の一人で、師の賢俊《けんしゅん》以来幕府とも関係が深かった人物、そして宋縁も細川頼之と関係の深い僧侶である（水野圭士 二〇一四）。したがって北朝・幕府にこのような要求を受け入れるつもりはなかったが、応安七年正月二十九日に後光厳上皇が崩御し、それを「春日の神罰」とする噂が流れるに及び、幕府・朝廷もこれに屈し、光済・宋縁らの配流決定などいくつかの措置を講じた。これによって神木は同年十二月に帰座《きざ》したが、このときは何と四年にわたって神木が在京していたのである。

延暦寺の強訴

もう一方の有力寺院、延暦寺の強訴も、この時期に激しさを増していた。

貞治六年（一三六七）、関所でのトラブルから南禅寺《なんぜんじ》と園城寺《おんじょうじ》の間で紛争が生じたが、その際に南禅寺住持の定山祖禅が伝統的な顕密《けんみつ》仏教をまとめて批判したことが延暦寺の怒りを買う。延暦寺はこれまでにも、貞和元年（一三四五）に光厳上皇が天龍寺供養会に御幸することに強く反対するなど、禅宗勢力を警戒してきたため、積年の因縁があったわけだが、その延暦寺の衆徒《しゅと》のことを定山は「唯だ七社の獼猴《みご》（＝日吉七社の猿）たるのみにあらず、人に似たりて人にあらざる者なり」と罵っていたのである（「続正法論」）。

延暦寺側は、延暦寺が権利を有する地に南禅寺が楼門《ろうもん》を建造していた点も合わせて問題視し、（1）南禅寺楼門の破却と（2）定山の処罰、そして（3）この時期の禅宗界の有力者であった春屋《しゅんおく》妙葩《みょうは》の処罰を強く求めた。朝廷はこのうち（2）のみを約して衆徒をなだめようとし、幕府内にも延暦寺の要求を呑むべきとする意見もあったが、管領細川頼之のほか、有力大名の土岐頼康が強硬に反対。結局、応安元年（一三六八）八月二十九日に、日吉社七神のうちの三基と、麓の赤山社（左京区修学院、赤山禅院）、そして末寺《まつじ》の祇園《ぎおん》・北野《きたの》両社の神輿《しんよ》を担いで衆徒は下山し、それらを内裏周辺や河合社の東側に振り捨てたのである。

その後、細川頼之はしぶしぶ（2）に同意した。しかし、そのほかの要求が認められないことに苛立った大衆は、翌二年の四月二十日にも残りの四基の神輿を担いで再び入洛し、同じく内裏にほど近い地に神輿を振り捨てて退散した。こうした延暦寺の強硬な姿勢を受けて、頼之はさらに折れて（1）を実行することとなったのである。

このような度重なる延暦寺への妥協は、細川頼之が逆に禅

図 55　南禅寺三門

亀山上皇が創建した南禅寺は，京都五山の第一に位置づけられ，相国寺創建以後は「五山之上」へと格上げされた．

宗勢力側から反発を受ける原因となってゆくのだが、延暦寺側からの要求も依然厳しかった。本来、このような強訴がたびたび行われたのちには、朝廷が責任を持って神輿を造替する（造り替える）必要があるが、この時期の朝廷にそれほどの経済力はなく、幕府が費用を肩代わりするしかないのが実情であった。ところが、実際に幕府側も段銭《たんせん》を課すなど造営に向けての動きをみせたものの、それがまったく進まなかったらしい。それを受けて応安七年には、延暦寺側は古いままの神輿を担いで再突入している。

皇位継承問題

加えて取り上げたいのが、皇位継承問題である。

先に、義詮の晩年に南朝との和睦交渉や崇光の今出川公直邸（菊第）入りによって、後光厳天皇の立場がゆらいだことは述べた。崇光上皇側の立場を示す『椿葉記《ちんようき》』では「内裏（後光厳天皇）は御治世にて、伏見殿（崇光上皇）といと御中よく申通らる」と関係の良好さが強調されているが、実際のところ、春宮《とうぐう》は置かれておらず、後光厳の本命であった第二皇子（のちの後円融《ごえんゆう》）も親王宣下《しんのうせんげ》すら受けていない。表面化してはいなかったかもしれないが、皇位継承問題は深刻な問題として伏在していたのである。

南朝との和睦交渉は失敗に終わったものの、崇光流の挽回を図る動きはその後も継続したらしい。義詮が没したのちには、崇光が仮住まいする菊第の北隣で、義詮の別邸となっていた室町第という邸宅（別名「花亭」と呼ばれていた）が崇光に献上され、崇光はここに移住した。また、応安元年（一三六八）正月二十一日には崇光の第一皇子栄仁《よしひと》が親王宣下を受けたが、こうした動きも看過できまい。

このような崇光側の動きを受けて、何としてでも子孫に皇位を継承させたい後光厳天皇が反撃の動きをみせ始めたのは、応安三年のことである。事態の推移は、後光厳自身の日記に詳しい（以下、「後光厳院宸記」）。同年八月、後光厳は最も信頼する側近日野忠光《ただみつ》を派遣して、細川頼之にこの件を諮問し、その結果、「心中歓喜あり」などと記しており、このときによい返事をもらったらしい。これを聞きつけた崇光側も側近日野教光《のりみつ》（忠光の兄）を派遣したが、幕府側は「先立ちて聖断たるべきの由、奏聞す。武家更に是非を申しがたし」（先だって「（天皇の）お考えのままにされてください」と申し上げました。こちらからこれ以上何か申すことはありません）と返事し、崇光の要請を拒絶したのだという。

そののち、関白二条良基にも諮問を行いながら準備は着々と進められていくこととなり、後光厳の皇子は翌応安四年の三月二十一日、緒仁《おひと》という名で親王宣下を受け、同二十三日には無事に元服・譲位・践祚の儀が行われた。後円融《ごえんゆう》天皇である。

政治対立の京都

以上のように、当該期の京都では、大名間のみならず、さまざまな勢力の自己主張と、そうした諸勢力間での対立が先鋭的にあらわれていた。それぞれに内乱の打撃を蒙ったのち、その後の体制再建は緩やかなかたちでしか進展せず、また一方では禅宗寺院など新興勢力の台頭もあった。そのため、新たに形成されつつある体制のなかで、どのような勢力がどのような位置を占めるのか、まったく不明瞭なままだったのだから、無理もないところである。

唯一確実なのは、朝廷や寺社は幕府に頼るほかなかったという点だが、肝心の幕府も、義詮在世中でさえ一枚岩には程遠かった。若き義満のもとで盤石たりえないのは当然である。

そのようななかで注目したいのは、個別的に幕府の有力者と関係を持とうとする動きが多方面で露

図56 今出川家略系図

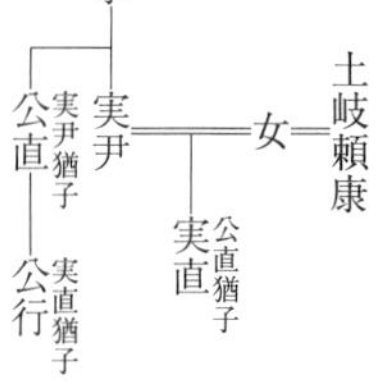

骨にあらわれたこと、そしてそのような個別的関係を通じて幕府外の問題が幕府内の勢力バランスに影響を与えていたことである。

たとえば、先述した皇位継承問題が表面化した応安三年（一三七〇）の末、管領細川頼之と、有力大名の土岐頼康との間の対立が激化し、一触即発の事態に至った（山田徹 二〇一二）。実をいうと頼康は、崇光上皇を京都に迎え入れた今出《いまで》川家《がわけ》の嫡男、実直の母親（今出川実尹《さねただ》の室）を妾にしており、崇光周辺とかかわりがあった。おそらくそうした関係から、後光厳流の皇位継承を進めようとする細川頼之との対立が深まったのであろう。結局このときは、頼康みずから分国に下向したことで武力衝突は避けられたが、以後頼康は評定衆から外れており、解任されたものと思われる。

この対立は、別方面へも飛び火した。延暦寺と禅宗勢力の抗争の際に、当初延暦寺に強硬な態度を取っていたのが細川頼之・土岐頼康の二人だったこと、のちに頼之が延暦寺との妥協に転じたため、禅宗勢力から反感を買っていたことについては先述したが、おそらくこの頼之の態度の変化も頼康との対立原因の一つだったのだろう。一貫して支持していたと思われる頼康の失脚後に、禅宗勢力の怒りは頂点に達する。応安四年十二月、禅宗の中心的人物だった春屋妙葩が天龍寺を脱出して丹後国雲《うん》門寺《もんじ》（京都府舞鶴市）へ移り、これに従って春屋の関係者の大半が、五山から退去してしまったのである。

こうした一連の流れをみるに、宗教勢力間の対立や皇位継承問題という幕府外部の問題が、個別的人脈によって幕府内に持ち込まれて大名間対立を激化させていること、それによって惹起された幕府内の勢力バランスの変化が、逆に幕府外に重大な影響を与えていることがわかるはずである。

以上のようにみてくると、貞治・応安期の幕府政治には、（A）有力大名による幕府内の対立・抗争が深刻な問題として伏在していたこと、それに加えて（B）朝廷や寺社などの対立・抗争が個別的な人脈を通じて（A）と結びつき、それを激化させる要因になっていたことがわかるだろう。もちろん、あくまで（A）のほうが根本的な問題なのは間違いないのだが、京都に拠点を置き続けた幕府政治のなかで、（B）の問題に左右される度合いが増大していたのも事実であった。そのような意味では、幕府が京都という諸勢力の集住する政治の場にかえって規定されている側面も、たしかにあったといえよう。

この時期の幕府は京都周辺の地域にはひとまずの平和を達成しており、いってしまえば内乱の大勢自体はもはや決していた。そのような幕府ならば、全国支配の構築や対南朝戦争を最重要課題としていたのではないかとつい想像してしまうが、実際に幕府にとって優先度の高かったのは、目の前の、京都のなかのことだったのである。

つまるところ、幕府が近視眼的な傾向を強めていったとみなさざるをえまいが、そうはいってもこの問題には、朝廷や寺社という、京都のなかの一筋縄ではいかない部分と関わる難しさがあるのも事実である。この状況を根本的に克服するには、それまでとはまったく前提を異にする人物の登場が必要であった。

コラム7　世代の転換期

南北朝時代の歴史を描く『太平記《たいへいき》』は、非常に長い時期を取り扱うものであることで知られているが、その最終場面がまさに、この第六章の部分にあたる。

細川右馬頭頼之《うまのかみよりゆき》、近来西国の成敗をつかさとりて敵をほろほし、人をなつくる事、諸沙汰の途轍《とてつ》貞永の旧規に似たりいふ聞《きこえ》有ける間、即《すなわち》早《はやく》天下の管領職に令居て、御幼稚の若公を補佐し奉るへしと、群議同趣に定しかは、右馬頭頼之武蔵守に転任して、執事の職をつかさとる。外相・内徳実《げに》も人の言に不違《たがわざり》しかは、氏族も此人《このひと》をおもむし、他門も彼命に随ふ。然《しかる》間《あいだ》、中夏無為《ちゅうかぶい》の代《よ》になりて、目出《めでた》かりし事共なり。

細川頼之《ほそかわよりゆき》が義満《よしみつ》を補佐して「中夏無為の代」が到来したことが強調されていることがわかるだろう。たしかに遡《さかのぼ》る貞治年間（一三六二—六八）に離反組が復帰して以降、少なくとも京都が襲撃されるようなことはなくなり、ひとまずの平和がもたらされたことは事実である。しかし、ここまでに述べてきたように、この段階では南朝勢力はまだ健在で内乱そのものは終わっていなかったうえに、京都政界の内部対立も深刻なもので「氏族も此人をおもむし（重んじ）、他門も彼命に随ふ」という状況にはなっておらず、この状況を義満が克服して権力を確立するまでには、あと二十年以上も待たねばならない。そうした点を考慮すると、この時期で『太平記』を完結させるのは、中途半端な印象を受けてしまうところである。

しかし、注意しておきたいのが、建武からもはや三十年以上経過したこの時期が、大きな世代交代の時期にあったことである。

足利尊氏《あしかがたかうじ》・直義《ただよし》兄弟とともに室町幕府創業にあたった人物には、その段階で三十~四十代だった人々が多く、実をいうと彼らにはそれなりに長命な人物も多かったのだが（山田徹 二〇一六）、尊氏に世代が近い人物でいえば、斯波《しば》高経《たかつね》（貞治六年（一三六七）没）・一色範氏《いっしきのりうじ》（応安二年（一三六九）没）・山名《やまな》時氏《ときうじ》・赤松則祐《あかまつそくゆう》（ともに応安四年没）・佐々木京極高氏《きょうごくたかうじ》（応安六年没）、関東でも上杉憲《うえすぎのり》顕《あき》（応安元年没）らがこのあたりの時期に没している。また、それより若い人物でも、足利義詮《よしあきら》、佐々木六角氏頼《ろっかくうじより》（応安三年没）、仁木《にっき》義長《よしなが》・山名《やまな》師義《もろよし》（ともに永和二年（一三七六）没）のほか、畠山《はたけやま》国清《くにきよ》が康安元年（一三六一）の没落以後に没したと伝えられ、桃井直常《もものいただつね》もこのころに姿を消しているようである。

公家社会でも事情は同様であった。義詮・後《ご》光厳《こうごん》らに怒り、禅僧として丹波国山国荘《やまぐにのしょう》の常《じょう》照寺《しょうじ》（京都市右京区、常照光寺）に隠棲《いんせい》していた光厳上皇は貞治三年に五十二歳で世を去ったが、そのほかに四条隆蔭《しじょうたかかげ》が貞治三年、勧修寺経顕《かんしゅうじつねあき》が応安六年に没するなど、光厳院政で中核的役割を果たした人物は基本的に鬼籍に入った。光明《こうみょう》上皇は少し遅れて康暦二年（一三八〇）まで生きるが、父光厳と対立した後光厳上皇も、応安七年（一三七四）に没してしまっている。公家社会でも、

図57　光厳上皇像　常照皇寺所蔵

長老格の二条良基を残して、建武以来の主要登場人物の大半が姿を消してしまうのである。

　このような世代交代の事実を視野に入れるならば、『太平記』がこの応安あたりで叙述を終えたというのも、一つの時代感覚だったといえるのかもしれない。

　また、別の観点からいえば、このことは鎌倉時代を直接知る人々がほとんどいなくなったということを示している。第七章では、義満による権力確立過程を描いていくが、この過程においては、尊氏・直義の時代に強く意識されていた鎌倉時代的な要素が、急速に意識されなくなっていく。この点も、そうした世代交代の結果といえる部分があるように思われる。

コラム8　二条良基

二条良基《にじょうよしもと》といえば、連歌《れんが》などの文化面で有名な人物で、公家故実《こじつ》に関する幅広い知識を有して諸方面から問い合わせを受けるような当代一流の文化人だが、その一方でこの人物は、危機に瀕した南北朝後半の公家社会における屈指の政治家であり、実にさまざまな手を使って自身の権勢を拡大、維持しようとする野心家でもあった（以下、小川剛生 二〇〇五）。

本来二条家が後醍醐《ごだいご》に近かったにもかかわらず、良基が北朝に仕え関白になったこと、観応《かんのう》の擾乱《じょうらん》期に後光厳践祚《せんそ》に関わったことなどについてはすでに述べたため繰り返さないが、ここでは彼がきわめて権力に敏感な人物だったことについて述べたい。

たとえば、藤原氏の氏寺興福寺《こうふくじ》には、一乗院《いちじょういん》・大乗院《だいじょういん》という二つの門跡《もんぜき》があり、そのうち一乗院には近衛家《このえけ》、大乗院には九条・一条両家から子弟が入室していた。ところが、このうち一乗院のほうに、南朝で関白を務めた近衛経忠《つねただ》の子息、実玄《じつげん》という人物が入り、対立が起こっていたのにつけこみ、良基は実玄と提携して一乗院に自身の猶子良玄《りょうげん》（実際は後二条天皇孫の康仁《やすひと》親王の子）を送り込んだのである。本来二条家は一乗院に関係する資格がなかったにもかかわらず強引に送り込んだために、興福寺の衆徒《しゅと》たちの憤慨を買い、興福寺・大和国に大きな混乱をもたらした。この事態を重くみた幕府の執奏もあって、良基は延文三年（一三五八）十二月、関白辞任を余儀なくされている。

次のエピソードも興味深い。同じく摂関家の当主で良基とも歳の近い一条経通《つねみち》が貞治四年（一三六五）三月に四十九歳で没したのち、跡を継いだ次男房経《ふさつね》も子のないまま翌年十二月末に危篤となった際のこと。一条家は断絶の危機に陥ったが、そうしたなかで経通の子息が田舎にいると

図69　二条良基像　同志社大学歴史資料館所蔵
当代一流の文化人である良基は，義満を公家社会に引き入れるために重要な役割を果たした．

の噂が流れ、後光厳《ごこうごん》から相続が認められることとなった。ところがこの若君は、実のところ経通とは関係がない、二条良基の子息だったのである。そうこうするうちに房経も没してしまい、その良基子息が経嗣《つねつぎ》と名乗って一条家を継ぐことになるのだが、他家を乗っ取ってしまう良基の「手腕」には驚くばかりである。

　武家との関係にも敏感である。たとえば、良基は美濃守護土岐《とき》氏一門の土岐春日入道という人物の娘との間に二人の息子を産み、最終的には本来の嫡男師良《もろよし》ではなく、その女性との間に生まれた師嗣《もろつぎ》を後継者にしている（ちなみにもう一人の男子が先述の経嗣である）。また、近年の研究によると良基は、管領《かんれい》として政治を行う細川頼之《ほそかわよりゆき》との関係を深めるために、頼之と親密な山伏の宋縁《そうえん》という人物を、二条家ゆかりの東寺覚王院《かくおういん》の院主に迎えているのだという（水野圭士 二〇一四）。第七章で述べたように、このの ち良基は、足利義満《あしかがよしみつ》に公家故実を教示しながら、公家社会への参入を手引きしていくが、そのように武家方面と結びつこうとする動きは、それ以前からみられたのである。

なお、この二条良基の邸宅である押小路烏丸殿《おしこうじからすまろどの》は、現在の烏丸御池交差点の北西の一角、つまり京都国際マンガミュージアムがあるあたりの区画にあたる。この地は、のちに織田信長《おだのぶなが》が京都滞在時に使用する邸宅を建てた（ただしのちに誠仁《さねひと》親王に献上している）ことでも有名で、現在も二条殿町という町名が残っているが、二条通に面していないのにそのような町名が残っている（「二条殿交番」もある）のはこの二条家の邸宅があったためである。

七　足利義満

1　義満の登場

内乱の大勢はもはや決していながら、京都のなかでの諸対立が深刻な政治問題と化していた時期に登場したのが、足利義詮《あしかがよしあきら》の嫡男、義満《よしみつ》である。周知のように義満は、室町幕府を確立して安定期を導いた、いわば室町幕府の第二の創業者とでもいうべき人物だが、彼は幼少期から公家社会と非常に近く、それまでの尊氏《たかうじ》・義詮二代とはまったく異なる前提のもとに登場してきた人物であった。彼について記すべき点は多いが、まずはそのあたりから記述を始めることにしたい。

義満と公家社会

義満と公家社会との「近さ」を考えるうえで鍵となるのが、義満の母、善法寺《ぜんぽうじ》良子である。石清水八幡宮祠官《いわしみずはちまんぐうしかん》善法寺通清《つうせい》の娘である良子は、義満を産む以前、延文二年（一三五七）五月に最初の男子を産んでおり、遅くともその前年には義詮の寵を受けていたと思われる。その兄が夭折したのち、延文三年八月二十二日に生まれたのが義満であった。

ここで注目しておきたい点がある。この良子の姉にあたる仲子が、後光厳《ごこうごん》天皇の寵愛を受け、半年

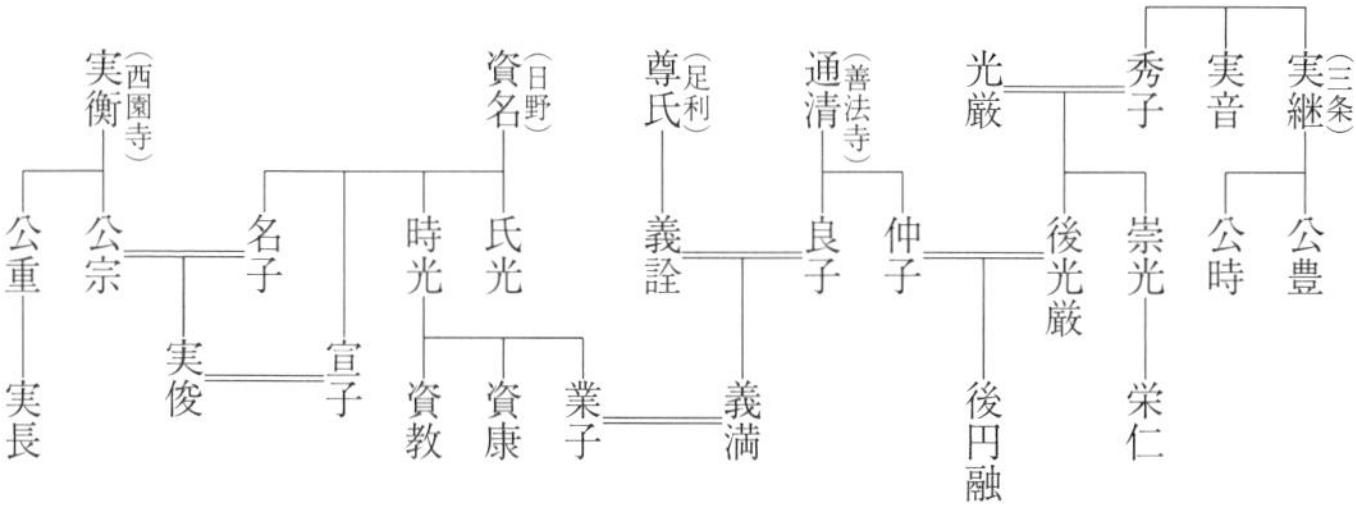

図58　後光厳流天皇家・足利氏など関係系図

遅れの十二月十二日に皇子を産んだことである（「本朝皇胤紹運録」など）。この義満の従兄弟は、のちに皇位を継承して後円融《ごえんゆう》天皇となる人物だが、要するに義満は、生まれながらにして天皇家と縁戚を有していたのである（図58）。最近では、この縁戚は偶然生じたのではなく、皇位継承に幕府の支持を必要とした後光厳周辺の戦略によるものであったという説も出されている（以下、家永遵嗣 二〇〇九）。つまり、将軍家の後継者と血縁関係を持つ皇位継承者をもうけることで、幕府からの支持を強化しようとする戦略だったというのである。

後宮の実力者、日野宣子

こうした縁戚戦略を立案したとされているのが、日《ひ》野《の》資名《すけな》の娘で西園寺《さいおんじ》実俊《さねとし》の室となっていた日野宣子という人物である。第二章で登場した日野名子・氏光（七四頁）の異母妹にあたる。彼女は後光厳の後宮の実力者だったが、なぜ後光厳の配偶でもない彼女が実力を持っていたかというと、後光厳が彼女の母である芝禅尼のもとで育てられていたこと（『園太暦』貞和二年二月三日条）を背景としている。要するに、宣子とその弟時光は後光厳の乳母子《めのとご》にあたり、後光厳を幼少時からよく知る間柄であった（以下、大塚実忠 二〇〇二）。

夫の西園寺実俊は、宣子の異母姉名子の子でもある。西園寺・日野両家が持明院統に近かったこと、建武政権下の建武二年（一三三五）に西園寺公宗《きんむね》・日野氏光が粛清され、西園寺家が叔父公重の手に渡ったことについては第二章で述べたが、この直後に生まれた実俊は、母の実家である日野家で育ったらしい。そして北朝成立後には、西園寺家の将来的な後継者として認められ、さらに暦応三年（一三四〇）には、西園寺家累代の豪勢な山荘である北山殿《きたやまどの》に入った（「竹むきが記」、五條小枝子 二〇〇四）。正平《しょうへい》の一統《いっとう》時には、南朝が西園寺家家門と北山殿を公重に安堵《あんど》したため、実俊は芝禅尼・宣子らのいた日野家の芝第に身を寄せているが（『園太暦』正平七年二月十六日条）、こののち後光厳が践祚《せんそ》して以後は、日野時光とともに美濃国垂井《たるい》にも供奉《ぐぶ》するなど、後光厳に密着していくこととなる。

そのようななかで実俊は九歳年上の宣子と関係を結び（二人の娘をもうけている）、宣子も西園寺家の北山殿に住むことになったが、後光厳の宣子への信頼は相変わらずで、後光厳は北山殿にたびたび御幸《ごこう》した。おそらく、この日野宣子周辺の人々（西園寺実俊・日野時光ら）は、宣子の従兄弟にあたる日野忠光・三宝院光済《さんぼういんこうさい》兄弟や、後光厳の母方の一族である正親町三条家《おおぎまちさんじょうけ》の人々（実継・実音・公豈・公時）と並んで、後光厳の最も信頼する人々であった。そして後光厳の死後にも宣子は、後円融《ごえんゆう》の生母仲子（身分の低さを補うため、勘解由小路《かでのこうじ》兼綱の養女とされていた）を自邸に引き取って同居し（『後愚昧記』永和三年二月二十八日条など）、引き続き天皇家との関係を維持している。

若き義満と後光厳・後円融皇統を結びつけていたのは、北山殿を拠点としたこのグループであった。義満は、応安五年（一三七二）に十五歳で判始《はんはじめ》を行って以降、次第に頼之が代行していた政務にかかわりを持ち始め、十八歳の永和元年（一三七五）後半あたりまでに政務の中心に立っている（小川信一九八〇）が、遅くともその翌年の永和二年までの間に宣子の姪日野業子（時光女）を室に迎えている。尊氏正室は北条一門の赤橋《あかはし》氏、義詮正室は足利一門の渋川《しぶかわ》氏と、ともに武家関係者の出身だったのに対し、義満が公家廷臣と婚姻した点には大きな転換を認めなければなるまい。この前後に業子の兄弟にあたる日野資康・資教兄弟が、側近として活動するようになっている点も注目される。

また、下って永徳二年（一三八二）に日野宣子が没した際に、義満は自邸の東にあった安聖寺という寺院で一切の仏事を取り仕切っており（『空華日用工夫略集』永徳二年六月十四日・二十一日条など）、尽七忌（四十九日）・百日忌の仏事に至っては何と足利氏菩提寺の等持院《とうじいん》で行っている（同 同年七月十九日・九月二十五日条など）。このような点からも義満と宣子の深い関係をみてとることができよう。

このように元来公家社会に近い面のあった義満は、こののち本格的に公家社会に参入していくが、その画期として重視されるのが義満二十一歳の年、永和四年（一三七八）である。この年には義満にとって二つの重大な出来事があった。

室町殿への移転

その一つ目は、三月十日に義満が北小路室町の新たな邸宅、室町殿に居を移したことである（以下、川上貢 二〇〇二）。それまで義満が居住していたのは、父義詮がかつての直義《ただよし》邸の東隣に造営した三条《さんじょう》坊門殿《ぼうもんどの》（三条坊門小路の南で、万里小路《までのこうじ》・富小路《とみのこうじ》間）である。直義以来三条坊門（御池通）から三条にかけての地域は武家政治の中心地で、この時期にも武家関係者の邸宅が集中していたが、義満はそのような地区から離れ、新たな土地に邸宅を構えたのである。

その新たな邸宅は、南が北小路（現在の今出川通《いまでがわ》）、西が室町、北が柳原《やなぎはら》（現在の上立売通《かみたちうり》）という区画で、おおよそ現在、尼寺の大聖寺《だいしょうじ》や同志社大学室町キャンパス寒梅館などがあるあたりである。この区画は、元来西園寺家庶流の室町家・今出川家の邸宅が並んでいた場所で（一三〇頁、図37）、南側の菊第（今出川公直邸）に崇光《すこう》上皇が迎えられたこと、そののち足利義詮の別荘となっていた北側の室町第が崇光の院御所とされたことについては第六章で述べた。ところが永和三年の火事でこの一帯が焼けてしまい、再建されずに放置されていたのに義満が目を付け、この二邸宅分の敷地に新邸を建てたのである。

図59　同志社大学寒梅館
同志社大学寒梅館やその南の大聖寺の敷地が，室町殿の故地である．

繰り返し強調するように、当時の内裏にも至近のこの一条以北の地域は、上級公家廷臣の邸宅が建ち並ぶ区域だったが、このとき義満はそうした上級廷臣の一人として自邸を構えたのである。以後義満は邸宅の名を取って「室町殿」と呼ばれるようになり、それは義満以後の足利将軍家当主の呼称として定着していく。「室町幕府」という呼称も、もちろんこの「室町殿」呼称に由来するものである。

なお、この措置が結果的に崇光流の京都での中心的拠点を奪っていることを考えると、たびたびみてきたような崇光・後光厳両流の対立との関連が推測されるが（山田徹 二〇一二）、五ヵ月後に今出川公直《きんなお》が大臣昇進を果たしているのは、懐柔策だったのであろう。幕府の実力を背景にしつつ硬軟を織り交ぜながら相手を服属させていく義満の手腕は、この段階からすでにみえるのである。

右近衛大将への任官

室町殿への移転と合わせてこの永和四年の出来事として重要なのが、八月二十七日の右近衛大将《うこのえたいしょう》（以下、右大将）任官である。

これまで義満は、応安六年に参議となり、永和四年三月二十四日には父祖の例にならい、中納言を飛ばして権大納言に任官したが、表5に明らかなように、それは父祖に比べて相当若い年齢での昇進であった。そして、それから半年もしないうちに義満は右大将に任命されたのである。この任官は、表面的には源頼朝《みなもとのよりとも》の例に従ったものだが、左右の近衛大将とは、基本的には摂関家《せっかんけ》や清華家《せいがけ》などの大臣以上に昇進しうる家柄の人物が、任大臣以前に任じられる官職である。左大将《さだいしょう》・右大将から次の大臣が選ばれることが多いため、これに任官した場合はほとんどの場合大臣に昇進する。

かつて建久元年（一一九〇）に源頼朝が任官した場合には、拝賀《はいが》を行って世間に公武融和をアピールするために右大将任官が必要とされただけで、頼朝にもその地位に留まり続ける意志はなく、たった数日でこれを辞した（桃崎有一郎 二〇一一）。しかし、義満の場合は、拝賀以前に朝廷行事の作法の練習を始め

表5　足利尊氏・義詮・義満の昇進年齢

	尊　氏	義　詮	義　満
五　位	元応元(15)	建武2(6)	貞治 5(10)
	…	…	…
参　議	建武元(30)	観応元(21)	応安 6(16)
権大納言	建武3(32)	貞治2(34)	永和 4(21)
右大将	——	——	永和 4(21)
内大臣	——	——	永徳元(24)
左大臣	——	——	永徳 2(25)
太政大臣	——	——	応永元(37)

*（　）内の数字は年齢を示す．なお，義満は，一度左大臣を辞任したのち，再び任じられている．

ているところからみて、辞任する意志はなかったらしい。つまり、この右大将への任官とは、大納言止まりであった父祖の官歴を、若き義満が大きく凌いでいくことを示すものであった。

そしてこの右大将任官以後、そのような上級貴族としての作法を義満が学び始める際に、重要な役割を果たした人物がいる。五十九歳で当時の公家政権の長老格だった前関白、二条良基である（以下、小川剛生 二〇〇五）。任官拝賀の際に必要な儀礼作法を教える役割について、当初は義満と同じく日野時光の娘を娶る洞院公定《とういんきんさだ》（公賢《きんかた》の孫）に決定したという風聞が立っていた（『後愚昧記』紙背文書）が、義満が十月に儀礼の練習を始めた際に指南役に収まっていたのは、この二条良基であった。

二条良基への師事

良基については、コラム8で文化人としての側面と野心的な政治家としての側面の両面を紹介したが、まさに彼はこの機会をチャンスとみて、ここぞとばかりに指南役の座を獲得したのである。実をいえば義満ともこの段階までは必ずしも関係が深いわけではなかったようだが、このころから急速に関係を深めたらしい。翌永和五年（一三七九）正月七日に白馬節会《あおうまのせちえ》という儀礼を内々に見学させているように、良基の教導は右大将拝賀以外の儀礼にまで及んだ。この節会見学では、内々に後円融天皇に拝謁して盃を拝領するなど義満は異例の扱いを受けていたが、三条公忠《さんじょうきんただ》は二条良基が三宝院光済・日野宣子らとともにこのお膳立てを行ったものとみなしている（『後愚昧記』）。別の日記によれば、実際に良基・光済のほかに日野資康・資教兄弟らの宣子一族が陪席しており（『迎陽記』）、その見方は当たっているのだろう。

これまでにも義満は母方の血縁と日野宣子周辺を通じて公家社会に吸引されつつあったが、その吸引役に良基が加わったことで、義満の公家社会進出に質の転換が生じた。すなわち、義満が一流の公家廷臣としての作法を獲得したことである。

そもそも良基は朝廷行事の衰微を憂い、「若い将軍に朝儀故実の意味するところを理解させて、公家社会に同化させ」（小川剛生 二〇〇五）ながら、その復興を狙っていたが、元来公家社会に親近感を感じていた若き将軍、義満のほうも熱意を持ってこれに取り組んだ。たしかに尊氏・直義・義詮も公家社会の作法に気を遣う部分を持ち、和歌会などへの参加もみられたが、みずから朝廷行事に本格的に参加するような意志は持ち合わせていなかった。それに対して義満は、実際にそうした行事に積極的に参加し、公家廷臣として遜色ない働きをみせていくのである。

現代人の視点には作法というと形式的なことにみえるかもしれないが、当時の公家社会において作法とは、廷臣として最も重要な「内実」であった。義満は高位の身分だけでなく、それにふさわしい「内実」までも兼ね備えながら――つまりは文句のつけようのない存在として――公家社会に参入していくことになるのである。

康暦の政変

このように義満が急速に公家社会に吸引されつつあった時期に、幕府内では大きな事件が起こった。康暦《こうりやく》の政変と呼ばれる、大きな政変である。

康暦元年（一三七九）二月二十日、京都で管領細川頼之《ほそかわよりゆき》を退治しようとする騒擾が起こったのが、政局の端緒である（以下、山田徹 二〇一七―一九）。この時期、南朝征伐のために山名《やまな》義理《よしただ》・氏清《うじきよ》・時義《ときよし》兄弟（すべて時氏子）をはじめとする山名氏の主力部隊が紀伊へ出兵していたほか、興福寺《こうふくじ》の求めにより南都（奈良）へも斯波義将《しばよしゆき》・吉見氏頼《よしみうじより》・富樫昌家《とがしまさいえ》・赤松義則《あかまつよしのり》（則祐子《そくゆう》）・土岐義行《ときよしゆき》（頼康《よりやす》の猶子で嫡男、のちの康行《やすゆき》）と「近江勢」（佐々木六角満高《ろっかくみつたか》（氏頼子《うじより》）の軍勢）が出兵していたために京都に残る人物は少なかったが、そのようななかで二十二日、土岐頼康追討の命が諸国に出され、おそらく佐々木京極高秀（高氏三男）の追討もこれと同時か、直後あたりに出されたと考えられる。

　これを受けて義満は南都出征中の諸将に帰洛を命じたが、このうち斯波義将と土岐義行の二人が戦線を離脱し、ゆくえをくらました。二人のうち義将はほどなく帰洛したが、義行はそのまま分国へ戻ったのか、京都へ戻ってこなかった。これによって佐々木京極氏討伐には一門の佐々木六角満高が、そして土岐頼康・義行討伐には山名義幸《よしゆき》（師義子《もろよし》）・赤松義則・富樫昌家らが派遣されることとなる。

　こののち三月十八日に土岐氏が許されたことで、土岐追討軍も二十四日には帰京し、四月一日には土岐詮直《あきなお》（頼康の弟である直氏《なおうじ》の子）が、五百騎ほどの軍勢を率いて入京した。十四日には佐々木京極高《たか》秀《ひで》も二条良基の口入によって赦免された。そして閏四月に入り、高秀や土岐直氏が入京してくると、再び騒動が起こる。

　何と閏四月十四日、高秀・直氏らの「一揆衆」が室町殿を囲んだのである。『後深心院関白記《ごしんしんいんかんぱくき》』同日条に「大樹一人贔屓」とあるとおり、義満の心は頼之にあったようだが、ついにその義満も妥協を余儀なくされ、頼之に京都からの退去を命じた。頼之は弟頼元《よりもと》・従兄弟氏春《うじはる》らとともに四国へ下向し、月末には代わって斯波義将が新管領に任じられた。

政変の背景

政変の背景には、細川頼之が十年以上にわたる管領在任中に諸方面から反発を受け、反対派を増やしていたことがあった。先に延暦寺《えんりやくじ》問題や皇位継承問題から土岐頼康との対立を深めたことを述べたが、加えて永和三年（一三七七）には、越中国太田荘《おおたのしょう》（富山市）という所領での紛争から越中守護斯波義将との対立も深刻化した（『後愚昧記』永和三年七月十三日・八月八日条）。また、土岐頼康の後任として評定衆に加わっていた佐々木京極高秀との対立が深まったのも、同年に生じた佐々木六角氏の継承問題に絡んでいる（小川信 一九八〇）。

将軍と直結しながら突出した権勢を誇る人物が反発を受けて失脚するというのは、これまでにもみられたことだったが、ここで注意したいのは、義満が公家社会に進出しようとしていたまさにその夕

表6 永和4年（1378）段階の在京大名と守護分国（推定を含む）

斯波義将▲	越中
渋川満頼	備中
畠山義深	越前
細川頼之△	讃岐・土佐・伊予？
細川頼元△	摂津・伊予？
細川氏春△	淡路
今川範国	遠江
今川泰範	駿河
一色範光	若狭・三河？
山名義理	美作
山名氏清	丹波
山名時義	但馬・伯耆
山名義幸	丹後・伊勢？
山名氏重	因幡
吉見氏頼	能登
土岐頼康▲	美濃・尾張
佐々木京極高秀▲	出雲・飛驒
佐々木六角満高	近江
赤松義則	播磨・備前
富樫昌家	加賀

＊観応の擾乱以前の状態（表4）に比べて，守護職が特定の氏族に集中している．康暦の政変の際に反細川の動きを明確にした3氏に▲を，没落した細川一門の3人に△の印を付した．

イミングで、この政変が起こった点である。

よくいわれるのが、義満が管領細川頼之から自立化を進めつつあったために、頼之の立場が弱まったという説明である。しかし、実際のところ義満自身は、この前後の動きをみても頼之と細川一族を重視していたようであり、その点には注意が必要である。

加えて、そもそも義満以前に近衛大将から大臣へと昇進した将軍として挙げられるのが、源実朝《みなもとのさねとも》ただ一人であり（将軍という枠を外すと、平清盛《たいらのきよもり》・重盛《しげもり》・宗盛《むねもり》が加わる）、殺害されたこの実朝や、より高貴な血筋から迎えられたその後の将軍たちこそが当該期の先例だったという点にも注意しておきたい。つまり、義満の身分上昇が将軍権力確立に通じるという認識は、当時の大名たちにとって自明ではなく、こうした鎌倉幕府の先例を念頭に置くならば、擁立する有力者による傀儡化のほうがむしろ先に想定されえたはずなのである。

細川頼之の妻、もしくは娘とされる細川局《ほそかわのつぼね》という人物が後光厳のもとに女官として出仕していたこと（水野圭士 二〇一七）や、反細川の諸将が日野資康・資教兄弟も処罰するよう求めていると噂されたこと（『後愚昧記』康暦元年閏四月二十一日条）などを考慮するに、頼之と後光厳・日野宣子周辺との関係が深かったことや、頼之が義満の公家社会進出をバックアップしていたことは広く認識されていたのであろう。以上を総合して考えるならば、そのような頼之の動きこそが、諸大名の警戒するところだったのではないかと推測される。

ともかくもこの政変以後、おそらくは義満の意志に反して、幕府の表面上の方針は反細川となった。

頼之と対立する河野通堯（通盛孫）や細川正氏（清氏子）を赦免して頼之討伐にあたらせたほか、政変の報を聞いて紀伊から参上した山名《やまな》時義《ときよし》が、備後守護に任じられて討伐に向かっている。

2 公家社会への進出

康暦の政変を挟みながらも、義満の公家社会参入の勢いは減速することなく、二条良基や日野宣子周辺の人々（西園寺実俊・日野資康・日野資教・勘解由小路仲光など）に万里小路《までのこうじ》仲房《なかふさ》・嗣房《つぐふさ》父子も便乗して、むしろ本格的に進展していくこととなる（以下、今谷明 一九九〇・桜井英治 二〇〇一・小川剛生 二〇一二）。

服従する公家廷臣

そのようななかで顕著なのが、儀礼を通じて公家廷臣たちを従えていく動きである。たとえば、前節で触れた右大将拝賀の儀礼が康暦元年（一三七九）の七月二十五日に行われた際には、行列に公家たちが扈従《こしょう》するのが義満の「本意」であるとあらかじめ伝達され（『後愚昧記』同年五月二十二日条）、実際に久我《こが》・大炊御門《おおいのみかど》・今出川・西園寺・洞院・三条・花山《かざん》院《いん》などといった清華家の人々を含む二十名の公卿が参列している。

また、永徳元年（一三八一）七月二十三日、二条良基が太政大臣に、義満が内大臣に任じられた際には、内裏で任大臣節会《にんだいじんせちえ》、義満の室町殿で任大臣大饗《にんだいじんだいきょう》と呼ばれる宴会が行われたが、このときにも二十五名の公卿が出席し、「古来未曽有、希代の珍事なり」といわれている（「荒暦」）。このときには義満の強い要求を受けて、右大将拝賀では扈従しなかった摂関家の若手公卿、一条経嗣《いちじょうつねつぐ》（権大納言）・九《く》条教嗣《じょうのりつぎ》（権中納言）の二人も列している。

このほか、任大臣大饗には右大臣近衛兼嗣《このえかねつぎ》が尊者《そんじゃ》（主賓）として招かれており、大饗後に開かれる内々の宴会には太政大臣二条良基・関白二条師嗣《にじょうもろつぎ》父子も参加した。もちろんこの関白・大臣たちはゲスト扱いで、義満に扈従していたわけではないのだが、それにしても義満の影響力がさらに強まっていることがわかるだろう（桃崎有一郎 二〇〇七）。

このような儀礼のなかでは、時間どおりの出席が求められた（早島大祐 二〇一〇）。任大臣節会《にんだいじんのせちえ》で遅刻した二条為遠《ためとお》が同年八月三日の直衣始《のうしはじめ》という儀式に参加しようとして義満に追い返されたこと、義詮の追善のために同年十二月に等持寺《とうじじ》で開かれた法華八講でも、遅刻した西園寺公永（実俊子息）が同じく追い返されたことなどが知られている（『荒暦』）。連日多くの公卿・殿上人が参加したこの法華八講では、座が狭かったために五位の殿上人などは着座することができず、ただ終日立たされていたが、それでも早退する人はなかったのだといい、義満の厳命に逆らえない彼らの姿をみてとることができる（『後深心院関白記』）。

本書では、上皇や天皇の求心力の低さが問題だったことをたびたび指摘してきたが、幕府の実力を背景にして保護と処罰の双方をちらつかせる義満によって、そのような状況は一新され、公家社会には空前の求心力が形成されたのである。

後円融天皇との対立

ただし、その求心力の中心は天皇ではなく、あくまで義満であった。このように廷臣たちを我が物顔で従えていく義満の動きを、義満と同年齢の従兄弟でもある当の天皇、後円融天皇がおもしろく思わないのは当然である。両者の対立のきざしは、この永徳元年後半からみえ始める。

後円融に仕えて皇子幹仁《もとひと》親王を産んだ三条厳子（通陽門院《つうようもんいん》）の父、三条公忠が同年八月に、家門の困窮から四条坊門《しじょうぼうもん》（蛸薬師《たこやくし》通）・町（新町通）・錦小路《にしきのこうじ》・室町に囲まれた一町の土地（京都市中京区）を獲得しようとした際、後円融は公忠がその地の獲得をまず義満に願い出たことに怒り、公忠に対して執拗な嫌がらせを行った（桜井英治 二〇〇一）。また九月には、右近衛《うこのえ》府出納《ふしゅつのう》の人事についても、義満の推す人物が不満だったのか後円融はしばらく返事をしなかったらしく、義満が激怒する一幕があったのだという（「荒暦」）。

図 60　後円融天皇像（土佐光信筆）
雲龍院所蔵
義満の従兄弟にあたる後円融は，義満と激しく対立した．

とはいえ、この時期の後円融は、子孫への皇位継承を望み、子息への譲位を画策していたところであり（「後円融院宸記」）、その悲願達成のため、義満の協力を必要としていた。何度も述べてきたとおり、この時期には崇光上皇も子息の皇位継承を望んでおり、後円融は幕府が崇光流を支持するのではないかと、気が気でなかったのである。実際のところ義満も後円融子孫に皇位を継承させることに異存はなく、費用の拠出にも応じているのだが、これに対して後円融の側は、我が物顔に振る舞う義満への依存を余儀なくされている状況に、ストレスを溜めていったようである。

対立がより明確化していくのは、翌永徳二年（一三八二）四月に幹仁（後小松《ごこまつ》天皇）への譲位が実現してからである。後円融は中園殿（もと洞院公定邸）を御所とし、義満が院執事、日野資康が院執権に就任して後円融院政がスタートしたが、その直後には「不快事」により義満が院参しないという状況が発生しており（『後愚昧記』）、院評定も開かれていない（森茂暁　一九八四）。また、譲位が済んだのちには後小松の即位式を行う必要があるが、義満がこのことを奏聞しても後円融は無視したため、怒った義満は後円融を蚊帳の外にして、直接二条良基と話し合って準備を進め（『後愚昧記』同年十月二十五日条）、その年の十二月末日、即位式を敢行した。後円融の怒りの発端は、義満が後円融の寵愛する女官と密通した、という噂だったらしい。両者を仲介しえた日野宣子も六月十四日に没しており、このような過程を通じて、後円融・義満の決裂は決定的となったのである。

しかし、この義満が牛耳る状況下では、後円融に有利な要因は何一つない。義満が正月の三節会を行う後小松天皇の内裏には多くの公卿たちが参集する一方で、後円融のもとではまったく正月行事が行われず、公卿たちも義満の怒りを恐れて院参を憚った。

このように孤立を深めるなかで後円融は次第に錯乱をきたしたらしい。二月一日には呼び出しに応じなかったことを責めて、三条厳子の部屋に乱入し、怪我を負わせるという暴力事件を起こしてしまう。この噂はすぐに広まり、そもそも精神的に追い込まれていた後円融は、配流されるのではと疑心暗鬼になり、五日に義満の使者として日野資康・勘解由小路仲光が訪れた際には、切腹すると騒いだのだという。

こののち後円融は母勘解由小路仲子の住まう北山の梅町殿へと一旦遷され、院執権を勧修寺経重《かんしゅうじつねしげ》（経顕《つねあき》の子）に変更すること、院御所を中園殿から小川殿へ遷すこと、密通の疑いについて足利義満が起請文《きしょうもん》（誓約書）を提出することなどが決められ、騒ぎは収まった。しかし、この一連の騒動により、上皇の権威が大きく傷ついたのはいうまでもない。そして、その一方で公家社会における義満の権勢が、上皇さえ屈服させるものになったことは、誰の目にも明らかであった。「康暦元年（一三七九）から永徳三年（一三八三）のわずか四年間、義満の登場によって、公武関係は劇的な変化を遂げた」のである（小川剛生 二〇一二）。

永徳年間の転換

以上のような動向を受けて、いくつかの点で大きな転換が生じた。

たとえば、図61に挙げた史料は興味深い。永徳二年（一三八二）二月、東寺の雑《ざっ》掌《しょう》である頼勝《らいしょう》は、寺領である遠江国原田荘《はらだのしょう》（静岡県掛川市）に役夫工米《やくぶくまい》（伊勢神宮《いせじんぐう》の式年遷宮《しきねんせんぐう》を行う費用のために諸国の荘園公領に賦課された臨時役。一国平均役の一つ）の支払いを求めて造宮使《ぞうぐうし》が乱入したことを受けて、朝廷に対して「綸旨を造宮使に成し下され」ることを求めるつもりで申状《もうしじょう》（申請書）の下書を作っていた。ところが、状況をみて判断を変えたのであろう。その申状を、幕府に対して「御教書《みぎょうしょ》を守護方に成し下され」ることを求めるものに書き換えたのである（「東寺百合文書」）。「天長地久」の祈

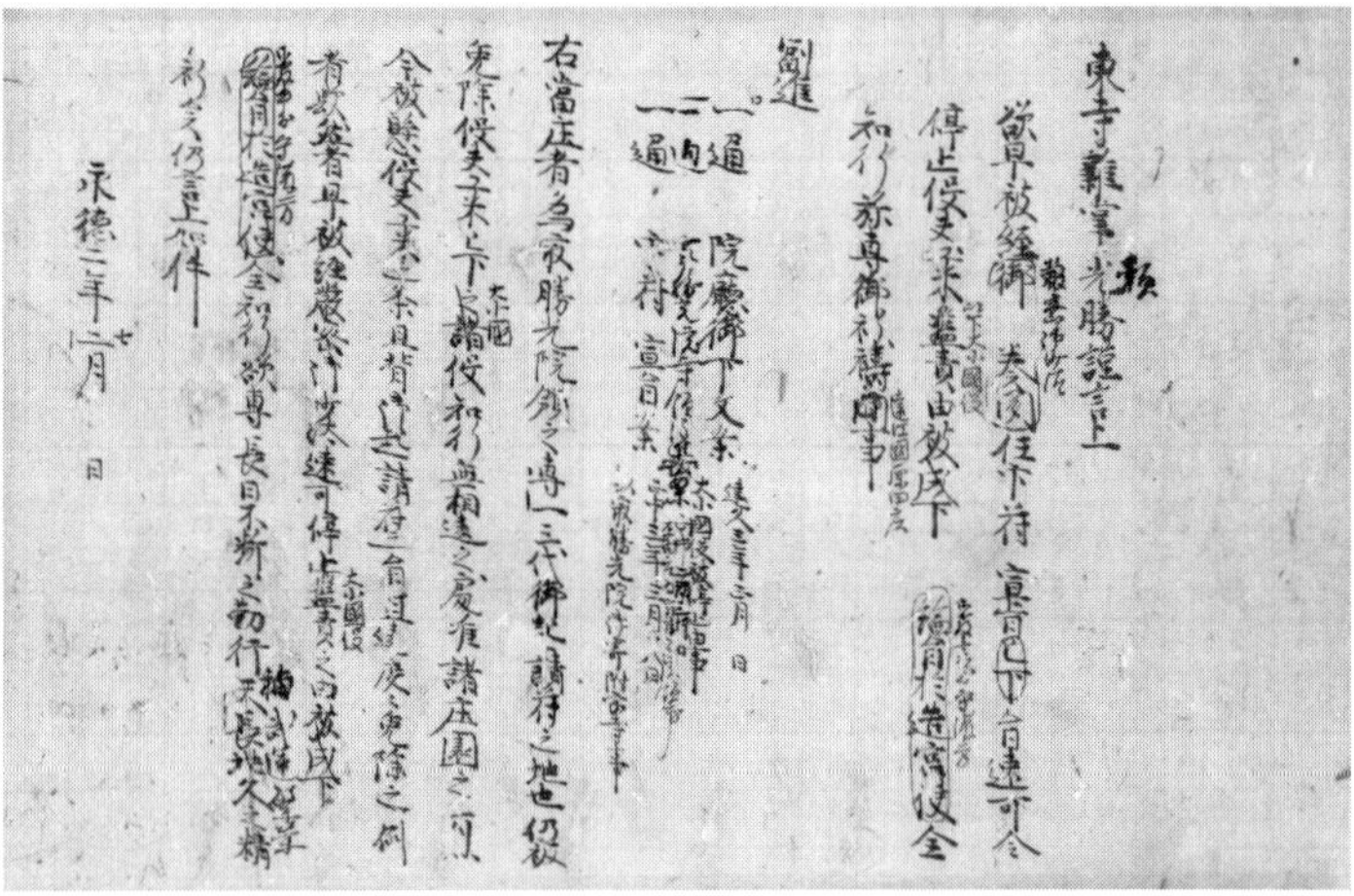

図61　東寺雑掌頼勝申状土代　京都府立京都学・歴彩館 東寺百合文書 WEB より

天皇あての申状を作成していた東寺側が，途中で義満への申請に切り替えたことがわかり，興味深い．

りをいたします、と申し出ていた部分も、「武運繁栄」の祈りへと書き換えられている。この間に、このような国家的負担の免除を誰に求めればよいのかについて、認識が大きく変わったことがよくわかる。

　また、三条公時は永徳三年三月に没する間際、跡目について義満に頼み置いている（『後愚昧記』）。このような廷臣たちの相続の保証は本来上皇・天皇が行うはずだが、それが実質的に義満に求められているのである（水野智之 二〇〇五）。実際に、先に示した諸人のほか、永徳二年九月には西園寺実俊を含む三名が不興を買い（『後愚昧記』）、十月には洞院公定が家門を没収される（「荒暦」）など、義満の意志で廷臣が処罰される事例は多く、そうしたなかで義満への依存度が高まっていったのである。

京都支配にも転換があった。この時期以前の朝廷の京都支配は、検非違使庁《けびいしちょう》と呼ばれる役所があたっていた。もちろん、取り締まりを行う機能は武力を持つ六波羅や室町幕府への依存を強める傾向にあり、強訴の頻発した応安年間（一三六八―七五）ごろには別当（長官）が任命されない時期も増え、検非違使庁の機能は低下しつつあった（以下、森茂暁 一九八四）。しかしそれでも義満が公家社会に進出していった時期には、側近の日野資教・資康兄弟が相次いで検非違使別当に任じられて機能回復が図られ、洛中の土地関係の訴訟に対応している様子を確認できる。ところが、上述のような公武関係の変化を受けて、出訴者たちが侍所など幕府の機関を出訴先に選ぶ傾向を強めたために（早島大祐 二〇一〇）、続く至徳年間（一三八四―八七）には検非違使庁のそうした機能も大きく減退していったようである。

延暦寺と興福寺

義満の立場の変化は、別の面でも大きな進展をもたらした。先に、貞治・応安期の北朝・幕府が延暦寺・興福寺の強訴に悩まされたことに触れたが、そのような有力寺院への対応も、この時期に順調に進んだのである。

たとえば延暦寺については、細川頼之が強硬な姿勢を取って神輿の造替を進めないことが延暦寺の反感を買っていたが、康暦の政変後に義満は造替をすぐさま進めることを約束し、翌年に完成させた（「日吉神輿御入洛見聞略記」、以下、下坂守 二〇〇一）。これに前後して義満は、武力を有する山徒の有力者を山門使節《さんもんしせつ》という役職に任命するかたちで、編成することに成功している。また、至徳年間に義満は、小五月会という日吉社《ひえしゃ》の祭礼の費用を賄うために、山門系の土倉《どそう》たちが馬上方一衆《ばじょうかたいっしゅう》という組織を作って土倉・酒屋などの京内の商人から商売役を徴収することを認めているが、これが延暦寺に対して最大の懐柔策となった。

一方、興福寺については、衆徒《しゅと》の要求していた十市《とおち》氏《し》らの討伐が康暦の政変によってうやむやになっていたことから、康暦元年（一三七九）八月に神木が入洛するなど政変後にも緊張が続いた。当初は二条良基を介して交渉が行われたが、強訴によって藤原氏の公卿が出仕できなくなることは、廷臣たちを従えて公家社会での立場を確立しようとしていた義満にとっても障害であったため、しびれを切らした義満は強硬手段に出る（大薮海 二〇一六）。康暦二年十二月、戌亥《いぬい》脇党《わきとう》の衆徒たちや追放された前一乗院門跡《もんぜき》の実玄《じつげん》と結び、軍勢を京都から派遣して無理やり神木を帰座させたのである（「公豊公記」「春日神木御入洛見聞略記」「神木御動座度々大乱類聚」）。これには興福寺側も強く反発し、翌年は混乱が続いたようだが、最終的に永徳二年五月に幕府から使節が派遣されて和談が成立。こののち、至徳二年（一三八五）に義満が春日社参《かすがしやさん》を果たす（「至徳二年記」）など、蜜月へと転じたのであった。

以後、両寺による強訴はひとまず収まるが、それはなぜうまくいったのだろうか。それに関してまず指摘されているのが、それまでは北朝（もしくは興福寺の場合は藤氏長者）を通じてそれぞれの寺院のトップ（天台座主・興福寺別当）や諸門跡に命令を行うのが普通だったのに対して、義満が交渉を主導するに至ったことである（大田壮一郎 二〇一四）。その背景には、義満が北朝公家社会の中枢に入り込み、影響力を増していった結果、義満が朝廷内の実力者になった点が大きかったと考えられる。

加えて重要なのが、そうした公式ルートとは別に、両寺のうち軍事力を有する実力者を義満が直接掌握した点である。延暦寺でいえば山門使節の編成がこれにあたる。興福寺では、奈良盆地北西部に勢力を有した戌亥脇党の衆徒と結んだことを示したが、下って明徳四、五年（一三九三、九四）ごろまでには衆徒集団の中枢組織であった官務《かんむ》衆徒《しゅと》（官符《かんぶ》衆徒《しゅと》ともいう）を、山門使節と同じように幕府の命令を受ける存在とすることに成功している。このようにして武力を有する存在を直接掌握しつつ、両寺の体制再構築を積極的に支援することで、義満は両寺を服従させることに成功したのである。

相国寺の建立

このように義満は、父義詮や細川頼之を悩ませた二大寺院と良好な関係を築きつつ、従属させていったが、同様に頼之を悩ませていた禅宗勢力とも良好な関係を構築している。細川頼之失脚を受けて京都に舞い戻った春屋妙葩《しゅんおくみょうは》や、春屋が関東から呼び寄せた義堂周信《ぎどうしゅうしん》らと義満が親密に往来していることについては、ほかならぬ義堂の日記『空華《くうげ》日用工夫略集《にちようくふうりゃくしゅう》』に明らかである。そこには義満が禅宗界の第一人者たる長老たちに熱心に質問しながら、教導を受けているようすをみいだすことができ、二条良基に教えを請いながら公家社会に没入していたのと同様に、禅の世界にのめり込んでいたことがわかる。

禅僧たちとの関係でとくにトピックとなるのは、義満が自邸の東側に、相国寺を建立したことだろう。

新たな禅寺創建がはじめて話題になったのが日野宣子の百日忌が済んだのちの永徳二年（一三八二）十月であったこと、その場所も宣子の仏事を行った安聖寺（室町殿から今出川を挟んですぐ東側にあった）の地を中心とした空間であったことを考慮すると、宣子の死が契機だったらしい。春屋・義堂ら

図 62　相国寺法堂
義満が自邸の東に創建した相国寺は，五山第二位とされた．写真は，慶長 10 年再建の法堂．

は義満が大臣の位にあること、中国に大相国寺《だいしょうこくじ》があることなどにちなんで、名を相国寺（承天《じょうてん》相国寺）とすることを提案している（のちに相国承天寺と変更）。義満は当初、財政難のために大伽藍ではなく、僧侶が五十〜百人程度在住する規模の寺院を想定していたが、義堂周信の説得によって大伽藍の創建を決意。周辺に居住する人々は他所に移された（「荒暦」永徳二年十月六日条）。

仏殿《ぶつでん》・法堂《はっとう》の工事がすぐさま開始されるとともに、永徳三年八月には安聖寺を別の地に移して檀那塔《だんなとう》にあたる鹿苑院《ろくおんいん》という塔頭《たっちゅう》も創建された。十二月には故夢窓疎石《むそうそせき》を開山として、春屋妙葩を第二代住持（実質上の開山）にすることも決定。そして至徳二年（一三八五）十一月に仏殿がひとまず完成し、翌至徳三年七月には、相国寺は京都五山の第二位に列した。これを受けて、本来京都五山の第一位だった南禅寺《なんぜんじ》が「五山之上」とされたが、こうした一連の措置を経て、いわゆる五山制度が一つのかたちに結実したのであった。

続く幕府の内紛

以上のようなこの時期の義満をみていくならば、我が世の春を迎えた権力者であるかのようにみえてしまうところである。少なくとも、第六章の末尾で示した二重の問題、すなわち

（Ａ）有力大名に左右される幕府内の対立・抗争という根本的な問題
（Ｂ）朝廷や有力寺社など、（Ａ）と結びつくことで幕政を不安定化させうる問題
のうち、（Ｂ）に関しては克服の途にあったことがわかる（以下、山田徹 二〇一七―一九）。
しかしながら、（Ａ）の問題、つまりこの時期の武家関係者のほうに目を向けてみると、義満の権力確立は必ずしも順調といえるものではなかった。
先述のように康暦の政変以後、幕府の表面的な政策は反細川となって頼之の分国へは軍勢が派遣されたが、そのようななかで頼之は派遣されてきた細川正氏を圧倒し、河野通堯を討ち取っている。かつて討伐を受けた細川清氏《きようじ》があえなく戦死したり、斯波氏が降伏して守護職を奪われたりしたのとは異なって、頼之の場合は観応《かんのう》の擾乱《じようらん》以降の内乱期に隣接する複数ヵ国に勢力を扶植していたため、幕府の追討軍を跳ね返すような実力を備えていたのである。加えて義満自身が細川氏復帰を願って策動したこともあり、細川対反細川という図式は、政変以後にも継続していくことになった。
とくに永徳元年に、義満が細川頼元《よりもと》（頼之弟）を復帰させた際の騒擾は大きなものだった。このとき最も反細川色を強く打ち出したと思われるのは山名時義で、どうも時義にはこの年の七、八月ごろに追討命令が出されていた形跡もある（なお、時義はその前年にも追討命令を出されていた形跡がある）。また、管領斯波義将も抗議の意を示して管領辞任を申し出ていたようであり、反細川の根強さを確認できよう。
結局このときには、山名時義に代わって兄氏清が在京奉公を行うことを申し出て時義は許され、斯

波義将も管領に復帰することでひとまず収まった。ただ、どうもこれ以後、山名一族の惣領である時義は、分国但馬に引っ込んでしまったらしい。また、同じく反細川の急先鋒と思われる土岐頼康も、このころに前後して京都では確認できなくなっており、詳しくは不明だが、いずれかの段階で分国に戻ったものと推測される。

もちろん、両氏はそれぞれ一族の山名氏清・満幸《みつゆき》、土岐満貞《みつさだ》を京都に置いて義満に奉公させており、反旗を翻して独立勢力化したわけではなかった。とはいえ、同じく反細川であった佐々木京極高秀が出雲守護職をあっさり剝奪されていることに比するならば、随分甘い対応といわねばならない。以上のような点を考慮するならば、康暦の政変以後の政治過程にはむしろ義満の求心力を損なうような側面があったといわねばならない。

この背景として考えられるのが、この土岐・山名両氏の有する実力である。観応の擾乱期に伯耆を拠点に周辺諸国を制圧した山名氏にしても、美濃に次いで高師泰《こうもろやす》の分国だった尾張を与えられ、仁木《にっき》義長《よしなが》離反以降に伊勢を任された土岐氏にしても、先述した細川氏と同様に、内乱期に隣接する複数ヵ国に勢力を扶植していた勢力であった。そのため、この段階の義満には容易に討伐することができなかったのではないかと推測される。

つまり、この康暦の政変以後の政治過程とは、観応の擾乱以降の内乱のなかで現地である程度以上の実力を構築し、広域的地域権力とでもいうべき存在へと転じていた細川氏・山名氏・土岐氏などの有力大名の問題が、中央政治の問題として表面化したものであった。

たしかにこの時期には、本書の前半で強調してきたように、全国の武士たちが中央に集まってくることで政情が不安定になるということはなくなっていた。しかし、義満はそうしたあり方とは質の違う、これまた深刻な問題に、向きあわねばならなかったのである。

義満の権力は強化されたか？

このようななかで、義満がなしえたことは実はそれほど多くなかった。たとえば、康暦の政変以後に御料所が再編されたことや、直轄軍たる「奉公衆《ほうこうしゅう》」が編成されたことを強調する見解もかつては存在したが、実は御料所が継続的にみいだせるのは、明徳・応永年間（一三九〇—一四二八）以後であり、むしろこの土岐・山名両氏（そして少し遅れて大内氏）が討伐されて以後のことと推測される（山田徹 二〇一四）。

実際、相国寺創建に際して義満自身が述べたように、この時期の幕府はそれほど裕福ではなかった。むろん、たしかにこれ以前に、幕府が寺社造営などのために朝廷に奏上して諸国に段銭《たんせん》（一国平均役）を課したり、京内の家々に地《じ》口銭《ぐちせん》（間口の広さに応じて徴収するもの）を課したりするケースがみえることなどは注目されるところではある（百瀬今朝雄 一九六七、市原（高橋）陽子 一九七四、馬田綾子 一九七七など）。ただ、相国寺の創建状況をみてみると、結局のところいち早く完成した法堂は洛北等持院の法堂を、そして方丈《ほうじょう》は五条にあった畠山家の邸宅を解体・移築したものであった（「荒暦」永徳二年十月三十日条、「吉田家日次記」永徳三年八月六日条、上田純一 二〇一一、原田正俊 二〇一三）。後述する明徳期以降の財政状況とは、比較にならない状況といわねばならない。

また、研究上「奉公衆」と呼称されている五番衆の制度も、この時期に整備・拡大されたという確証はなく、種々の徴証を総合するに、やはり明徳年間以降のことと考えるほうがよさそうである（山田徹 二〇一〇）。

したがって康暦—至徳年間（一三七九—八七）ごろの義満にできたことといえば、おそらく土岐・山名両氏が京都に置いた庶子を重用して両氏の一族分断を図る、そうした有力大名以外の基盤の弱い大名に守護職を与えて強化する、などといった程度だったはずである。

もちろん、斯波義将という基盤の弱い人物を管領に就任させ、彼に徹底して服従のスタンスを取らせた結果、このたち管領が諸大名から警戒されるようなことはなくなっており、この点などはたしかに重要な転換と評価することができる。とはいえ、このような措置が対土岐・山名両氏の処方箋にならないというのも、また事実であった。

対公家、対寺社の面だけをみるとすでに強大な権力を構築したかにみえる義満であったが、この時期にはまだ、一面では忍耐を強いられる時期であったといえるのである。

3 明徳の乱

このように、康暦の政変後の義満にとって有力大名の問題は悩みの種であったのだが、彼は実に運がよい。三十歳の年、嘉慶元年（一三八七）の末に転機が訪れる。細川氏と対立して義満にも反抗的な面を持ち、京都を離れて美濃国小島荘《おじまのしょう》（岐阜県揖斐川町）にいた有力大名土岐頼康が、十二月二十五日、七十歳で没したのである（「常楽記」、『尊卑分脈』など）。

頼康没後、義満は三ヵ国にわたる土岐分国のうち、美濃・伊勢を嫡男の康行に認めたが、尾張についてはその弟で義満のもとに直接出仕していた満貞の分国とした。すると、この措置を契機に一門内で紛争が生じたようで、満貞とその従兄弟の土岐詮直（康行女婿）との間で争いがあり、嘉慶二年五月九日には両者の軍が尾張国黒田（愛知県一宮市）で激突、詮直弟の満康《みつやす》という人物が戦死した（「長瀧寺文書」「常楽記」）。遡《さかのぼ》って四月二十九日に義満が詮直の所領を等持院に寄附していることからして、すでにこの段階で義満が詮直の所領を没収していたことは間違いない。よくいわれるように義満は、在京奉公を行っていた満貞を重用し、強大な土岐氏の分断を図っているとみてよかろう。

図63　土岐氏系図

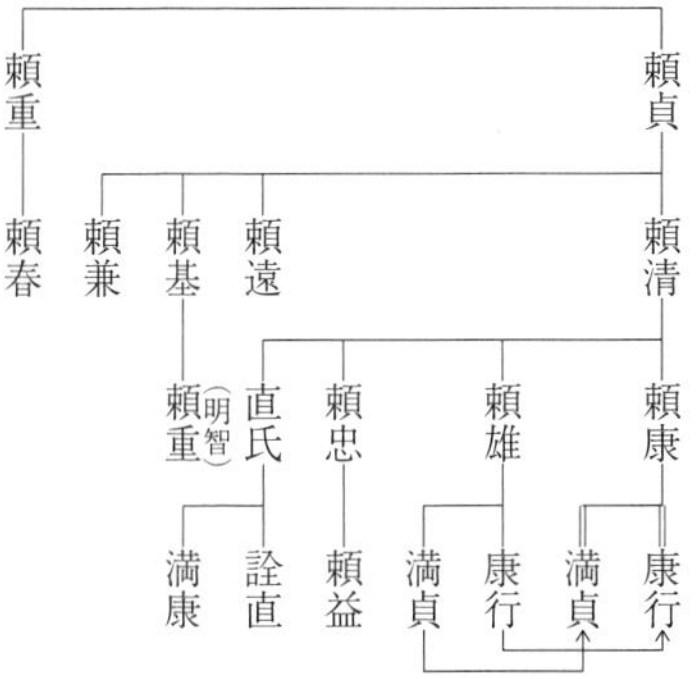

東西への下向

それまでの義満は、先にもみてきたように公家社会への進出を進めており、関心を主に京都内部に向けてきた。しかしこれ以後の義満は、教導役だった二条良基の病が進みつつあった（「荒暦」、小川剛生 二〇〇五、良基は同年六月十三日に没した）こともあってか、関心のありかを変化させたようである。

義満は同年五月に左大臣を辞任し、九月には東国（駿河）に下向したことが知られている（「早稲田大学所蔵（荻野研究室収集）文書」など）。

また、翌康応元年（一三八九）三月、義満は西国へも下向した。

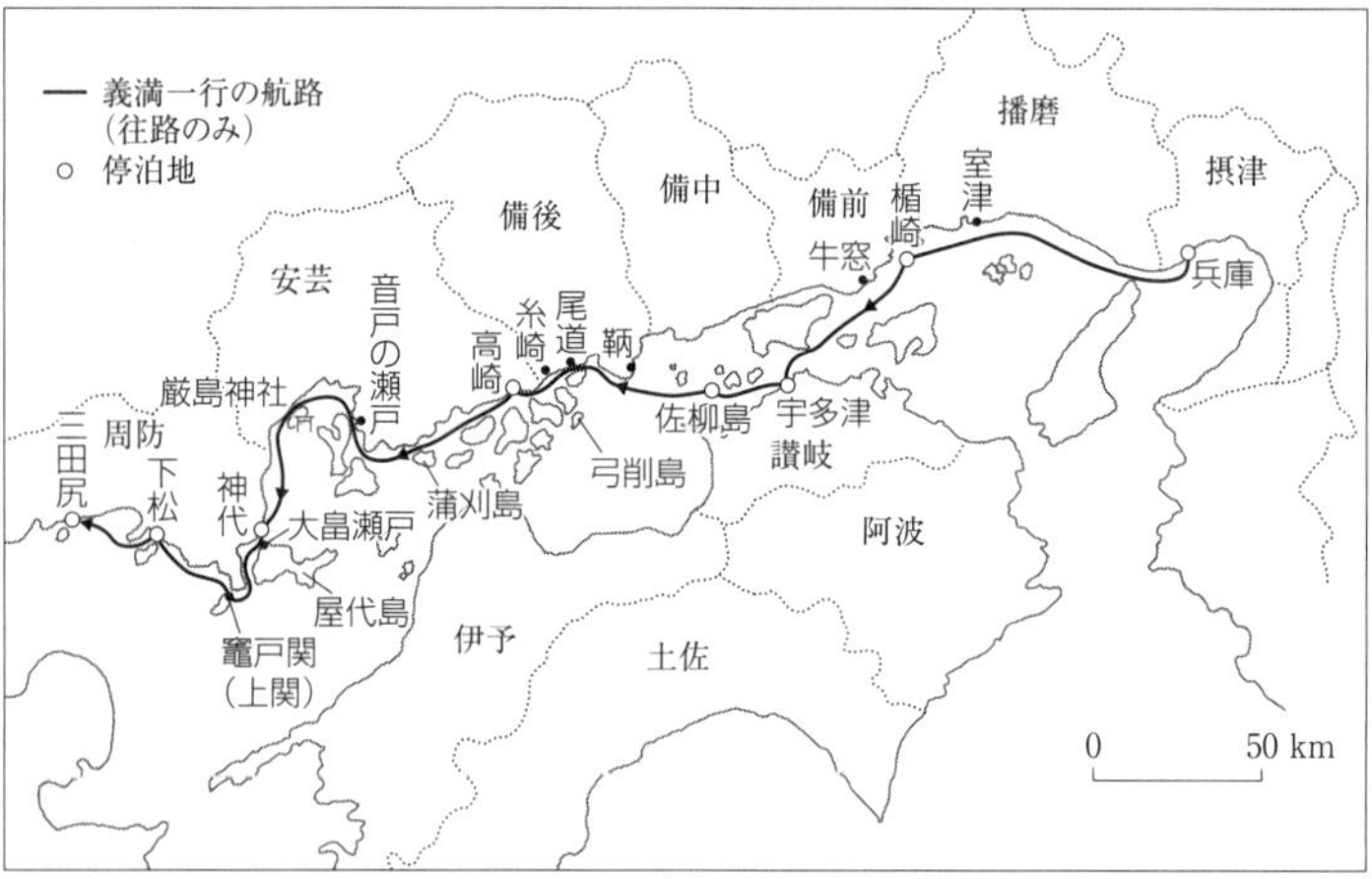

図64　足利義満西国下向要図（山内譲『中世瀬戸内海の旅人たち』2004年，吉川弘文館をもとに作成）

この西国下向については二つの詳細な記録が残されている（「鹿苑院西国下向記」「鹿苑院殿厳島詣記」）ため、その動向を明らかにできる（山内譲 二〇〇四）。

三月四日に京都を発して兵庫に到着した義満は、六日に兵庫を出港して讃岐国宇多津《うたづ》（香川県宇多津町）に到着し、細川頼之の饗応を受けた。八日に出港したのち、諸所に寄港しつつ瀬戸内を航行。十二日に周防国下松《くだまつ》（山口県下松市）に到着し、翌日周防国府中（同防府市）の高洲で大内義弘《おおうちよしひろ》の饗応を受けている。続いて西へ向かおうとするが、天候が悪かったために九州行きは断念し、東帰を決断。十八日には周防国上関《かみのせき》（同上関町）で伊予河野氏《こうのし》らと対面。帰りには二十一日に備後国尾道《おのみち》（広島県尾道市）で山名時熙《ときひろ》らの、二十三日に再び宇多津で細川頼之の、二十五日には播磨国室津《むろつ》で赤松義則の饗応を受け、二十六日に兵庫、次いで京都に戻った。

この西国下向の意図は、まさに在国する有力大名たちのもとに義満自身が出向いて実際に彼らに饗応させ、その出方をみること、それによって康暦の政変以来深刻なかたちで表面化した有力大名の問題を克服する道を探ることにあったと考えてよい。先行研究では、権力示威の側面が強調されてきたが、これが同時に融和の道をも探るものでもあったことには注意が必要だろう。おそらく前年の富士下向も同様に土岐氏や、そのさらに東側に分国を持つ今川《いまがわ》氏一族の饗応を受け、場合によっては、父の代以来独自の権力を構築してきた足利氏満《うじみつ》の鎌倉へも足を伸ばそうとするものだったのではないかと推測される。

このように、有力大名の問題への解決に向かおうとしていた義満には、さらに幸運が重なった。土岐氏と同じく反細川の立場にあり、但馬に下向していた山名時義が、同年五月四日に没したのである。西国下向の帰途、義満が尾道を訪れた際に、時義が病であることが伝えられていたが、それは事実だったのである。頼康の死が七十歳だったのに対して、時義はまだ四十代前半であった（四十一歳もしくは四十四歳とされる）。

また、西国下向には、もう一つの収穫もあった。本州の西端、周防・長門両国とその周辺に一大勢力を構築し、細川氏・山名氏・土岐氏らと同様の広域的地域権力と化していた大内義弘が、協力的な姿勢を示し、そのまま義満とともに上洛したのである。大内氏は義弘の父弘世の代に周防・長門両国を占領し、必ずしも幕府の命に従順ではなかったが、跡目争いを経て後継した義弘は幕府に協力する傾向を強めていた。東アジア世界との接点にあり、義満の下向時には唐物を含む多数の進物を献上した裕福な大名でもある大内氏の協力は、義満にとって心強いものだったはずである。

ここから義満は、大きな飛躍の時期を迎えるのである。

二つの討伐戦

土岐康行《ときやすゆき》の討伐命令が出たのは、康応元年（一三八九）のことだったらしい。少なくとも近江守護の佐々木六角満高や播磨・備前守護の赤松義則が土岐氏討伐の命を受けているようであり（「宝荘厳院方評定引付」康応二年三月二十五日条、「教王護国寺文書」）、翌明徳元年（一三九〇）閏三月には、土岐康行の本拠である美濃国小島荘――かつて後光厳が一時的に難を逃れた地である――が攻略された（「四天王法記」）。義満は、土岐一族で馳せ参じた土岐頼忠《よりただ》（康行・満貞の叔父にあたる）を、美濃守護に任じた。

この討伐戦については、残念ながらほとんど情報がないが、仁木満長《みつなが》（義長の子）が伊勢守護を拝領したこと、佐々木京極高秀にも恩賞が与えられたこと、尾張国諸郡のうち智多郡《ちたぐん》に一色氏《いっしきし》、海東郡《かいとうぐん》に山名氏、海西郡《かいさいぐん》に今川氏と、このころから郡ごとに知行者が設定されていると思われることなどを考慮すると、これらの氏族も従軍していた可能性が高い。だとすると、義満旗下の大名たちの多くが動員された軍事行動だったと思われるが、このような追討によって、土岐氏は大きく弱まることとなったのである。

また同じく明徳元年には、山名時義の関係者も追討された。分国現地にいたと思われる山名氏幸《うじゆき》（伯耆守護。隠岐守護を兼ねていた可能性がある）・時熙（但馬守護）の二人の追討は、山名氏清・満幸という本来京都にいた同族二人によって行われ、山名義熙（備後守護）の追討には四国の細川軍が投入された。ただしこの追討戦の結果は、土岐氏と対照的であった。これによってたしかに備後は細川氏の手に渡った。しかし、氏清が丹波・和泉に加えて但馬の守護に、そして満幸が丹後・出雲に加えて伯耆・隠岐の守護に任じられ、この二人がほぼ氏幸・時熙二人の分国を併呑してそれぞれ三、四ヵ国の守護へと急成長を遂げたのである。このほか、山名氏長老の義理が美作・紀伊、そして氏家が因幡を引き続き有していたため、一族全体で考えた場合、山名氏は依然として大勢力であった。

諸大名に分国を分割されてしまうことを警戒し、氏清・満幸らが一族内の問題として解決することを求めたのではないかと推測されるが、このようにみてみると、氏幸・時熙の討伐は、義満にとって事態の改善をもたらすものではなかった。かくして、氏清・満幸の二人が、次の標的となったのである。

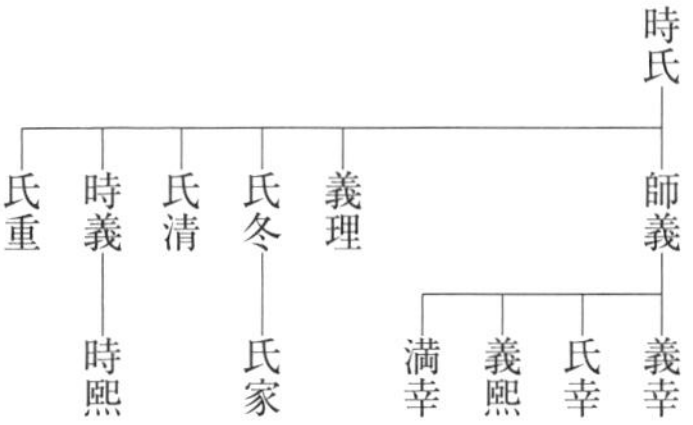

図65　山名氏系図

大晦日の決戦

明徳二年（一三九一）三月、政権内に新たな動きがあった。

康暦の政変以来、長く四国に逼塞《ひっそく》していた細川頼之の復帰が取り沙汰され、そのような義満の動きに不満の意を示した斯波義将が、管領職を辞して分国越前へと下向したのである（「神護寺交衆任日次第」「武家年代記」「東寺王代記」など）。しかしそれでも細川頼之の上洛は翌月に決行され、義将に代わる管領には頼之の弟、細川頼元が就任した。

そのようなか、長年細川氏と対立関係にあった山名氏の氏清・満幸も、不満が蓄積していったらしい。『明徳記《めいとくき》』は、先に討伐された時熙・氏幸を義満が赦免する動きをみせたことを特記するとともに、後円融上皇の料所《りょうしょ》であった出雲国横田荘《よこたのしょう》（島根県奥出雲町）をめぐるトラブルを直接的な契機としている。どの要素がどれほど決定的だったのかについては、安易に『明徳記』に依拠することなく慎重に考えるべきだろうが、ともかくも十二月までの間に、氏清・満幸の叛意は固まることとなった。

年末も押し迫るなか、山陰の分国から攻め上ってきた山名満幸が西山法華山寺（峯の堂、京都市西京区御陵）、和泉から攻め上ってきた氏清が八幡《はちまん》に陣取った。その彼らの軍が西と南の二方面から京都に迫ったのは、十二月三十日のことである。当時の暦には三十一日は存在しないので、その日は大晦日である。山名氏の軍勢に対して足利義満は、京都市街地の西側を主戦場とするため、陣を中御門《なかみ》堀川《かどほりかわ》（現在の堀川丸太町交差点から一筋上がった地点である）の北西にあった一色氏の邸宅に移して本営とした。

このときに迎え撃った幕府側の布陣については『明徳記』のほか、神護寺の記録である「神護寺交衆任日次第」に記載があるが、双方に異なる部分がある。これらを対比するに、細川頼之軍が平安京の大内裏の跡地である内野《うちの》のなかのいずれかの地点に陣を張り、北野社《きたのしゃ》の前に陣した佐々木京極高詮《たかあきら》（高秀子）などとともに西から襲来する山名満幸軍にあたったこと、とくに北野社前の右近馬場《うこんのばば》と呼ばれる地が激戦地となったことなどは確実なようである。また、南から大宮大路を上がって襲来してきた山名氏清軍に対し、大内義弘軍が内野の南東角にあたる二条大宮に陣を取って迎撃したことも諸書一致しており、事実と認めてよいだろう。二条大宮とは、現在でいえばちょうど二条城の城内にあたる。

このように内野とその周辺で行われた以上の戦闘は、内野合戦と呼ばれている。どちらの戦場も激戦でかなり多くの戦死者を出したが、結果的に幕府軍の勝利に終わった。山名満幸は敗北して落ち延び、山名氏清は一色満範《みつのり》（範光孫）の手の者に討たれたのだという。

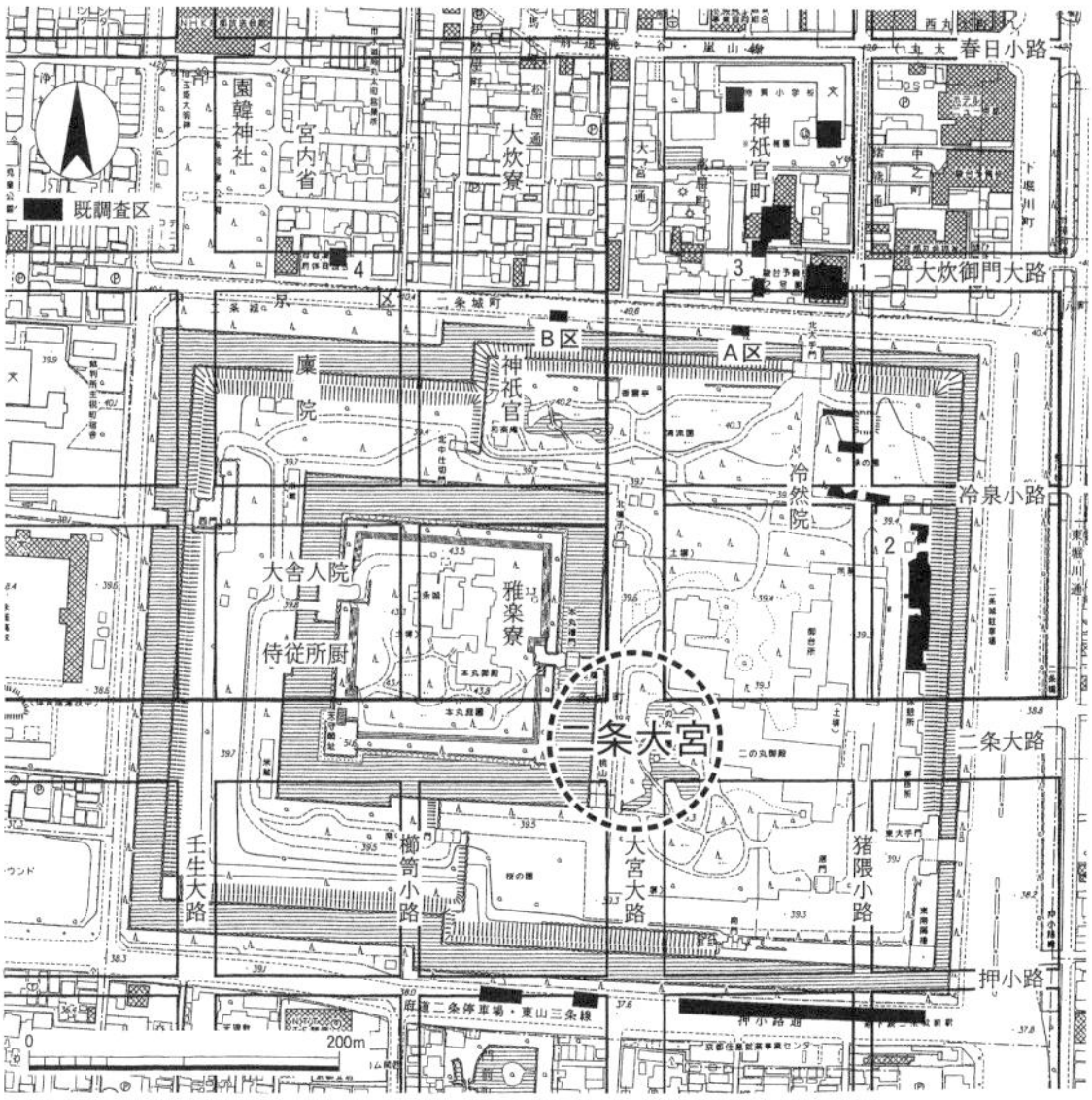

図 66　二条大宮周辺図　京都市埋蔵文化財研究所『史跡旧二条離宮（二条城）・平安宮神祇官・平安京冷然院跡』（2002 年）「調査位置図」に加筆

二条大宮周辺には，近世に二条城が構築された．二条大宮の地点を厳密にいえば，二の丸御殿の庭のあたりである．

この勝利は大きな意味を持った。山名氏清・満幸と、彼らに呼応する動きをみせた義理の分国はすべて没収され、そのうち丹波は細川頼元、丹後は一色満範、美作は赤松義則と、それぞれ隣国を有する大名に与えられた。このほか、氏清軍を防いで善戦した大内義弘が対南朝最前線の和泉・紀伊を与えられ、佐々木京極高詮が旧領であった出雲・隠岐を与えられた。

明徳の乱の意義

また、山名一族のうち、因幡守護の氏家が帰順を許されたほか、時熙が但馬、氏幸が伯耆の守護として返り咲いた。本来討伐されたはずの二人が赦免され、重用されていたはずの氏清・満幸が討伐されたことに疑問を感じられるかもしれないが、この構図は土岐氏でも同様で、討伐を受けた康行が内野合戦直前に赦免されて伊勢を返されたのに対し、本来重用されていた満貞はこの頃に尾張守護職を失っている。よくいわれるように、義満も本来の在京組だった土岐満貞・山名氏清らを心から信頼していたわけではなく、あくまで強大な地域権力だった山名・土岐氏の解体を目的として彼らを重用していただけだったのであろう。

ともあれ、広大な山名分国は解体され、そのほかの従順な大名たちに配分された。結果、大内義弘が六ヵ国守護となって若干突出したものの、おおよそ三～四ヵ国を有する複数の大名が拮抗するという室町時代の基本的な構図が形成された。これにより室町幕府は、本格的な安定の時期を迎えることになったのである。

このようにして権力を確立した義満は、その勢いのまま、尊氏・義詮の代に決してなしえなかった問題に、終止符を打つこととなる。南朝との和睦である。

南北朝の合一

すでに永和四、五年（一三七八、七九）に山名氏が和泉・紀伊に、永徳二年（一三八二）に畠山氏が河内に入国したことで、楠木氏《くすのきし》などの南朝勢力はほぼ一掃されていた。また、明徳の乱以後の討伐戦で和泉・紀伊両国に入部した大内義弘は、明徳三年（一三九二）七月頃には大和国宇陀郡《うだぐん》（奈良県宇陀市）への攻撃を図っていた（「南狩遺文」「歓喜寺文書」「粉河寺文書」）。

吉野で皇統を維持していた南朝の後亀山《ごかめやま》天皇もこうしたなかで次第に追いつめられ、ついに神器とともに京都へ帰還することを選択したのである。後亀山天皇が吉野を出たのは同年十月二十八日、雨だったとのことで、飛鳥《あすか》の橘寺《たちばなでら》（奈良県明日香村）で一泊し、翌日には南都興福寺に到着。また雨で足止めされ、嵯峨《さが》の大覚寺《だいかくじ》殿に到着したのは、閏十月二日の夜であった。

そしてこのとき、南朝方の所持していた三種の神器は、義満側近の日野資教を上卿《しょうけい》（儀礼などの執行を担当する上首の公卿）として、五日に内裏に遷された。神器の入御の際に先例とされたのは、「元暦《げんりゃく》例」「文治《ぶんじ》例」、すなわち安徳《あんとく》天皇とともに西国に渡っていた神器のうち、神鏡と神璽《しんじ》が平家滅亡後に京都に戻った際の例であったが、これにより、このとき南朝のもとにあった神器が、正統なものとして扱われていることがわかる。正平の一統以降、北朝朝廷は神器を持っていなかったため、これを正統なものとして受け取らざるを得なかったのである。これまでの南朝側の主張によれば、この神器は正平六年（一三五一）に北朝から獲得した神器ではなく、建武三年（一三三六）の後醍醐《ごだいご》吉野潜行時に持ち出したもののはずだが、結局のところ真相は不明である。

かくして建武三年に後醍醐が吉野へ逃れて以降、六十年近くにわたって続いていた南北朝の分裂はひとまず、終わりを告げたのである。

4 ビッグ・イベントの時代

積年の課題群を一挙に解決し、権力確立を果たした義満は、明徳三年（一三九二）十二月に左大臣に還任し、翌年に石清水放生会《いわしみずほうじょうえ》の上卿を務めたのち九月に辞任。翌応永元年（一三九四）十二月には、征夷大将軍も辞任して、代わりに嫡男義持《よしもち》がこれに任じられた。また、その直後に義満は太政大臣に任官して位人臣を極めたが、翌年六月にはこれも辞して出家するなど、慌ただしく立場を替えた。

本書の末尾を飾るのはこの時期の義満によって開催された、いくつかの華やかな仏教儀礼である。本書では、供養法会などの仏事が、新たな安定と繁栄の時代を示すものとして営まれたことをたびたび強調してきたが、この明徳年間（一三九〇―九四）から応永初年（一三九四―）という一連の時期にも、表7に示すように、義満によって多数の仏教儀礼が行われたのである。

もちろん、顕密《けんみつ》僧による①④⑥⑦⑧、禅僧による②③、諸国から「経法師」千人を集めた⑤、などと大きく分類されるこれらの仏事は、たとえば②③のうち、②が明徳の乱での死者の追善を直接的な目的としており（池田丈明 二〇一三）、③が頼朝の東大寺《とうだいじ》供養や尊氏・直義の天龍寺供養を意識している、といったように、それぞれ性格を異にしている。

しかしながら、「都にまれなる聴聞侍り」として噂が広がり（「和久良半之御法」）、多くの見物の人々があったという①に始まり、「天竺・しんたん《（震旦）》（＝インド・中国）はしらず、日本国中にきこえて、筑紫かまくら《（鎌倉）》よりのぼりつどひておがみたてまつり」と表現されている（「相国寺塔供養記」、これはさすがに誇張があると考えるべきだろう）⑧に至るまでのこの大イベント群が、一連のものとして義満の権力確立を世間にみせつけるものとなった点は間違いなかろう。本書では最後に、このように世間の耳目を驚かせた一連のイベント群について、いくつかの角度から照らし出すことで、内乱の時代の終わりをみいだすことにしたい。

義満の立場の変化

まず注目したいのは、このイベント群にみえる義満の立場である。

明徳元年（一三九〇）の①は、尊氏三十三回忌にあたり、それまで等持寺で行っていた追善仏事の法華八講を、相国寺の南東に新たに造営した八講堂に会場を移して開催したものだったが、とくに三日目に二十五名、五日目に二十九名と多くの現任公卿が参仕しており、そこに三大臣はおろか、関白の二条師嗣《もろつぎ》まで含まれている点で注目される（「和久良半之御法」）。関白も含む公卿全体が義満に奉仕する構図は⑥⑦⑧などにも受け継がれていくが、おそらく二条良基の死没が契機となっているものと思われる。

また、これに続いて重要なのは、⑥の前提となる応永元年九月の日吉社参詣で義満が延暦寺関係者から歓待を受けた際に「御幸《ごこう》・行幸《ぎょうこう》」に比されているように、義満があたかも上皇であるかのような待遇を受けるようになっていく点である。これは、明徳四年四月に後円融天皇が三十六歳で世を去ったのち、義満が若き後小松天皇を後見する存在とみなされるようになった結果とされている（桜井英治 二〇〇一）。もちろん、たとえば応永二年（一三九五）正月の太政大臣拝賀（ちなみにこのときも関白一条経嗣以下、三十一名の公卿が義満に扈従している）の際のように、義満が明確に臣下として行動する場面も当初は残されていたが、出家以後はそのように振る舞う機会さえなくなってしまう。義満の仰せを側近廷臣が承った奉書《ほうしょ》が、従来の綸旨《りんじ》・院宣《いんぜん》に取って代わったことなども知られている（家永遵嗣 一九九五・二〇一三など）。本来は人臣であるにもかかわらず、まさに義満の立場は上皇・法皇に比されるようなものに変化したのである。

加えて、義満が顕密諸宗の高僧たちを動員している点も注目される。本章2節では義満が至徳年間ごろまでに延暦寺・興福寺の服従を実現しつつあった点を述べたが、これにより、たとえば①に興福寺の大乗院孝尋《だいじょういんこうじん》（鷹司冬通子《たかつかさふゆみち》、九条経教《つねのり》養子）が出仕するなど、門跡クラスの高僧たちも義満の仏教儀礼に参加している。また、とくに注意されるのは、⑥の延暦寺大講堂供養が延暦寺関係者の

備　　考
尊氏 33 回忌「大八講」
五山僧 1000 名．明徳の乱の鎮魂を目的とする．
導師：空谷明応（相国寺住持）
義詮 33 回忌を前倒し（本来は 29 回忌の年）．
僧侶 1000 名．以後，定例行事化．
証戒：青蓮院尊道，呪願：妙法院堯仁，導師：石泉院尋源．僧侶 100 名．翌日，義満受戒．
導師：一乗院良昭，呪願：聖護院道意．顕密僧 300 名．
証誠：義満，導師：青蓮院尊道，呪願：仁和寺永助．顕密僧 1000 名．

表7　足利義満と仏教儀礼

	日　時	仏事名	公卿参列
①	明徳元年(1390)4月21〜27日	相国寺法華八講 (「大八講」)	10名(1日目) 〜29名(5日目)
②	明徳3年(1392)4月10日	右近馬場施餓鬼	なし
③	明徳3年(1392)8月28日	相国寺供養	22名
④	応永2年(1395)4月7〜11日	相国寺法華八講	30名(3日目)
⑤	応永2年(1395)10月2日〜	北野万部経会	なし
⑥	応永3年(1396)9月20日	延暦寺大講堂供養	30名
⑦	応永6年(1399)3月11日	興福寺供養	「数十人」
⑧	応永6年(1399)9月13日	相国寺大塔供養	25名

みで行われたのに対して、⑦では興福寺の供養法会であるにもかかわらず、天台寺門系の聖護院道《しょうごいんどう》意《い》（二条良基子）が呪願《じゅがん》を務めるなど、各宗の僧侶を参加させていることである。この傾向は⑧の相国寺大塔供養ではさらに強まり、導師青蓮院尊《しょうれんいんそん》道入道親王《どうにゅうどうしんのう》（後《ご》伏見《ふしみ》皇子）、呪願仁和寺《にんなじ》永助《えいじょ》入道親王（光厳《こうごん》皇子）などの高僧たちをはじめ、延暦寺から四百名、興福寺から三百名、そして園城寺《おんじょうじ》・東大寺・東寺からそれぞれ百名と、合わせて千名の僧侶が集められて遂行されている。

この⑧とは、③⑥⑦と引き続く供養法会の一環であるが、顕密各宗の僧侶を総動員しているという点では法華八講（①④）のような法会として営まれているといえ、また千人規模で動員しているという点では、②や⑤の流れをも受けているということができる。そのような意味でこの⑧は、一連の仏事のさまざまな要素を総括するような位置

図67　相国寺大塔復元図　復元考証：冨島義幸　CG作成：竹川浩平
相国寺大塔は，約109 mにも及ぶ壮大な建築であった．

にあるといってよいように思われる。

このとき供養された相国寺の七重大塔（相国寺の東側に造営された。本尊は五智如来《ごちにょらい》）とは、「翰林葫蘆集《かんりんころしゅう》」によれば高さは三百六十尺（＝三十六丈、約一〇九メートル）にも及ぶ高層建築だったのだという（以下、早島大祐　二〇一〇・二〇一六、冨島義幸　二〇一六）。日本史上の高層建築として著名な法勝寺《ほっしょうじ》の九重大塔が二十七丈であったとされ、現存の五重塔では東寺五重塔（寛永二十一年（一六四四））が約五五メートル、興福寺五重塔（応永三十三年（一四二六）ごろ）が約五〇メートル、八坂法観寺《ほうかんじ》五重塔（永享十二年（一四四〇））が約四九メートルなのだというが、それらとの比較においても突出した高さを誇ることは明白だろう。この塔はまさに、義満の権力を示すモニュメントのような意味を持ったものと考えられる。

義満の意図

このような仏教儀礼群は、義満の権勢のもとに新たな時代が到来したことを世間にみせつけるような面を有したが、それらを催行させた義満自身の意図を考える際に注意しておきたいのが、義満が自分自身の寿命を意識しながら、密教への傾倒を強めていったことである（以下、早島大祐　二〇一六）。

とくに義満が応永二年（一三九五）六月に出家した理由として、義満自身が父義詮の没した三十八歳という年齢に達したことを意識するものだったと指摘されている（桜井英治 二〇〇一）。また、直前に義詮三十三回忌の「大八講」④を四年前倒しで開催した際には、義詮の没した十二月ではなく四月に行っている点など不可解な点がある（実は二年後の応永四年に三十一回忌を行った際にも尊氏の忌日《きにち》に合わせて、義詮の追善仏事が行われている）が、これもこの年がそのような特別な年だったことと関係するのであろう。

そしてこのような点でも到達点といえるのが、義詮の本来の三十三回忌にあたる応永六年の⑧である。義満は、応永二年に空谷明応《くうこくみょうおう》を戒師《かいし》として出家した後、同年九月には東大寺、翌年の⑥の直後には延暦寺で受戒しており、密教僧としての自意識を強めていったようなのだが、この⑧では何と、証誠という本来門跡クラスの高僧が果たすような法会の中心的な役割を、自分自身で果たすに至っているのである（冨島義幸 二〇〇一）。先ほど、いくつかの意味でこの⑧が一連の仏事を総括する位置にあることを述べたが、そこにはこのような義満のこだわりもみいだすことができるのである。

こうしたイベント群をめぐって、さらに言及しておきたいのが、この時期の幕府の財政面の問題である。

儀礼・造営の費用

たとえば、相国寺造営の状況をみてみよう。2節で創建当初は財政難のため、仏殿は小規模なもの、法堂も移築で済ませていたことを述べたが、春屋妙葩・義堂周信が嘉慶二年（一三八八）に相次いで没したのちも造営は継続し、明徳元年（一三九〇）に八講堂が完成していたことについてもすでに触れた。また、仏殿・法堂については大規模なものを新たに造りなおしたらしく（原田正俊 二〇一三）、とくに法堂は明徳二年に数ヵ月で完成したのだという（「常光国師語録」）。造営をめぐる財政状況が創建当初とまったく異なることが、よくわかるはずである。

こののち相国寺は、明徳三年の相国寺供養（③）までの間に基本的な伽藍《がらん》が整備されていたが、翌年九月に焼亡してしまったため造営は全面的に継続し、そのようななかで先述の大塔の建造も進められた。また、⑤の万部経会《まんぶきょうえ》を行う会場として、右近馬場《うこんのばば》に経堂《きょうどう》と呼ばれる大規模な堂が、同じく応永六～十年（一三九九～一四〇三）ごろに創建されていたのだという（桃崎有一郎 二〇一六・冨島義幸 二〇一六）。同時期に進んだ大造営のうち、興福寺・延暦寺の造営は、どちらかといえば基本的には両寺の体制を支援するかたちで進められたとされているが、たとえば⑦の興福寺供養の際に義満が四千五百貫を拠出している点（「興福寺略年代記」）を考慮すると、義満から直接拠出された部分があったことも念頭に置いておいたほうがよいかもしれない。

ともかくも、これ以降には、③の導師空谷明応に三千貫が、⑧の導師青蓮院尊道に二千貫がそれぞれ進上されていること（「相国寺供養記」、『迎陽記』応永六年九月十六日条）、⑤が年中行事化された結果、「数千貫」に及ぶ費用が毎年拠出されていること（「吉田家日次記」応永七年十月十六日条、梅澤亜希子 二〇〇一）なども確認でき、どうも義満は、千貫単位の費用を簡単に拠出することができるくらいには、財政面での確立を果たしていたようである。

これまでにも、寺社造営などに関しては段銭《たんせん》・地口銭《じぐちせん》などの賦課が行われたり、大名たちに出銭させたりということはあったわけだが、このような財政の変化は、もう少し根底的・恒常的な部分に関する変化を前提としているようにみえる。

その背景として考えられるのは、次の二点である。

第一が、御料所の設定である。先述のようにこの時期以降、継続して確認できる御料所が大きく増加するのだが、それは土岐氏や山名氏の討伐によって大量に没収地が生じたことを前提にしているものと思われる。さらにいえば、御料所としてのちに継続するもの以外にも、こうした討伐直後の時期には、（没収地を誰に与えるかをペンディングしたまま）その年の年貢を幕府の財政収入に組み込んでいた可能性も、十分に想定できよう。

加えて注目したいのが、土倉酒屋役《どそうさかややく》である。明徳四年十一月、義満は洛中辺土《らくちゅうへんど》の土倉・酒屋に対して、室町幕府政所の年中行事の費用である六千貫文を負担させることを決定した。土倉・酒屋を含む商人たちはそれぞれ寺社や官司に属しており、幕府や朝廷がこのように恒常的に賦課を行うことはそれまでには考えられなかったが、至徳年間（一三八四―八七）に延暦寺系の土倉に作らせていた馬上方一衆という組織によって、このような徴収が実現したのである（下坂守 二〇〇一）。

先にみたような財政上の確立は、おそらくは以上のような点を背景に達成されたものと考えられる。少し時代が下る時期の日明貿易の利潤が強調されることもあるが、造営や派手なイベントはむしろそれ以前から顕著なわけで、本書ではこのように日明貿易以前に一定度の確立を果たしていた点を強調しておくことにしたい。

北山殿、義満へ

このように義満は、応永六年（一三九九）までの間に次々に大規模造営を続けながら華々しい仏教儀礼を開催したが、この年の末に生じた大内義弘の反乱を平定したのちには、一見するとそのような傾向が一段落しているようにみえる。では、義満の財力はどこに振り向けられたのかというと、それが義満の晩年の邸宅、北山殿であった。本書にもたびたび登場してきたこの北山殿は、元来鎌倉時代の最有力廷臣である西園寺家が家祖公経以降代々相伝《そうでん》してきた豪壮な邸宅であったが、義満がこの地を拠点とする日野宣子・勘解由小路仲子らと関係が深かったことについては本章1節で触れたところである。

尊氏・義詮の墓のある等持院や、厚く崇敬する北野社に近いこともあって（細川武稔 二〇一〇b）、義満はこの地を応永四年に獲得して造営を始め、晩年の生活の地としたのである。義満の転居は応永五年四月のことだったが、このときは山荘であるとして「式の移徙《わたまし》の例に非ず」（『在盛卿記』）、つまり正式な移居ではないとされており、たしかに同年の間は義満に関する祈禱は室町殿で行われている。ところが、翌六年四月以降、義満関連の祈禱が北山殿で行われるようになっており、これ以後は実質的に義満の本宅扱いになったらしい（早島大祐 二〇一〇）。

北山殿には北御所と南御所があり、そのうち本来の西園寺家の邸宅で、現在の鹿苑寺《ろくおんじ》（金閣寺）の敷地にあった北御所が義満の邸宅、その南にあった南御所（本来の日野宣子の邸宅と推定される）が義満の室日野康子（資康の娘）の邸宅とされたようである（義満の「御台」であった日野業子は応永十二年に没しているが、それ以前から姪の康子が「南御所」「上様《かみさま》」として登場しており、義満の配偶のなかでの第一人者になっていたようである（小川剛生 二〇一二）。

北御所には、寝殿・小御所《こごしょ》・会所《かいしょ》などがあったほか、池沿いに置かれた舎利殿《しゃりでん》（いわゆる「金閣」）が最も有名であろう。その舎利殿の北に天鏡閣という建物があって複道（二階建ての渡り廊下）で結ばれており、さらに北側には泉殿という建物があった。ほかにも、護摩堂《ごま》・懺法堂《せんぼう》などの施設が確認される。武家八講の会場として相国寺に建造されていた八講堂も応永五―七年（一三九八―一四〇〇）の間に北山へ移築が進み、応永八年（一四〇一）末までに完成し、同年の法華八講はここで執行された（大田壮一郎 二〇一四）。応永十年に焼亡した七重大塔も、応永十一年（一四〇四）以降に北山で再建が進められている。

図 68　鹿苑寺金閣

現存の金閣は，昭和 30 年（1955）の再建．もとの金閣には，本書カバー裏に掲載の図のように，全面に金箔が貼られていたわけではなかった．

このような造営にあたり、投入された費用が全体で百万貫以上に及ぶと推定する記事もあり（『臥雲日件録』文安五年八月十九日条）、これを採用する研究もあるようだが、先にみたような室町幕府の財政規模や、こののち応永十一年以降に本格化した日明貿易に関する分析（橋本雄 一九九八）などを考慮すると、さすがにこの金額はオーバーと考えるべきであろう。とはいえ、それでもかなり多くの費用と労力がこの邸宅に注入されたこと、この邸宅が義満の晩年の栄華を象徴するものであったこと自体は間違いないところである。

この邸宅で義満は、大陸舶来の唐物を重視する文化的志向をみせており、中華の皇帝イメージを自己に投影していたと指摘されている（橋本雄 二〇一一）。またその一方で、たとえば絵画を一堂に会し、左右二組に分かれて優劣を競い合う「絵合《えあわせ》」のために、春日社の重宝である絵巻物、『春日権現験記《かすがごんげんげんき》絵巻《えまき》』——これはかつての北山殿の主、西園寺《さいおんじ》公衡《きんひら》が作成させたもので、鎌倉末期にはほかならぬ北山殿にしばらく置かれていたものらしい——を取り寄せたこと（髙岸輝 二〇〇八）に象徴されるように、旧来の和風の文化を重視していたとも指摘されている。義満はそのように和漢にわたるさまざまな一流の文化を取り込みながら、新たな文化を確立していくこととなる（橋本雄 二〇一一）が、このようにして形成される「室町文化」自体に関しては、本書の範囲を超えているため、今回は踏み込まない。

ともかくも、鎌倉時代に西園寺家の栄光を示していた北山殿は、義満のそれを示すものに変貌した。この点に変化を象徴的にみいだしたところで、この邸宅に六波羅の使者が到来したところから始まった本書の記述を、そろそろ閉じにかかることにしたい。

内乱を終えて——エピローグ

以上、本書では、京都の十四世紀を描いてきた。主に段階ごとの政治史を把握することを中心に据えつつ、それを説明する必要からさまざまな要素に適宜言及してきたため、全体を通してわかりにくい部分もあったかもしれない。ただそれは、その時々の状況に大きく規定されながら、大きな変化を遂げていったこの激動の時代をとらえるためには、必要な手法であった。

ともかくも、最後にこの世紀を通観しつつ、起点である鎌倉時代末期と、終点である室町時代初期の間で何が変わったのか、という点についてまとめておくことにしたい。

公家政権の凋落と幕府関係者の存在感

まず京都内部のことを理解する際に顕著なのが、月並みだが公家政権の凋落と、それに代わって室町幕府関係者の存在感が次第に増していったことである。

鎌倉時代には、皇位継承など重要な問題に幕府の干渉を受けており、また天皇・上皇への求心力も必ずしも十分なものといえる状態ではなかったが、そうはいってもまだ公家政権自体は機能し、その面目を保っていた。もちろん、本書冒頭にも述べたように、幕府は朝廷に対抗しようとしたり、朝廷の権限を奪い取ろうとしたりしていたわけでは必ずしもなく、足利直義《あしかがただよし》にしても義詮《よしあきら》にしても、段階ごとの政治状況に規定されながら、朝廷との関係を取り結んでいったに過ぎないのだが、とくに観応《かんのう》の擾乱《じょうらん》以後の大混乱と、そののちに引き続いた義満《よしみつ》の公家社会進出によって、状況は一変してしまった。この世紀の終わりに京都という政治都市の中心にあったのは、どうみても足利義満であった。

二十七丈の高さを誇る法勝寺《ほっしょうじ》の八角九重塔が暦応五年（一三四二）に焼亡したのに代わって、それを凌ぐ三十六丈ともいわれる七重塔が、義満によって相国寺《しょうこくじ》、ついで北山《きたやま》に構築された。また、鎌倉時代に繁栄した西園寺家《さいおんじけ》の邸宅であった北山殿が、義満の権勢の絶頂を示すものに転じていたが、このような諸点は、この間の転換を象徴的にあらわしていよう。京都の都市支配においても、京都内外の訴訟が検非違使《けびいし》ではなく幕府 侍 所《さむらいどころ》に持ち込まれるようになったこと、多くが延暦寺《えんりゃくじ》の配下にあった土倉《どそう》・酒屋《さかや》に、幕府が賦課を行えるようになったことなどが確認されており、幕府の存在感が大きなものになっていたのは間違いない。

武士の在京という点も、注目される現象だろう。もちろん鎌倉時代にも大番役《おおばんやく》の制度はあったし、六波羅《ろくはら》を中心にしつつ、京内にも武士の居住はあった。しかしそれでも、建武《けんむ》政権・室町幕府が京都に置かれたことはやはり大きな意味を持ち、これによりさらに多くの武士たちが京都に住むこととなったのは軽視できない。その当初は、直義・義詮が居宅を置いた三条周辺を中心にしていたが、義満の室町殿移転の頃よりそれまで公家邸宅が集中していた一条―二条間にも多数の邸宅が置かれるようになった。そして、その反面で公家廷臣の邸宅は、次第に御所周辺の狭い範囲に凝縮する傾向を強めていくのだという（桃崎有一郎 二〇一〇b）。

天皇家や公家社会自体は以後も保持されていくとはいえ、以上のような諸点を俯瞰するに、やはり足利義満が京都の政界の中心に居座り、合わせて幕府の関係者の存在感が大きく増したことは、この時代の京都を考える際に、いくら強調してもしきれないように思われる。

幕府の性格変化

幕府の性格自体も変化した。室町幕府成立後の尊氏《たかうじ》・直義の時期には、訴訟制度や宗教政策など、さまざまな側面で鎌倉幕府が強く意識されていた。ところが、義満が公家社会に参入していくにつれ、そのような側面は急速に希薄化する。義満が最終的に到達した、上皇になぞらえられるような地位こそ後継者たち（以下、室町殿）には継承されなかったものの、それでも彼の後継者たちは、尊氏・直義や鎌倉幕府よりも、義満の先例（とくに義満の二十代〜三十代ごろの先例）を重視していくことになるのである。

このような、鎌倉時代的な性格からの変化という事象は、そのほかにもさまざまな点でみられる。実をいうと本書では、第五章までの間にたびたび触れてきた中央―地方関係の問題について、幕府関係者の意識が京都内部のことに集中していく第六章・第七章の時期の叙述ではあえて取り上げなかったのだが、本書を結ぶにあたり、あらためてそういった諸点にも目配りを行っておこう（以下、山田徹二〇〇八・二〇一〇・二〇一五aなど）。

鎌倉時代からの変化で最も重要なのが、第五章でも触れたように、観応の擾乱以後の内乱期に、守護が寺社本所領《じしゃほんじょりょう》も含めて人的・物的資源を動員する守護役《しゅごやく》が一般化したという点である。第一章でも述べたように、鎌倉幕府は基本的に、荘郷にかかわらず賦課《ふか》を命じるような社会的立場を確立できておらず、御家人制の枠組みに大きく依存していたため、御家人や地頭職を一定の基準で保護する必要があった。ところが、このように幕府を「制約」する根底的条件に、変化が生じたのである。

もちろん、これによってすぐさま幕府の財政基盤が十分に確立したわけではなく（先述のようにむしろしばらく財政難の時期が続いた）、そうしたなかで地頭御家人役を再興する動きもみられ、実際にそのような費目自体は残っている（山家浩樹 一九九九ａ・丹生谷哲一 一九八六など）。しかし、全体の趨勢としてはむしろ、御家人領・寺社本所領にかかわらず賦課する傾向は、より強まっていく。そうなってくると、これまでのように「ある人物（の家）が御家人（の家）であるかどうか」や「ある所領が御家人領であるかどうか」などが問題とされることは、次第になくなっていくのである。

そうしたなかで次第に浮上してきたのが、京都で直接足利将軍家に奉公する人々と、それ以外の人々という区分である。本書でも前者のような人的集団が段階的に確立する過程について折々に触れてきたが、このほか、前代では全国から大番役で上京してきた御家人があたっていた内裏警固《けいご》なども、諸大名を中心とした在京する人々の負担に転換している（吉田賢司 二〇〇八ａ）。

一方、主に所領現地に在住して、守護からの賦課・動員を受ける後者の人々については、「国の人」、すなわち「地方（地元、現地）の人」というニュアンスをもつ「国人《こくじん》」という用語で、十把一絡げに呼称されるようになる。そして少なくとも京都周辺の諸国では、このような国人たちが（大名などの在京有力者との所縁を利用しない限り）義満から直接所領宛行を受けたりすることが次第に難しくなっていく。桜井英治は、義満期以降に「将軍はもはや武士の味方ではなくなった」と述べている（桜井英治 二〇

○二）が、地方武士を保護するような側面を大きく減退させたという点では、たしかに首肯できる見解といえよう。元弘・建武から観応・文和ごろにかけての南北朝前期に盛んに作成されていた軍忠状《ぐんちゅうじょう》も、コラム5で述べたように次第に作成されなくなっていくが、このことも広くみれば、そういった室町幕府と地方武士とのかかわり方の変化の一環といえるだろう。

評定・法・裁判のその後

こうした根底的な変化は、鎌倉幕府の政治のなかで重視されてきた、評定や裁判などの問題ともかかわっている。

観応の擾乱以後、戦乱に対応するため、従来のような裁許状《さいきょじょう》が出されなくなったことについては第五章で述べたが、こうした戦乱状況に直面した時期には、一時的に引付《ひきつけ》の運営が停止された期間もあった。ただし、そののちに貞治・応安ごろには、引付や評定《ひょうじょう》の制度が再構築されている点には、注意が必要である。従来のような裁許状が本格的に復活することはなかったため、その点では質的変化があったといえるが、評定・引付のような制度を日常的に運営しながら、所領に関する訴訟の処理を行おうとしていた点で、このあたりの時期までは鎌倉時代の延長線上に理解できるのである。

そういったあり方に最終的に終止符が打たれたのは、義満の時代であった。義満が永和四年（一三七八）に公家社会に一歩を踏み出すころから引付の運営が不安定になること、康暦《こうりゃく》の政変《せいへん》以後には引付頭人《とうにん》の奉書《ほうしょ》も激減していき、応永元年（一三九四）を最後に確認できなくなることなどが知られている。評定の開催もほぼ同様の時期に確認できなくなり、そのような合議の場や審議機関を日常的に運営するあり方ではなく、奉行人がたびたび義満のもとを訪れて適宜個別的に伺いを立て、義満の仰せを受けながら処理する、という方式に転換していくのである。

同じ時期には、所領問題に関連する幕府法が確認できなくなる点も知られており、「一般的な規範をあらかじめ成文化して、それに添うかたちで訴訟に対応していく」という志向も、薄らいでいったようである。

こうした変化の結果、重要となったのは、いうまでもなく義満の意向であった。また、義満への伺いは適宜行われるものであったから、それはいうまでもなく、評定・引付を運営していた段階に比べて、義満の日常の都合に大きく振り回されることとなる。義満の御成《おなり》の際に働きかけて所領回復の命令を獲得するようなことも、珍しいことではなくなるのであり、義満へのつても従来以上に大きな意味を持つようになった。

このような変化の背景の、まず大前提としてあげておきたいのが、先述のように、御家人保護という問題の重要性が低下したことである。それを受け、幕府裁判はどちらかといえば寺社や公家廷臣の訴訟を取り扱うことに比重を移していったが、そのようにして維持されてきた従来のあり方が最終的に義満の公家社会参入の時期に放棄された背景には、公家廷臣たちや宗教勢力を従属させていく過程で「義満に関係の深い人物や奉公した人物の訴えのみを受け付ける」ことのほうが重要となり、負担の大きな従来型のシステムをわざわざ維持していく意義が失われてしまったことがあるのであろう。

第一章でも述べたとおり、鎌倉幕府のもとでは、評定衆や引付衆などといった役職への就任をもとに家格秩序《かかく》が形成されていたといわれているが、そういった点も必然的に変化する。義満死後に順次形成されていく室町幕府の家格秩序（二木謙一 一九八五など）では、御成の際に室町殿と同席できる御相伴衆、御成の際に御供をする御供衆《おともしゅう》、申次《もうしつぎ》を行う申次衆、番に編成されて室町殿の門を警固する五番衆（狭義の奉公衆）……などといったように、（繰り返される京都内外の各所への御成を含む）室町殿の日常にどのようなかたちでかかわりうるのか、という点が中心部分を規定している。

この変化も、全国から寄せられる訴訟への対応を重要な政治課題としていた鎌倉幕府と、京都に集住する公・武・寺・社の人々との関係を重視した義満以降の室町幕府と間の政治的な力点のありかの違いを、象徴的にあらわしているといってよかろう。

幕府支配の非全国性と地域差

このように、鎌倉幕府と義満以降の室町幕府で異なる点はあまりに多いのだが、そうしたなかでも最後に強調しておきたいのが、第六章でも示唆した、幕府支配の非全国性と地域差の問題である。

観応の擾乱以後、幕府が京都周辺諸国を維持するだけで精一杯になってしまったこと、そのの支配の再建が地域限定的なかたちでしか進まなかったことなどについてはすでに述べたところである。そのの、義満の権力がゆるぎないものとなり、また畿内近国の北半などの地域に京都を中心とする支配体制が確立したのちにも、全国に同じような支配を及ぼそうとする志向がさほど強くならなかった。この点は特徴的といえる。

関東に鎌倉府が、基氏―氏満―満兼と代を経るなかで自立性を強めつつ存在し続けたことなどはよく知られていようが、たとえば、義満が明徳二年（一三九一）に陸奥・出羽両国を鎌倉府の管轄下として承認した点なども注目される。この措置については、細川頼之《ほそかわよりゆき》復帰前後に幕府内対立が深刻化していた時期のものであり、氏満がかつて康暦の政変時に怪しい動きをみせたことなどを考慮するならば、そうした幕府の内訌《ないこう》に氏満がつけこむことを予防するためだったとみなしておくのが無難であろう（桜井英治 二〇〇一）。だとすると、奥羽の支配それ自体よりも、鎌倉府の懐柔のほうが重視されていることになり、興味深いところである。

九州方面では、応永二年（一三九五）に九州探題今川貞世《たんだいいまがわさだよ》が罷免される前後の動向が注目される。正月頃に義満は、京都に一々知らせることなく、貞世の判断で恩賞《おんしょう》や所領安堵《あんど》を行うことを許可しているが、その際に、貞世に近い九州の地頭御家人三十数名を「小番衆」という集団に組み込んだことを伝えた。ここで注意が必要なのは、のちの五番衆に相当すると考えられるこの「小番衆」が、京都で将軍御所に奉公することを任務とするもののはずなのに、幕府がこの人々に対して、そのまま現地に在国するように命じている点である（「禰寝文書」）。また、こののち貞世が京都に呼び戻された際には、貞世に近い九州の武士が同行して上洛し、義満に対して所領安堵を求めていたようだが、義満は彼らの希望にすぐには対応せず、翌年春に新たな探題を派遣して現地で対応させている。

このような措置は、反今川派も多い九州の情勢を視野に入れつつ、それぞれの段階においてなされた政治的判断であったと考えられるが、そうした過程のなかで、かつての大番役のように彼らを京都に直接奉公させるような志向がまったくみいだせない点は、やはり興味を引く。尊氏・直義とは異なり、義満が鎌倉幕府のようなあり方にとくにこだわっていなかったことについてはすでに述べてきたところだが、そもそも京都で生まれ、公家社会に強く引き込まれながら育ってきた義満にとって、このような全国支配という要素でさえ、それほど優先度の高い問題ではなかったのかもしれない。

もちろん、この時期以後にも、こうした遠国地域の現地勢力が、所領の安堵や官途の拝領、貿易利権の獲得・保持などを求めるために幕府に接触することはあり、幕府側もそのような動きに対して、ときに一定の政治的意図を持ちながら対応していたのも事実である。またその一方で、京都周辺の諸国に独特な求心構造をもつ支配体制が再構築されていたこと、そうしたなかで京都という都市が突出した地位を有し続けていたことなども、当然ながら重要であろう。しかし、少なくとも本書の前半で活写した、「中央」での政治不安や政変のたびに全国から多くの武士が集まってくるようなことは、もはやなかった。そのような意味で、鎌倉時代や建武政権・初期室町幕府の時代は、過去のものとなったのである。

以上、いくつかの側面から、この激動の十四世紀の前後の時代で何が変わったのかをまとめてきた。京都のなかだけをみていると、義満権力の確立に向かう単純な流れで描けるように思えてしまうかもしれないが、中央—地方関係の問題を視野に入れるならば、事態はそれほど単純でないことがわかるはずである。

また、みてのとおり、室町時代とは、鎌倉時代の後期にみえていた政権や社会の動きの結果として登場してくるものといえる面はたしかにあるものの、その動向の直線的な進展というかたちではなかなか説明しにくいものである。このあたりにこの時代を理解する際の難しさがあり、また研究対象としての魅力もあるのだが、長きにわたった本書の叙述が、そのようなこの時代を描き出すことに、少しでも成功していればと願うばかりである。

参考文献

網野善彦　一九七〇「楠木正成に関する一、二の問題」（『網野善彦著作集』六、岩波書店、二〇〇七年）
網野善彦　一九七八ａ「建武新政府における足利尊氏」（同書六）
網野善彦　一九七八ｂ『中世東寺と東寺領荘園』（同書二、二〇〇七年）
網野善彦　一九八六『異形の王権』（同書六）
網野善彦　一九九七『日本社会の歴史』（同書一六、二〇〇八年）
飯倉晴武　二〇〇二『地獄を二度も見た天皇　光厳院』吉川弘文館
家永遵嗣　一九九五「足利義満と伝奏との関係の再検討」（『古文書研究』四一・四二）
家永遵嗣　二〇〇八「室町幕府の成立」（『学習院大学文学部研究年報』五四）
家永遵嗣　二〇〇九「足利義満・義持と崇賢門院」（『歴史学研究』八五二）
家永遵嗣　二〇一三「室町幕府と「武家伝奏」・禁裏小番」（『近世の天皇・朝廷研究大会成果報告集』五）
家永遵嗣　二〇一六「光厳上皇の皇位継承戦略と室町幕府」（『室町政権の首府構想と京都』文理閣）
池田丈明　二〇一三「室町将軍と五山の施餓鬼」（『年報中世史研究』三八）
石川匡伸　二〇〇三「南北朝期室町幕府の軍事制度について」（『三重大史学』三）
石原比伊呂　二〇一五『室町時代の将軍家と天皇家』勉誠出版＊
市澤　哲　二〇〇八「太平記とその時代」（『太平記を読む』吉川弘文館）
市澤　哲　二〇一一『日本中世公家政治史の研究』校倉書房＊
市澤　哲　二〇一八「一四世紀の内乱と赤松氏の台頭」（『大手前大学史学研究所紀要』一二）
市原陽子　一九七四「室町時代の段銭について」（『歴史学研究』四〇四・四〇五）

伊藤喜良　一九九九『中世国家と東国・奥羽』校倉書房
伊藤俊一　二〇一〇『室町期荘園制の研究』塙書房
井上宗雄　一九六五『改訂新版　中世歌壇史の研究　南北朝期』明治書院、一九八七年
今谷　明　一九九〇『室町の王権』中央公論社
今谷　明　二〇〇〇『室町時代政治史論』塙書房
入間田宣夫　一九七八「鎌倉幕府と奥羽両国」(『中世奥羽の世界』東京大学出版会)
岩元修一　一九八三「開創期の室町幕府政治史についての一考察」(『古文書研究』二〇)
上杉和彦　一九九六『日本中世法体系成立史論』校倉書房
上田純一　二〇一一『足利義満と禅宗』法蔵館
馬田綾子　一九七七「洛中の土地支配と地口銭」(『史林』六〇―四)
梅澤亜希子　二〇〇一「室町時代の北野万部経会」(『日本女子大学大学院文学研究科紀要』八)
大田壮一郎　二〇一四『室町幕府の政治と宗教』塙書房
大塚実忠　二〇〇二「岡松一品の事」(『禅文化研究所紀要』二六)
大薮　海　二〇一六「室町幕府―権門寺院関係の転換点」(『十四世紀の歴史学』高志書院)
大山喬平編　二〇〇八『中世裁許状の研究』塙書房
岡野友彦　二〇〇九『北畠親房』ミネルヴァ書房
岡見正雄校注　一九七五『太平記』一、角川書店
小川剛生　二〇〇〇「北朝廷臣としての『増鏡』の作者」(『三田国文』三二)
小川剛生　二〇〇三a「京極為兼と公家政権」(『文学』四―六)
小川剛生　二〇〇三b『南北朝の宮廷誌』臨川書店
小川剛生　二〇〇五『二条良基研究』笠間書院＊

小川剛生　二〇〇八　『武士はなぜ歌を詠むか』KADOKAWA
小川剛生　二〇一二　『足利義満』中央公論新社＊
小川　信　一九八〇　『足利一門守護発展史の研究』吉川弘文館＊
海津一朗　二〇〇四　「異国降伏祈禱体制と諸国一宮興行」（『中世一宮制の歴史的展開』下、岩田書院）
筧　雅博　一九八五　「道蘊・浄仙・城入道」（『三浦古文化』三八）
筧　雅博　二〇〇一　『蒙古襲来と徳政令』（『日本の歴史』一〇）講談社
亀田俊和　二〇一三　『室町幕府管領施行システムの研究』思文閣出版
亀田俊和　二〇一五　『高師直』吉川弘文館
亀田俊和　二〇一六a　『高一族と南北朝内乱』戎光祥出版
亀田俊和　二〇一六b　『足利直義』ミネルヴァ書房
亀田俊和　二〇一七a　『征夷大将軍・護良親王』戎光祥出版
亀田俊和　二〇一七b　『観応の擾乱』中央公論新社＊
川合　康　二〇〇四　『鎌倉幕府成立史の研究』校倉書房
川上　貢　二〇〇二　『日本中世住宅の研究〔新訂〕』中央公論美術出版
河音能平　一九九三　「中世日本における軍忠状文書様式の成立」（『河音能平著作集』五、文理閣、二〇一一年）
黒田　彰　一九八七　『中世説話の文学史的環境』和泉書院
河内祥輔・新田一郎　二〇一一　『天皇と中世の武家』（『天皇の歴史』4）講談社
呉座勇一　二〇一四　『戦争の日本中世史』新潮社
五條小枝子　二〇〇四　『竹むきが記研究』笠間書院
五味文彦　一九九〇　『増補　吾妻鏡の方法』吉川弘文館、二〇一八年
近藤成一　二〇一六　『鎌倉時代政治構造の研究』校倉書房

坂井孝一　二〇一八　『承久の乱』中央公論社
阪田雄一　一九八二　「足利直義党に関する二、三の問題点」（『史翰』一八）
桜井英治　二〇〇一　『室町人の精神』（『日本の歴史』一二）講談社＊
桜井英治　二〇一七　『交換・権力・文化』みすず書房
櫻井陽子　二〇〇四　「頼朝の征夷大将軍任官をめぐって」（『明月記研究』九）
佐藤進一　一九六五　『南北朝の動乱』（『日本の歴史』九）中央公論社＊
佐藤進一　一九六七・一九八八　『室町幕府守護制度の研究』上・下、東京大学出版会＊
佐藤進一　一九九〇　『日本中世史論集』岩波書店＊
佐藤雄基　二〇一四　「中世の法と裁判」（『岩波講座日本歴史』第七巻、岩波書店）
清水克行　二〇一三　『足利尊氏と関東』吉川弘文館
清水克行　二〇一七　「足利尊氏」（『室町幕府将軍列伝』戎光祥出版）
鈴木由美　二〇一四　「先代・中先代・当御代」（『日本歴史』七九〇）
鈴木由美　二〇一八　「足利将軍家の誕生は、「源氏の嫡流」の復活だったのか？」（『征夷大将軍研究の最前線』洋泉社）
下坂　守　二〇〇一　『中世寺院社会の研究』思文閣出版
瀬野精一郎　二〇〇五　『足利直冬』吉川弘文館
髙岸　輝　二〇〇四　『室町王権と絵画』京都大学学術出版会
髙岸　輝　二〇〇八　『室町絵巻の魔力』吉川弘文館
高木徳郎　二〇〇八　『日本中世地域環境史の研究』校倉書房
高橋典幸　二〇〇八　『鎌倉幕府軍制と御家人制』吉川弘文館
高柳光寿　一九五五　『足利尊氏』春秋社、一九八七年

田中奈保　二〇〇五「高氏と上杉氏」（『下野足利氏』戎光祥出版、二〇一三年）
田中大喜　二〇一一「中世前期上野新田氏論」（『上野新田氏』戎光祥出版）
田中義成　一九二二『南北朝時代史』（講談社、一九七九年）
谷口雄太　二〇一三「書評　木下聡著『中世武家官位の研究』」（『千葉史学』六二）
辻善之助　一九一九『日本仏教史之研究』金港堂
辻　浩和　二〇一四「南北朝期祇園社における居住と住宅」（『立命館文学』六三七）
角田朋彦　一九九五「足利基氏発給文書に関する一考察」（『足利基氏とその時代』戎光祥出版、二〇一三年）
外岡慎一郎　二〇一五『武家権力と使節遵行』同成社
冨島義幸　二〇〇一「相国寺七重塔」（『日本宗教文化史研究』五―一）
冨島義幸　二〇一六「相国寺七重塔とその伽藍」「足利義満と北野経王堂」（前掲『室町政権の首府構想と京都』）
永井　晋　二〇〇六『金沢北条氏の研究』八木書店
永井　晋　二〇〇九『北条高時と金沢貞顕』山川出版社
長坂成行　一九八七「『道平公記』の和歌一首」（『軍記と語り物』二三）
中西達治　一九八五『太平記論序説』桜楓社
仲村　研　一九六九「京都八条院町の成立と展開」『文化史学』二五
中村直勝　一九五三「足利ノ尊氏」（『中村直勝著作集』七、淡交社、一九七八年）
長村祥知　二〇一五『中世公武関係と承久の乱』吉川弘文館
永山　愛　二〇一八「鎌倉幕府滅亡時における軍事編成」（『鎌倉遺文研究』四一）
丹生谷哲一　一九八六『増補　検非違使』平凡社、二〇〇八年
錦　昭江　二〇一五「北畠顕家の伊勢転進」（『日本歴史』八〇〇）
西田友広　二〇一七『悪党召し捕りの中世』吉川弘文館

西山美香　二〇〇四『武家政権と禅宗』笠間書院
新田一郎　一九九五『日本中世の社会と法』東京大学出版会
新田一郎　二〇〇一『太平記の時代』（『日本の歴史』一一）講談社＊
橋本道範　二〇〇八「鎌倉幕府の裁判」「鎌倉幕府裁許状の歴史的位置」（前掲『中世裁許状の研究』）
橋本　雄　一九九八「遣明船と遣朝鮮船の経営構造」（『遙かなる中世』一七）
橋本　雄　二〇一一『中華幻想』勉誠出版
橋本　雄　二〇一三「日明勘合貿易の利」（『富裕と貧困』〈『生活と文化の歴史学』三〉竹林舎）
花田卓司　二〇〇八「南北朝期室町幕府における守護・大将の所領給付権限」（『古文書研究』六六）
花田卓司　二〇〇九「軍事関係文書からみた京都」（『アート・リサーチ』九）
早島大祐　二〇一〇『室町幕府論』講談社
早島大祐　二〇一六『足利義満と京都』吉川弘文館
林屋辰三郎　一九九一『内乱のなかの貴族』吉川弘文館、二〇一五年＊
原田正俊　二〇一三「「万年山相国承天禅寺諸回向并疏」と足利義満」（『関西大学東西学術研究所紀要』四六）
久野修義　一九九九『日本中世の寺院と社会』塙書房
兵藤裕己　一九九五『太平記〈よみ〉の可能性』講談社
深津睦夫　二〇一四『光厳天皇』ミネルヴァ書房
藤井　崇　二〇一三『室町期大名権力論』同成社
二木謙一　一九八五『中世武家儀礼の研究』吉川弘文館
古澤直人　一九九一『鎌倉幕府と中世国家』校倉書房
北条氏研究会編　二〇〇一『北条氏系譜人名辞典』新人物往来社
細川重男　二〇〇〇『鎌倉政権得宗専制論』吉川弘文館

細川武稔　二〇一〇a　『京都の寺社と室町幕府』吉川弘文館
細川武稔　二〇一〇b　「足利義満の北山新都心構想」（『中世都市研究』一五）
堀川康史　二〇一四　「北陸道「両大将」と守護・国人」（『歴史学研究』九一四）
前田治幸　二〇一〇　「鎌倉幕府家格秩序における足利氏」（前掲『下野足利氏』）
松井直人　二〇一五　「南北朝・室町期京都における武士の居住形態」（『史林』九八―四）
松井直人・桃崎有一郎　二〇一六　「中世後期京都・京郊における公武寺社の在所一覧表」（前掲『室町政権の首府構想と京都』）
松尾剛次　二〇〇三　『日本中世の禅と律』吉川弘文館
松島周一　二〇一四　「室町初期の吉良氏」（『愛知県史研究』一八）
松永和浩　二〇一三　『室町期公武関係と南北朝内乱』吉川弘文館＊
三浦龍昭　二〇一二　「新室町院珣子内親王の立后と出産」（『宇高良哲先生古稀記念論文集　歴史と仏教』文化書院）
三島暁子　二〇一二　『天皇・将軍・地下楽人の室町音楽史』思文閣出版
水野圭士　二〇一四　「細川頼之と覚王院宋縁」（『学習院史学』五二）
水野圭士　二〇一七　「細川頼之政権と持明院統の分裂」（『学習院大学人文科学論集』二六）
水野章二　二〇〇四　「中世村落の構造と景観」（『日本史講座』四、東京大学出版会）
水野智之　二〇〇五　『室町時代公武関係の研究』吉川弘文館
峰岸純夫　二〇〇五　『新田義貞』吉川弘文館
村田正志　一九六九　「南北朝と室町」（『村田正志著作集』三、思文閣出版、一九八三年）
元木泰雄　一九九六　『院政期政治史研究』思文閣出版
桃崎有一郎　二〇〇七　「足利義満の公家社会支配と「公方様」の誕生」（『ZEAMI』四）
桃崎有一郎　二〇一〇a　「初期室町幕府の執政と「武家探題」鎌倉殿の成立」（『古文書研究』六八）

桃崎有一郎　二〇一〇b　『中世京都の空間構造と礼節体系』思文閣出版
桃崎有一郎　二〇一一　「鎌倉殿昇進拝賀の成立・継承と公武関係」（『日本歴史』七五九）
桃崎有一郎　二〇一四　「建武政権論」（前掲『岩波講座日本歴史』第七巻）
桃崎有一郎　二〇一六　「室町殿・北山殿は京都か」「足利義満の首府「北山殿」の理念的位置」「中世京都北郊の街路・街区構造考証」（前掲『室町政権の首府構想と京都』）
百瀬今朝雄　一九六七　「段銭考」（『日本社会経済史研究』中世編、吉川弘文館）
森　茂暁　一九八四　『増補改訂　南北朝期公武関係史の研究』思文閣出版、二〇〇八年
森　茂暁　一九八八　『皇子たちの南北朝』中央公論社
森　茂暁　一九九一　『鎌倉時代の朝幕関係』思文閣出版
森　茂暁　二〇〇五　『南朝全史』講談社
森　茂暁　二〇〇六　『中世日本の政治と文化』思文閣出版
森　茂暁　二〇〇七　『南北朝の動乱』吉川弘文館
森　茂暁　二〇一五　『足利直義』KADOKAWA
森　茂暁　二〇一七　『足利尊氏』KADOKAWA
八木聖弥　一九九九　『太平記的世界の研究』思文閣出版
山内　譲　二〇〇四　『中世　瀬戸内海の旅人たち』吉川弘文館
山岡　瞳　二〇一七　「鎌倉時代の西園寺家の邸宅」（『歴史文化社会論講座紀要』一四）
山川　均　一九九八　「中世集落の論理」（『考古学研究』四五―二）
山川　均　二〇〇〇　「西大寺流律宗と開発」（『叡尊・忍性と律宗系集団』大和古中近研究会）
山田邦明　二〇〇七　「足利義詮と朝廷」（『中世の内乱と社会』東京堂出版）
山田　徹　二〇〇七　「南北朝期の守護在京」（『日本史研究』五三四）

山田　徹　二〇〇八「室町幕府所務沙汰とその変質」（『法制史研究』五七）
山田　徹　二〇一〇「室町領主社会の形成と武家勢力」（『ヒストリア』二二三）
山田　徹　二〇一二「土岐頼康と応安の政変」（『日本歴史』七六九）
山田　徹　二〇一三「摂津国中島と河内国十七ヶ所・八ヶ所」（『ヒストリア』二三八）
山田　徹　二〇一四「足利将軍家の荘園制的基盤」（『史学雑誌』一二三—九）
山田　徹　二〇一五a「室町時代の支配体制と列島諸地域」（『日本史研究』六三一）
山田　徹　二〇一五b「南北朝中後期における寺社本所領関係の室町幕府法」（『日本史研究』六三五）
山田　徹　二〇一六「室町大名のライフサイクル」（『生・成長・老い・死』〈『生活と文化の歴史学』七〉竹林舎）
山田　徹　二〇一七「鎌倉後期〜南北朝期研究の諸論点」（『日本史研究』六五八）
山田　徹　二〇一七〜二〇一九「南北朝後期における室町幕府政治史の再検討（上）（中）（下）」（『文化学年報』六六〜六八）
山田　徹　二〇二〇「初期室町幕府における足利一門」（『日本中世の政治と制度』吉川弘文館）
山家浩樹　一九八五「室町幕府訴訟機関の将軍親裁化」（『史学雑誌』九四—一二）
山家浩樹　一九九九a「太良荘に賦課された室町幕府地頭御家人役」（『東寺文書にみる中世社会』東京堂出版）
吉井功兒　一九九三『建武政権期の国司と守護』近代文芸社
吉田賢司　二〇〇八a「室町幕府の内裏門役」（『歴史評論』七〇〇）
吉田賢司　二〇〇八b「建武政権の御家人制「廃止」」（『鎌倉時代の権力と制度』思文閣出版）
吉田賢司　二〇一七「足利義詮」（『室町幕府将軍列伝』戎光祥出版）
吉原弘道　二〇〇二「建武政権における足利尊氏の立場」（『史学雑誌』一一一—七）
脇田晴子　一九八一『日本中世都市論』東京大学出版会
渡邉正男　二〇〇八「延文二年の追加法」（『室町時代研究』二）

参考文献は、引用件数を少なくするために、既刊論文をまとめた論文集がある場合には、個別論文ではなくその論文集を優先した（ただし、例外的に著作集類については、本来の著書・論文のかたちを尊重したほうがよいと考えたため、初出年を優先して示した）。また、増補版や改訂版のある著作は、初版の刊行年を優先して示した。副題はすべて省略した。なお、既刊の拙稿ですでに論じた内容についても、本書では先行研究・史料への言及を適宜省略せざるをえなかった。必要に応じて拙稿も合わせてご参照いただければ幸いである。

末尾に＊を付した文献は、とくに本書執筆にあたり、参照するところの多かったものである。ただし、関連するすべての議論に賛同するわけではない。

史料については、『大日本史料』第六編・第七編の該当年月日条の前後によって判明するものや、参考文献に提示されているものについては、注記を省略した。『大日本史料』以外では、『鎌倉遺文』『南北朝遺文』の既刊分、『大日本古記録』『史料纂集』『国史大系』『群書類従』『続群書類従』『大正新脩大蔵経』『日本古典文学大系』『神道大系』などのシリーズや、左記のものを使用している。

上野麻彩子・北村彰裕・黒田智・西尾知己　二〇一一「「神木御動座度々大乱類聚」の翻刻と紹介」（『早稲田大学高等研究所紀要』三）
小川剛生　二〇〇一「『後光明照院関白記（道平公記）』解題・翻刻・人名索引」（『調査研究報告』二二）
蔭木英雄　一九八二『訓注　空華日用工夫略集』思文閣出版
佐伯真一・高木浩明編著　一九九九『重要古典籍叢刊二　校本　保暦間記』和泉書院
橋本初子　一九九二・一九九三「「三宝院賢俊僧正日記」（『醍醐寺文化研究所研究紀要』一二・一三）
長谷川端・加美宏・大森北義・長坂成行編　一九九四『神宮徴古館本太平記』和泉書院

福田秀一・大久保甚一　二〇〇〇『小島のすさみ全釈』笠間書院
村田正志　一九五四『証註　椿葉記』（『村田正志著作集』四、思文閣出版、一九八四年）
桃崎有一郎　二〇〇五「『荒暦』永徳元年・二年記の翻刻」（『年報三田中世史研究』一二）
桃崎有一郎　二〇〇六「『経嗣公記抄』（荒暦）永徳三年春記」（『年報三田中世史研究』一三）
桃崎有一郎　二〇〇九「『後円融院宸記』永徳元年・二年・四年記」（『禁裏・公家文庫研究』三）
矢代和夫・加美宏校注　一九七五『新撰日本古典文庫3　梅松論　源威集』現代思潮社
山家浩樹　一九九九b「本所所蔵『賢俊僧正日記』暦応五年条について」（『東京大学史料編纂所研究紀要』九）
和田英道　一九九〇『明徳記　校本と基礎的研究』笠間書院

このほか、必要に応じて東京大学史料編纂所、国立公文書館、京都大学文学部古文書室、京都府立京都学・歴彩館などで、適宜現物や写真も確認した。確認にあたっては、東京大学史料編纂所データベース（https://wwwap.hi.u-tokyo.ac.jp/ships/）、国立国会図書館デジタルコレクション（http://dl.ndl.go.jp/）、書陵部所蔵資料目録・画像公開システム（https://shoryobu.kunaicho.go.jp/）、東寺百合文書ｗｅｂ（http://hyakugo.kyoto.jp/）などの恩恵を受けていることも付記しておきたい。

略年表

西暦	和暦	事項
一三一八	文保二	2 後醍醐天皇践祚。
一三二二	元亨二	9 西園寺実兼没（74）。
一三二四	正中元	6 後宇多上皇没（58）。9 後醍醐「御謀叛」の情報により、日野資朝らが捕縛（正中の変）。
一三三一	元弘元	8 後醍醐、京都を脱出す（元弘の変）。9 光厳天皇践祚。鎌倉幕府軍、後醍醐の籠もる笠置山を攻め落とし、後醍醐らを捕らえる。
一三三二	正慶元	3 後醍醐、隠岐に配流される。秋～冬 護良親王らの討幕運動が次第に広まる。
一三三三	正慶二・元弘三	閏2 後醍醐、隠岐を脱出する。4 足利高氏、後醍醐に応じる。5 六波羅・鎌倉・博多が相次いで陥落し、鎌倉幕府は滅亡する。6 後醍醐、帰京する（建武政権成立）。8 足利高氏、名を尊氏と改める。従三位に叙せられる。10 高師直、足利家執事としての活動が確認できるようになる。
一三三四	建武元	9 足利尊氏、参議となる。石清水八幡宮護国寺・東寺五重塔供養。10 護良親王、失脚する。11 護良親王、鎌倉に配流される。
一三三五	建武二	7 北条時行ら、鎌倉を陥落させる（中先代の乱）。足利直義、護良親王（28）を殺害する。8 足利尊氏、関東に出兵し、鎌倉を奪回する。11 足利直義、新田義貞討伐を呼びかける。後醍醐、関東に追討軍を派遣する。12 足利軍、箱根・竹下で勝利して西上する。
一三三六	（北朝）建武三・（南朝）延元元	1 足利軍、敗北して西に逃れる。3 足利軍、筑前国で勝利して再び東上する。

一三三七	建武四・延元二	6 足利軍、京都を占拠。以後、京都周辺で激戦。8 光明天皇践祚。10 後醍醐、帰京する。11 尊氏、権大納言となる。12 後醍醐、吉野へ遷幸する（南北朝分立開始）。3 高師泰らにより、越前国金ヶ崎城が陥落する。
一三三八	暦応元・延元三	5 北畠顕家、和泉で戦死（21）。閏7 新田義貞、越前で戦死。8 足利尊氏、征夷大将軍に任官。益仁親王（のちの崇光天皇）、春宮とされる。
一三三九	暦応二・延元四	8 南朝後醍醐天皇没（52）。後村上天皇践祚。天龍寺造営開始。
一三四二	康永元・興国三	9 土岐頼遠、光厳上皇に対して狼藉をはたらく。12 土岐頼遠、殺害される。
一三四四	康永三・興国五	9 足利直義、従三位に叙される。
一三四五	貞和元・興国六	2 安国寺・利生塔の通号決定。8 天龍寺供養。
一三四七	貞和三・正平二	8～11 細川顕氏・山名時氏ら、南朝追討に派遣されるも敗北を重ねる。12 高師直・師泰らの軍勢が南朝追討に出陣する。
一三四八	貞和四・正平三	1 高師直ら、進軍して吉野を陥落させる。10 北朝崇光天皇践祚。
一三四九	貞和五・正平四	8 高師直・師泰ら、尊氏邸（鷹司東洞院殿）を囲む。直義失脚する（貞和の政変）。10 足利義詮、入京する。
一三五〇	観応元・正平五	8 義詮、参議となる。10 直義、京都を脱出して蜂起する（観応の擾乱）。以後、尊氏・師直らを追い詰める。
一三五一	観応二・正平六	2 直義・尊氏間で和睦。高師直ら殺害される。7 直義、京都より没落する。10 尊氏・義詮、南朝に降伏する。11 尊氏、関東へ出陣する。南朝、北朝崇光天皇を廃す（正平の一統）。直義、鎌倉に入る。12 南朝、北朝神器を接収する。
一三五二	文和元・正平七	1 尊氏、直義軍を破って鎌倉に入る。2 足利直義没（46）。閏2 南朝軍、義詮を破って入京する（第一次京都失陥）。北朝の光厳・光明・崇光らを連行する。3 義詮、

西暦	和暦	事項
		京都を奪還する。8 後光厳天皇践祚。
一三五三	文和二・正平八	6 南朝軍、山名時氏ら入京する（第二次京都失陥）。7 義詮、京都を奪還する。9 足利尊氏、後光厳に供奉して帰京する。
一三五四	文和三・正平九	12 足利直冬・桃井直常らの動きを受け、尊氏・義詮が京都から没落する（第三次京都失陥）。
一三五五	文和四・正平一〇	1 桃井直常・足利直冬・山名時氏ら、入京する。3 尊氏・義詮、京都を奪還する。この間、京都市街地に大きな被害あり。
一三五八	延文三・正平一三	4 足利尊氏没（54）。10 細川清氏、執事となる。12 義詮、征夷大将軍に任官。
一三五九	延文四・正平一四	10 仁木頼章没（51）。12 義詮、南朝征伐に出陣。
一三六〇	延文五・正平一五	7 仁木義長、京都より没落す。
一三六一	康安元・正平一六	9 細川清氏失脚し、京都より没落する。12 南朝に降った細川清氏らが京都を占領する（第四次京都失陥）が、義詮が再び奪還する。
一三六二	貞治元・正平一七	7 斯波義将、執事となる。細川清氏戦死。
一三六三	貞治二・正平一八	1 義詮、権大納言となる。9頃 山名時氏、幕府に帰参する。
一三六四	貞治三・正平一九	7 光厳上皇没（52）。8 山名時氏、上洛する。
一三六五	貞治四・正平二〇	4 摂津国四天王寺金堂上棟。
一三六六	貞治五・正平二一	8 斯波高経・義将父子失脚し、京都より没落する。
一三六七	貞治六・正平二二	4 南北朝講和交渉、頓挫する。7 斯波高経没（63）。9 細川頼之上洛。11 細川頼之、執事（管領）となる。12 足利義詮没（38）。
一三六八	応安元・正平二三	12 足利義満、征夷大将軍に任じられる。
一三七〇	応安三・建徳元	11~12 細川頼之・土岐頼康、対立する。頼康、美濃へ下向する。

一三七一	応安四・建徳二	2 山名時氏没(73)。3 北朝後円融天皇践祚。
一三七三	応安六・文中二	8 佐々木京極高氏没(78)。11 足利義満、参議となる。
一三七四	応安七・文中三	1 後光厳上皇没(37)。
一三七八	永和四・天授四	3 義満、室町殿に移居。大納言となる。8 義満、右近衛大将となる。
一三七九	康暦元・天授五	閏4 佐々木京極高秀・土岐直氏ら義満邸(室町殿)を囲む。細川頼之失脚し、京都より没落す(康暦の政変)。斯波義将、執事となる。7 義満、右大将拝賀。
一三八〇	康暦二・天授六	6 光明上皇没(60)。
一三八一	永徳元・弘和元	6 足利義満、内大臣となる。7 二条良基・足利義満の任大臣節会が行われる。
一三八二	永徳二・弘和二	1 義満、左大臣となる。4 後小松天皇践祚。6 日野宣子没。10 相国寺造営開始。 秋~冬 後円融と義満の関係が悪化する。
一三八七	嘉慶元・元中四	12 土岐頼康没(70)。
一三八八	嘉慶二・元中五	5 義満、東国に下向する。6 二条良基没(69)。
一三八九	康応元・元中六	3 義満、西国に下向する。5 山名時義没(44)。
一三九〇	明徳元・元中七	春頃 義満、土岐康行を討伐する(土岐康行の乱)。
一三九一	明徳二・元中八	4 細川頼之上洛し、細川頼元が管領となる。12 山名氏清・満幸ら京都を襲撃。義満ら、これを退ける。山名氏清戦死(49)。
一三九二	明徳三・元中九	3 細川頼之没(64)。4 右近馬場施餓鬼。8 相国寺供養。閏10 南朝後亀山天皇、北朝に神器を渡す(南北朝の合一)。
一三九三	明徳四	4 後円融上皇没(36)。6 斯波義将が管領となる。8 義満、石清水放生会上卿を務める。11 義満、洛中辺土の土倉酒屋に政所年中行事の負担を命ず。
一三九四	応永元	12 義満、征夷大将軍を辞任し、義持が任じられる。義満、太政大臣となる。
一三九五	応永二	1 義満、九州の地頭御家人三十数名に対し、「小番衆」に組み込んだことを伝達する。

西暦	和暦	事項
一三九六	応永三	6 義満、出家する。
一三九七	応永四	9 延暦寺大講堂供養。
一三九八	応永五	4 義満、北山殿に移居する。
一三九九	応永六	1 崇光上皇没(65)。4 義満、北山殿に移居する。8 畠山基国が管領となる。3 興福寺供養。9 相国寺大塔供養。10～12義満、大内義弘を追討する(応永の乱)。大内義弘戦死(45)。
一四〇八	応永一五	5 足利義満没(51)。

あとがき

「京都で歴史を勉強したい」と思った筆者が、大学入学のために京都にやってきてから、二〇年ほどが過ぎた。そののち大学院進学以後も京都で過ごし、結果的には幸運にも鴨川を渡って現任校に着任し、同じように「京都で歴史を勉強したい」と全国から集まった学生たちの前に立たせていただいている。ただただありがたいことである。

京都の魅力といえば、いろいろな要素を挙げることが可能だろうが、ここで強調しておきたいのは、やはり歴史的な舞台の「場」に立つことができるという点である。

本書の対象である南北朝時代の前後であれば、天龍寺や相国寺、そして金閣寺（鹿苑寺）などを連想される方が多いかもしれないが、ここでいう「場」とは寺院だけではない。

いわゆる京都御所も、南北朝時代のはじめに光明天皇によって内裏とされた土御門東洞院殿を、その出発点としている。本来、土御門東洞院殿の南側の区画には足利尊氏の邸宅があったから、のちに拡張された京都御所のなかを現在の拝観ルートに沿って歩くと、尊氏の邸宅跡を歩いていることにもなっているのである。

最も叙述に力が入ってしまったのが、現任校である同志社大学今出川キャンパスの周辺である。この西側の区画には、かつて足利義満以降の邸宅、室町殿が存在した。先に触れた相国寺、土御門東洞院殿のほか、持明院殿などもまさにそこから至近の位置にある。本学の良心館という校舎を建造する際には、かつての今出川と推測される南北方向の自然流路や、相国寺鹿苑院の遺構なども検出されており、本来ならば盛り込みたい事実はまだまだあったのだが、シリーズ全体の事情で考古学関連の内容は第七巻に集約されることとなった。詳しくは、そちらをご参照いただきたい。

ほかにも、二条城周辺や北野天満宮の鳥居の前が明徳の乱の激戦地であったりするなど、意外な場所が南北朝時代の重要な歴史的舞台の「場」となっている。コラム3にも記したとおり、本書は、政治史叙述を主軸としながらも、京都内外の地名をある程度意識して明記しているが、そのようなところも気にして読んでいただければと思う。

元木泰雄先生から本書の依頼を受けたのは二〇一六年のことであったと記憶しているが、それから本書の執筆には三年ほどかかった。筆者は文章を書くのがとくに速いわけではなく、そのような短期間で一冊を執筆するのは基本的に困難なのだが、それが何とか可能だったのは、前任校の在任中に上島享先生から「通史的な仕事は絶対にやるべきだから、いつ来ても大丈夫なように準備しておくように」といわれていたためである。南北朝時代の前半〜半ばに関する分析は数年かけて少しずつ進めており、よくも悪くも依頼をいただいた段階で、本書の第五章までについてはすでに原型となりうるものがあった。本シリーズの大半が分担執筆の構成を取るのに対し、本巻が筆者一人で丸々一冊担当ということになっているのは、そういう経緯も関係している。

今から考えれば、上島先生からそのようなお言葉をいただいたのは、「文化史や宗教史をちゃんと勉強して、それも含めた時代の全体像を描くようにせよ」ということだったと思い至るところである。また、たとえば二〇一九年に地方史研究協議会京都大会をともに準備したメンバーからは、民衆史・寺院史・神社史・考古学関連の記述の薄さなどを、次々に指摘されることになろうと思う。ただ、正直にいえば、編集会議で示された「天皇・朝廷の問題をちゃんと押さえるように」という注文への対応に大きく労力を割かれ、限られた問題を取り上げるだけで規程の枚数をあっさりと超えてしまった、というのが実情である。プロローグ・第一章第二節、そして第七章・エピローグなどは、とくに内容を圧縮するのに苦労した。もう少し多くの要素を積極的・効率的に組み込む道もあったのかもしれないが、自身の視野の狭さと要領の悪さを情けなく思うばかりである。

なお、成稿ののち本書の原稿は、コロナ禍とシリーズ全体の事情によってしばらくさしおかれることとなった。いうまでもないが、その間も南北朝・室町時代や京都の研究は引き続き盛んで、多くの論文・書籍が刊行されている。それにもかかわらず、そうした諸成果に含まれるユニークな議論の数々を可能な限り視野に入れつつ十分に咀嚼し、細かい点までファクトチェックし、取捨選択しながら本書全体をリライトしていくことは、筆者自身が余裕を失ったこともあってまったく叶わなかった。まことに申し訳ないことだが、二〇二一年刊行の本書の中身は、二〇一九年夏までの執筆によるものということでご了解いただければ幸いである。

本書の執筆・刊行をめぐっては、元木先生や吉川弘文館の皆様をはじめ、多くの方々にお世話になった。地図のデータについて山田邦和先生に多大な労をおかけしたほか、多くの機関・法人、そして個人の方からも写真・図版の掲載許可を頂戴した。成稿後の原稿を永山愛氏に下読みしていただき、さまざまなご指摘をいただけたことも僥倖であった。また、そののちにも、眞田拓弥・佐藤駿也両氏に原稿の点検を手伝っていただいた。そのほか、すべてのお名前を挙げることはできないが、個別にご教示をいただいた方は数知れない。心よりお礼申し上げる次第である。なお、私事で恐縮だが、二〇年ほど前に京都に送り出してくれた両親と、今現在この京都でともに過ごしてくれている妻にも、感謝の気持ちを記させていただければと思う。

ともあれ、筆者自身がいろいろと至らぬなか、関係者のご尽力・ご協力によって何とか刊行までこぎつけることのできた本書が、一人でも多くの読者の手に届くことを、心より願っているところである。

二〇二一年五月

山田　徹

著者略歴／主要論文

山田　徹（やまだ　とおる）
一九八〇年　福岡県に生まれる
二〇〇三年　京都大学文学部卒業
二〇〇九年　京都大学大学院文学研究科博士後期課程研究指導認定退学
二〇一〇年　博士（文学）
日本学術振興会特別研究員、京都大学文学部助教、同志社大学文学部助教を経て
現在　同志社大学文学部准教授

「室町幕府所務沙汰とその変質」（『法制史研究』五七、二〇〇八年）
「室町領主社会の形成と武家勢力」（『ヒストリア』二二三、二〇一〇年）
「土岐頼康と応安の政変」（『日本歴史』七六九、二〇一二年）
「室町時代の支配体制と列島諸地域」（『日本史研究』六三一、二〇一五年）
「南北朝後期における室町幕府政治史の再検討」（『文化学年報』六六・六七・六八、二〇一七・一八・一九年）

京都の中世史

京都の中世史 4
南北朝内乱と京都

二〇二一年(令和三)八月十日　第一刷発行

著　者　山《やま》田《だ》徹《とおる》
発行者　吉川道郎
発行所　株式会社　吉川弘文館
郵便番号一一三―〇〇三三
東京都文京区本郷七丁目二番八号
電話〇三―三八一三―九一五一〈代表〉
振替口座〇〇一〇〇―五―二四四
http://www.yoshikawa-k.co.jp/
印刷＝株式会社　三秀舎
製本＝誠製本株式会社
装幀＝河村　誠

ISBN978-4-642-06863-5